W0345218

Y A-T-IL
DE BONNES MÈRES ?

MAURICE T. MASCHINO

Y A-T-IL DE BONNES MÈRES ?

BELFOND

Le Code de la propriété intellectuelle n'autorisant, aux termes de l'article L. 122-5 (2° et 3° a), d'une part, que les « copies ou reproductions strictement réservées à l'usage privé du copiste et non destinées à une utilisation collective » et, d'autre part, que les analyses et les courtes citations dans un but d'exemple et d'illustration, « toute représentation ou reproduction intégrale ou partielle faite sans le consentement de l'auteur ou de ses ayants droit ou ayants cause est illicite » (art. L. 122-4).
Cette représentation ou reproduction, par quelque procédé que ce soit, constituerait donc une contrefaçon sanctionnée par les articles L. 335-2 et suivants du Code de la propriété intellectuelle.

© Belfond, 1999
ISBN : 2-266-09754-7

À Fadéla,
qui n'a pas voulu d'enfants, parce qu'elle ne voulait pas qu'ils meurent.

« Les parents ne sont évidemment *pas uniquement* des bourreaux, mais il est important de savoir que dans bien des cas ils le sont aussi, et très souvent sans même s'en apercevoir...
Les parents qui aiment leurs enfants devraient avoir plus que personne la curiosité de savoir ce qu'ils font inconsciemment de leurs enfants. »

Alice MILLER

EN GUISE D'AVANT-PROPOS

« Les enfants commencent par aimer leurs parents. En grandissant, ils les jugent, parfois ils leur pardonnent. »

Oscar WILDE

Il n'y a de bonnes mères que mortes.

Si aimantes soient-elles, elles ne sont jamais aussi respectueuses de l'autonomie de leurs enfants, jamais aussi discrètes, aussi légères à supporter, aussi agréables à évoquer, que dans la mort.

Mortes, elles ne pèsent plus, ou beaucoup moins et d'une autre façon, sur la vie de leurs fils et de leurs filles. Si la maternité, comme le rappelle une gynécologue, Mme Bonal, « c'est la possessivité », seule la mort peut y mettre fin.

C'est d'abord pour elles, en effet — pour leur propre plaisir, leur propre jouissance —, que les femmes font des enfants : pourquoi accepteraient-elles, sinon du bout des lèvres, et pour la forme, de s'éclipser, quand ils deviennent adultes ? De fait, la plupart ne savent pas s'effacer et ne renoncent que malgré elles à leur pouvoir : directement ou par la bande, bruyamment ou en silence, elles rappellent constamment qu'elles existent.

Trop faibles pour s'affirmer, quelques-uns s'en réjouissent. Beaucoup le déplorent, parfois en souffrent et tentent, sans y parvenir pleinement, de concilier deux positions contradictoires : être l'enfant de sa mère, être adulte. Entre la soumission — le « respect », disent certains — et la liberté, il n'est pas de compromis possible. D'où, chez beaucoup d'hommes et de femmes, ces tiraillements incessants, ces conflits, ces remords, ces alternances d'amour et de haine envers une femme qu'ils aiment, mais qui, par ce droit de regard qu'elle s'arroge sur leur vie, leur est également insupportable.

Libérés de sa tutelle — même bienveillante, mais toujours là et toujours ambiguë —, combien se sont autorisés, enfin, à vivre selon leur désir ? Leur mère, sans doute, ne s'y opposait pas : simplement, elle était là, et sa présence les entravait.

« Elle voulait tout régenter. »

« Adorée » par la sienne, qui lui donna « un maximum d'affection et l'encouragea dans ses études » — « Sans elle, je ne serais jamais allée jusqu'à l'agrég » —, Édith, qui en retour l'a aimée passionnément, s'est sentie incapable, pendant longtemps, de vivre sa vie :

« Maman voulait que je devienne ce qu'elle n'était pas : une femme libre. Mais, se prolongeant à travers moi, collant littéralement à moi, ou plutôt, me collant à elle, elle me barra l'accès à l'autre. Non qu'elle m'ait empêchée, à l'adolescence, d'avoir des aventures : elle m'y poussait. Tout en me mettant en garde contre les hommes :

“Couche, disait-elle, mais surtout, ne te marie pas !” Obéissante, je devins une don juane : quand je rentrais d’une soirée, je lui racontais dans les moindres détails ce qui s’était passé. Elle en raffolait. »

Face à cette mère qui voulait tout régenter, Édith, à 20 ans, commença à prendre ses distances. Sitôt reçue à l’agrégation, elle sollicita un poste dans un lycée parisien — à 400 km de son village. Sa mère en tomba malade. Et l’obligea à d’épuisants allers-retours. Puis, quand elle pressentit que sa « petite chérie », comme elle l’appelait, était plus sensible aux femmes qu’aux hommes, elle « faillit mourir » :

« Mes amourettes avec des garçons ne la mettaient pas en danger. Mais, quand elle comprit que j’avais une amie, elle se sentit exclue. Trompée. Rejetée. » Crises, pleurs, scènes de jalousie, dépression : Édith culpabilisa et vécut près de vingt ans un « enfer » : « Quand elle venait à Paris, elle était odieuse, surveillait mes sorties, agressait mes copines. Quand j’allais chez elle, au bout d’une demi-heure, j’avais envie de fuir. »

Édith a vécu sa mort comme une libération : « Elle m’a délivrée. Depuis, je me permets de vivre comme je l’entends. Sans culpabilité. Libre, enfin. J’ai mis cinquante ans à m’en séparer. »

S’en séparer ? « Ma compagne actuelle est la réincarnation de ma mère. Elle est tout ce que ma mère avait de bien. La même gentillesse. La même tendresse. Et j’éprouve pour elle la même adoration. En mourant, maman m’a fait un beau cadeau. »

« Elle a bien fait de partir. »

Toutes les mères ne sont pas aussi envahissantes, mais toutes, tendres ou détachées, laxistes ou autoritaires, souvent jalouses, en vieillissant, de la beauté de leur fille — « Maman, qui a 80 ans, ne cesse de regarder mes jambes et de les critiquer », dit Maud, qui les a très fines —, toutes sont pesantes par cela même qu'elles existent, toutes s'efforcent, consciemment ou à leur insu, de maintenir leur emprise, toutes *s'imposent*, fût-ce en silence, et contraignent leurs enfants, qui l'acceptent plus ou moins, mais en pâtissent toujours, à payer une dette dont seule la mort les délivre.

« Elle était trop âgée, elle souffrait, ça vaut mieux pour elle que ce soit fini », dit-on. Par peur de dire (et de penser) : « Ça vaut mieux pour nous. » Quel adulte, même bouleversé, sur le moment, par la mort de sa mère, ne lui est pas reconnaissant d'être « partie » ?

Victor l'admet sans peine.

Pourtant, sa mère n'était pas trop encombrante. Veuve, vivant seule dans un petit pavillon de banlieue, elle n'insistait jamais pour qu'il lui rendît visite. Mais il se sentait obligé, une ou deux fois par semaine, d'aller la voir. Quitte à être mal reçu : « Mais pourquoi viens-tu ? Ça te fait perdre du temps. Et puis, nous n'avons pas grand-chose à nous dire. »

Elle, en tout cas, avait toujours quelques reproches à lui adresser : il avait mauvaise mine, dormait trop peu, ne mangeait pas assez, ses reportages l'épuisaient. « J'étais content de lui annoncer que le journal m'envoyait en Afrique ou en Asie, j'aime mon métier. Elle le savait et mon plaisir l'irritait : elle s'ingéniait à le gâcher. Elle ne supportait pas que je sois heureux sans elle, loin d'elle ou malgré elle. »

Pour le punir, elle lui demandait, où qu'il fût, de lui téléphoner tous les soirs. S'il restait deux ou trois jours sans l'appeler, elle le croyait mort : à son retour, il la trouvait malade. « Tu vois dans quel état tu m'as mise ! » « Quelquefois, dit-il, j'ai encore une angoisse quand je m'aperçois qu'il est 19 heures, l'heure à laquelle je l'appelais. "Mais non, me dis-je, elle est morte", et je respire. »

Comme il respira le jour où l'hôpital lui téléphona pour lui demander de venir d'urgence :

« Je l'y avais conduite deux jours auparavant : atteinte d'un emphysème pulmonaire, elle allait de plus en plus mal. La veille de sa mort, le médecin m'avait assuré qu'elle était encore très solide et s'en remettrait. Je m'imaginais l'installant dans une maison de retraite, tenu, trois ou quatre fois par semaine, de lui rendre visite, culpabilisé de partir en vacances... Je construisais les scénarios les plus noirs.

Quand je la vis sur son lit de mort, encore tiède et des couleurs aux joues, j'éprouvai un immense soulagement : elle me rendait ma liberté. Je l'embrassai doucement sur le front, lui dis merci, et partis. »

Il est évident que la mort d'une mère vaut moins par elle-même que par le travail de restructuration psychique qu'elle permet, les liens qu'elle dénoue, le carcan qu'elle desserre.

Mais si, comme le dit le psychanalyste Alain Guy, « la conquête de l'indépendance ne peut se faire qu'au prix de (son) aveuglement : lui fermer les yeux pour ne plus la voir [1] », combien parviennent, de son vivant, à la voir autrement, à « se défaire d'une voix » qui parle encore, à oublier un regard qui observe toujours ?

Certains y réussissent parfois. Moins de leur propre chef qu'aidés par les circonstances.

Abandonnée à la naissance, élevée dans des familles d'accueil et des foyers, Brigitte n'a pas eu envie, pendant longtemps, de savoir qui était sa mère : « Je n'y pensais pas. Mais, inconsciemment, cela devait me travailler. Il y avait en moi une place vide. Un trou. À 30 ans, quand j'eus un fils, je décidai de le combler. » Elle retrouva sans peine, dans les dossiers de la DASS, le nom de sa génitrice — qu'elle portait sans le savoir —, lui écrivit et lui annonça sa visite.

Elle sonna un long moment. Puis la porte s'entrebâilla : « les cheveux en désordre, l'air mauvais », une vieille femme la fixait. « Vous désirez ? — Je suis Brigitte. — Qui ça ? — Votre fille. — Vous vous trompez, je n'ai pas de fille ! »

Brigitte insista, lui présenta l'acte de naissance : « C'est une erreur », lui répéta la vieille femme, qui lui ferma la porte au nez.

« Je ne me suis pas effondrée. Au contraire. La revoir a comblé une absence dans laquelle je me perdais. C'est comme un placard que j'ouvre. Bon, elle est là. Après, je referme. C'est terminé. Il y a quelqu'un. Ce n'est plus un puits sans fond, comme avant. Sa présence fait butoir. Maintenant, j'ai une mère. Que pour moi elle soit morte ne m'afflige pas. Je ne me voyais pas serrer dans mes bras cet épouvantail ! »

Un autre regard

Symbolique ou réelle, la mort d'une mère ne représente pas seulement une libération ou un apaisement, elle permet aussi aux survivants de la voir autrement et de se construire une image qui corresponde mieux à leur attente. Vivante, ambivalente, elle provoque des réactions contradictoires — d'amour et de haine —, morte, elle se transfigure et par là, de nouveau, devient bonne.

Plus jamais démenties, les qualités qu'on lui prête l'embellissent et la rendent enfin pleinement aimable. Sans réticence aucune. Le négatif s'estompe, reste le positif, que souvent on survalorise. Avec les années qui passent, on porte sur elle un autre regard, et l'on a tout loisir, mêlant ses fantasmes à la réalité, de se donner la mère qu'on eût aimé avoir. Il n'est pas jusqu'à ses défauts les plus accusés qui ne perdent de leur acuité : on les oublie, ou on les comprend. Et l'on pardonne.

« Le conformisme de ma mère m'exaspérait, dit Victor. "Que vont dire les gens ?" se lamentait-elle, quand, dans mes papiers ou dans ma vie, je prenais "trop" nettement position. Mais pouvait-elle réagir autrement ? Élevée par une mère totalement soumise et un père d'une extrême sévérité, mariée à un homme qui n'osait pas s'affirmer et ne cessait de répéter : "Pour vivre heureux, vivons cachés", comment aurait-elle pu admettre mes engagements ? Je ne lui en veux plus de ses plaintes — ses "jérémiades", comme je disais —, ni de ce qu'à l'époque j'appelais son chantage : "Moi qui me suis sacrifiée pour toi..."

Ce qui me reste d'elle ? L'image d'une vieille femme, sagement accoudée à la table de la salle à manger, qui passait ses après-midi à lire. C'est elle, bien plus que mon père, qui m'a donné le goût des livres, et cela efface tout le reste. »

De fausses mauvaises mères ?

Si la mort offre à chacun une bonne mère — la mère idéale, la mère de ses rêves —, elle permet aussi, plus généralement, de la juger. De l'estimer à sa juste valeur. De mieux apprécier quelle mère, bonne, mauvaise, elle fut réellement. De son vivant, pareil bilan est impossible, pareil jugement est arbitraire.

En son temps, qui eût dit, par exemple, que la mère d'Esther était une bonne mère ?

Un matin, rapporte D. Winnicott, elle sortit de chez elle avec sa fille de 5 mois, erra dans les champs, près d'un canal, aperçut un homme qui creusait un trou, s'approcha et jeta le bébé à l'eau. Immédiatement, l'homme le repêcha[2].

Mère indigne ? À première vue. Elle fut d'ailleurs arrêtée et internée. Mais pendant les quelques mois où elle garda sa fille, elle l'« idolâtra » et lui donna tout l'amour qu'elle pouvait. Puis, sentant que son équilibre mental vacillait, elle préféra s'en séparer et lui donner sa chance.

Recueillie par une famille qui sut l'aimer, Esther devint une jeune fille heureuse. À onze ans, elle écrivait des « poèmes magnifiques », où elle traçait « en une suite de vers courts et avec une économie de mots un tableau parfait de la vie au sein d'une famille heureuse ». Ainsi, constate Winnicott, « une mère très malade peut avoir donné à son bébé un départ exceptionnellement bon » — et se révéler, après coup, une bonne mère.

Comme l'a été, à sa façon, celle de Vincent (44 ans, universitaire). Là encore, il est probable qu'une assistante sociale, avertie de ses frasques, l'aurait jugée incapable de bien élever son enfant et le lui aurait retiré.

« Ma mère m'aimait quand elle avait le temps, dit Vincent. Elle n'était pas autoritaire, pas méchante, pas étouffante : elle était paumée. Dépressive. Absorbée dans ses ruminations. Je l'aimais passionnément, mais de la voir si malheureuse me rendait malheureux. J'avais toujours peur qu'elle ne fasse une "bêtise". »

À 8, 10 ans, il lui arrivait de passer toute une soirée à la consoler — « elle pleurait dans mes bras et me suppliait de l'aider » — ou bien, prévenu par le cafetier du coin, il allait la chercher dans un bar sinistre de banlieue où, mêlée à des « clodos », elle buvait whisky sur whisky.

À 19 ans, quand son fils, étudiant, obtint une bourse qui lui permettait de vivre, elle quitta le domicile conjugal avec son amant — « un jeune gars, ouvrier, pas du tout cultivé, pas spécialement intelligent, mais très gentil. Avant, je ne savais pas qu'il existait. Après ? J'étais content pour elle, ça me libérait, mais en même temps j'étais mal à l'aise. La voir avec un type plus vieux que moi, mais plus jeune qu'elle, en train de boire un pastis, cela avait un côté un peu rude. »

Mauvaise, cette mère ? Mais est-elle mauvaise, celle qui, dans ses moments de lucidité, s'intéresse au travail de son fils, l'encourage quand il faiblit et l'assure de l'admiration sans partage qu'elle lui porte ?

« Quand j'ai passé le bac, raconte Vincent, j'ai raté une épreuve, j'ai déprimé, je me suis dit que je ne réussirais jamais rien, et que je n'avais plus qu'à chercher un poste d'OS dans une usine. Mon père m'y poussait : il était dans le dénigrement continuel. C'est grâce à ma mère que j'ai repris courage : "De toute façon, le bac, ce n'est pas le problème. Dis-toi bien que tu es génial." Ça m'a fait du bien. »

Mais le plus grand bien que cette femme ait fait

à son fils réside probablement dans l'orientation qu'à son insu, et par sa façon d'être, elle lui a suggérée.

« Malheureux de son malheur », soumis à ses brusques changements d'humeur, où pouvait-il trouver la sérénité, sinon dans le travail et la réflexion ? Admis à l'École normale de la rue d'Ulm, il s'y donna totalement, avec joie, et découvrit, dans une sorte d'émerveillement, la philosophie :

« Quand je l'ai découverte, je l'ai appelée *ma bonne mère*. Très clairement, et dès l'âge de 20 ans, quand j'étudiais Épicure, la philosophie grecque m'est apparue comme la bonne mère — et ma mère, comme la mauvaise.

Mais cette mère-là a eu un rôle très important dans ma vocation : d'un côté, elle m'a appris que toute vie est souffrance — ce qui est une raison pour surmonter la souffrance et rechercher une forme de sagesse. En même temps, par son hystérie et son théâtre permanent, elle me montrait qu'il n'y a pas d'issue dans le mensonge. Et que donc la sagesse ne pouvait se trouver que dans un certain rapport à la vérité. Elle était la mauvaise mère, la philosophie était la bonne mère, mais c'est la mauvaise mère qui m'a renvoyé à la bonne. » Et qui, par là, s'est rachetée.

Une fausse bonne mère ?

À l'inverse des mères d'Esther ou de Vincent, qu'on eût hésité à qualifier de bonnes de leur vivant, Marina, à première vue, paraît exemplaire.

Ex-directrice commerciale d'un grand magasin, elle a décidé, il y a douze ans, de renoncer à toute activité professionnelle pour se consacrer à ses enfants : Amélie, 9 ans, Jacques, 7 ans, Pierre, 4 ans.

Elle s'y consacre, en effet.

Prière collective au lever, toilette, petit déjeuner, conduite des enfants à l'école, puis reconduite à la maison à 16 h 30, vérification des carnets de notes et des cahiers de textes, goûter, activités dirigées — chaque enfant, chaque jour, a son programme. Marina veille à tout, gère tout, dirige tout. Y compris les loisirs du mercredi, où chacun peut inviter deux camarades, lorsqu'ils ont été agréés. Et à condition qu'il n'y ait pas, ce jour-là, cours de danse ou de tennis.

Heureux, ces enfants ? « Il ne leur manque rien ! » affirme fièrement leur mère. Pourtant, Pierre est souvent constipé, Jacques a des crises d'asthme, et Amélie est devenue tellement « insupportable » qu'elle l'a conduite chez un psychologue. « J'ai plus de mal avec ma fille qu'avec les garçons. Suis-je trop exigeante ? Je ne le crois pas. Il est vrai que j'ai une certaine image de la femme que j'aimerais la voir devenir. Oui, je serais heureuse qu'elle me ressemble. »

Bonne mère, mauvaise mère, Marina ? Rien

n'est joué, il se peut qu'elle relâche sa pression et permette à ses enfants de « souffler » un peu et de rêver. Comme il se peut qu'elle accentue son emprise et provoque à l'adolescence conflits, ruptures brutales, déchirements.

Du vivant d'une mère, les comptes ne sont jamais arrêtés — il suffit parfois d'un mot, d'un geste, d'une initiative inattendue, pour que ses conduites prennent une autre signification —, et tout jugement, tant qu'elle n'a pas déposé son bilan, n'a qu'une valeur d'hypothèse.

« Les vraies bonnes mères n'ont pas d'enfants. »

À entendre les spécialistes (pédiatres, psychologues, analystes), il existe, assurément, des critères de la bonne mère. Si chacun a ses préférences, leurs positions, dans l'ensemble, concordent.

Ainsi peut-on dire qu'une bonne mère est « une mère qui aime son enfant ». Est « au plus proche de ce qu'il ressent ». Perçoit ses besoins et s'y adapte. « Crée du manque », ou un « espace », sans quoi « il étouffe ». Se remet constamment en question. Est « chaste » et se garde de toute conduite « incestuelle ». « N'esquinte pas trop son enfant », ne lui donne pas tout son amour, en garde assez pour son mari et pour elle-même — « une bonne mère, c'est aussi une femme qui pense à elle »...

Veut-on, pour ne pas s'égarer dans ce fouillis d'aimables généralités, une définition plus rigoureuse, on peut dire, avec Bertrand Cramer, professeur de psychiatrie infantile à Genève :

« Pour qu'une petite fille devienne une mère assez bonne, il faut qu'elle fasse l'expérience d'une mère. Que cette mère ait du plaisir à être mère et devienne pour elle un modèle positif d'identification. Il faut aussi qu'elle ait un père qui valorise la compétence maternelle. Tels sont nos a priori. »

Mais ces a priori sont par nature abstraits, ils ne tiennent pas compte de la complexité du réel, des distorsions qu'il impose aux meilleures dispositions, ni des multiples facteurs qui déterminent la relation d'une mère avec son enfant. Bertrand Cramer le reconnaît volontiers : « On ne peut pas tellement définir une bonne mère a priori. »

On le peut d'autant moins que la mère n'est pas le tout de la femme, que l'histoire d'une femme conditionne sa façon d'être mère, et qu'autour d'elle, dans son passé et son présent, toutes sortes de personnages, réels ou fantasmés, comme les relations qu'elle entretient avec eux, influent sur son comportement : sa mère, naturellement, son père, le couple qu'ils ont formé, les grands-parents, son ami ou son mari (ou l'un et l'autre), le bébé lui-même, qui n'est pas une cire vierge et manifeste, dès la naissance, sa singularité.

Autant d'intervenants dans la partie qu'elle joue avec son enfant, autant d'interactions qui modèlent et modulent ses manières d'être, de faire et de sentir. Orpheline ou de famille nombreuse, mariée ou célibataire, veuve ou divorcée, quel que soit son statut, une mère n'est jamais mère toute seule.

Si bien qu'énoncer dans l'abstrait les vertus qui peuvent la rendre bonne n'a rigoureusement aucun sens. À supposer qu'elle veuille les mettre en pratique, elle le fera telle qu'elle est et comme elle peut, compte tenu de son histoire, de ses aspirations, de ses fantasmes, sans parler de ses désirs inconscients. Autant d'impondérables, qui empêchent tout jugement définitif et réservent parfois bien des surprises.

« L'une de mes patientes avait tout pour devenir une mauvaise mère, raconte Bertrand Cramer. Elle détestait sa mère, qui le lui rendait bien. Elle détestait son père, un homme rigide, qui l'a négligée parce qu'elle était une fille. Brutal, son premier mari a abusé d'elle de toutes les façons. Elle ne s'entend pas trop mal avec le deuxième, mais les conflits ne sont pas rares.

Or, cette femme a deux enfants — un garçon, une fille, d'une trentaine d'années — qui ont remarquablement réussi leur vie. "Je n'arrive pas à comprendre pourquoi", dit-elle. Elle ne s'est jamais considérée comme une mère compétente, mais elle a fait probablement les bons gestes, a eu les bonnes attitudes, a émis les jugements nécessaires pour que ses enfants, au lieu de se sentir coincés et abîmés, puissent s'épanouir. Mais pourquoi ? Comment ? C'est une énorme énigme. On ne sait pas tellement bien ce qui entre dans la fabrication d'une bonne mère. »

On sait mieux ce qui entre dans la fabrication d'une mauvaise : on le constate tous les jours. « On repère souvent des comportements qui ne peuvent qu'être toxiques pour l'enfant », dit la psychanalyste Michèle Abbaye. Ce qui n'est pas étonnant : toute cohabitation est dangereuse, toute intimité est menaçante : par les affects qu'elle libère et exacerbe, les tensions qu'elle suscite, les insatisfactions qu'elle engendre, elle prédispose aux conflits les plus violents et privilégie, qu'ils se manifestent ouvertement ou insidieusement, les rapports de force.

Les mères y sont particulièrement exposées : elles sont avec leur enfant dans une telle relation de proximité que tous les dérapages sont possibles. Entre parents et enfants, comme entre conjoints, les attentes sont si fortes, et les réponses souvent si peu satisfaisantes, que les agressions sont inévitables. C'est dans les familles, bien plus que dans les lieux publics, que les violences se déchaînent. L'amour tue autant, sinon plus, qu'il vivifie, toute « fusion » est grosse de confusions mortifères.

À la limite, estime la sociologue Nathalie Heinich, « une bonne mère, c'est une mère qui n'a pas besoin de ses enfants pour exister. Qui se débrouille très bien sans eux. Les aime un peu, mais pas trop... Les vraies bonnes mères sont celles qui n'ont pas d'enfant. »

Une « mission impossible »

Celles qui en ont ne sont pas nécessairement mauvaises, la plupart sont bonnes et mauvaises, mais quelle que soit celle, la bonne, la mauvaise, qui prédomine, elles sont toutes dangereuses.

Certaines — plus qu'on ne pense — n'hésitent

pas à passer à l'acte, comme l'indiquent les statistiques de la maltraitance : 49 % des violences physiques, 54 % des violences psychologiques sont le fait des mères (pères : 31 % et 29 %[3]). « Le nombre d'enfants en danger en France ne cesse d'augmenter », constate l'Observatoire national de l'action sociale décentralisée (ODAS).

En 1996, on dénombre « 74 000 enfants maltraités et en risque de maltraitance, soit 14 % de plus que l'année précédente... Le nombre de signalements d'enfants maltraités augmente de 5 %, alors que celui d'enfants en risque augmente, lui, de 18 %[4] ».

Toutes les mères, loin de là, ne se livrent pas à des violences aussi caractérisées, mais toutes sont susceptibles de s'y livrer, et l'on ne voit pas par quel miracle elles seraient exemptes de toute dangerosité.

Élevées par des mères qui les ont à la fois gratifiées et blessées, s'estimant, presque toujours, tant leurs aspirations sont grandes, mal aimées ou mal comprises de leur compagnon, acceptant mal, le plus souvent, que leur enfant devienne autonome, éventuellement peu satisfaites de leur travail, où prendraient-elles la force de faire toujours bonne figure et, oubliant leurs blessures, de donner à leur enfant toute la tendresse, toute l'attention qu'il demande ?

À supposer même qu'une mère ne souffre d'aucun manque et que, dans tous les domaines, elle soit parfaitement comblée, comment pourrait-elle répondre, sans fausse note, sans faux pas, aux exigences contradictoires de sa fonction ?

Aimer sans excès — sans accaparer, sans étouffer —, trouver un juste équilibre entre l'enfant-objet et sa reconnaissance comme sujet, passer sans accroc d'une relation fusionnelle, nécessaire au nouveau-né, à une relation affectueuse, qui respecte les distances et les différences, s'effacer tout en demeurant présente — c'est, dit Michèle Abbaye, une « mission impossible ».

Il n'en reste pas moins que, dans son accomplissement, toute mère dispose d'une certaine initiative, que bien des analystes, surtout les femmes, ont tendance à sous-estimer. Leur parle-t-on de la responsabilité des mères, elles rétorquent volontiers : « Oui, mais le père ? » Ou bien, elles convoquent la grand-mère — « l'a-t-elle aimée ? » —, quand ce n'est pas la belle-mère. Certes, l'entourage a son importance, il peut contrarier, ou favoriser, le comportement d'une mère, il n'élimine pas, pour autant, sa part de liberté et de responsabilité.

« Elles ne se remettent pas en question. »

Or, il ne semble pas que les mères s'adonnent volontiers à l'autocritique et portent sur elles un regard distancié : « Il leur est très difficile de se remettre en question », constate Catherine Barreau, puéricultrice dans un hôpital parisien. « À la rigueur, elles peuvent reconnaître qu'elles s'y prennent mal sur le plan physique, au niveau de l'élevage et du "traitement", dit une pédiatre, Rosemonde Poinsot. Mais elles ne s'interrogent pas sur leur façon de vivre leur relation avec l'enfant. »

Cette relation est-elle perturbée, « c'est la faute à l'enfant », enchaîne une assistante sociale, Mme Brodon. À moins que ce ne soit celle de l'institutrice, que certaines n'hésitent pas à apostropher, ou menacer, en pleine classe.

Même un juge ne les intimide pas : « Beaucoup nous disent : "Je l'ai porté. Il est à moi", observe une magistrate, Mme Tardy. Bien peu conçoivent qu'il n'est pas leur objet. Elles l'ont fait, donc elles le connaissent, et elles s'y prennent mieux que n'importe qui. Nous, on ne peut pas comprendre. »

Un amour éclairé ?

« Mission impossible », comptes à régler avec sa mère, ou son père, parfois son conjoint, aveuglement ou lucidité à éclipses : le risque est grand que les mères dérapent.

Il ne me serait sans doute pas venu à l'idée d'étudier leurs conduites, si je n'en avais constaté les dégâts lors de l'enquête que j'ai faite, il y a deux ans, sur la sexualité masculine [5]. Pendant plusieurs mois, j'ai écouté des hommes de toutes conditions me faire part des difficultés qu'ils rencontraient dans leurs relations amoureuses. J'ai entendu également des femmes qui se plaignaient de l'incapacité de leur(s) compagnon(s) à combler leur besoin (insatiable ?) de tendresse.

Au-delà des reproches qu'ils s'adressaient mutuellement, n'était-ce pas leur mère qu'indirectement ils mettaient en question — mères castratrices, possessives, intrusives pour les uns, mères souvent autoritaires, froides ou mal aimantes pour les autres, qui auraient préféré un garçon ? *Mais y a-t-il de bonnes mères ?* me suis-je demandé plus d'une fois, en écoutant mes interlocuteurs.

D'où cette nouvelle enquête. Pendant près de trois mois, j'ai interviewé de nombreuses femmes — qui m'ont parlé de leur mère, puis d'elles-mêmes comme mères —, des hommes et, pour mieux analyser ces témoignages, des spécialistes : gynécologues, pédiatres, psychanalystes, puéricultrices, sociologues, juges des enfants.

Les faits recueillis, comme les propos entendus, brossent un tableau assez sombre de la fonction maternelle. Il choquera peut-être d'autant plus qu'il est convenu de la célébrer : en dehors de quelques exceptions, pathologiques ou « monstrueuses », n'est-il pas admis que les mères aiment leurs enfants, qu'elles se dévouent sans compter et, pour l'essentiel, font toujours bien ?

Que la plupart les aiment, c'est certain. Mais qu'elles les aiment d'un amour généreux et éclairé, c'est moins sûr. Leur enfant est sans doute le plus beau cadeau qu'elles puissent offrir à leur narcissisme. Accepter d'y renoncer chaque jour un peu plus n'est pas facile, et c'est pourquoi leur amour est la source de tous les dangers.

I

UN DÉSIR PEUT EN CACHER UN AUTRE

> *« Les enfants, c'est comme les actes manqués. Si on savait pourquoi on les fait, on ne les ferait pas. »*
>
> Monique SCHNEIDER

1

UN DÉSIR AMBIVALENT

On ne fait bien que ce qu'on a envie de faire. Si on le fait sans trop savoir pourquoi — pour faire comme les autres, être agréable à ses parents ou son ami, ou parce que demain il sera trop tard —, si l'on prend pour un désir authentique un désir socialement induit, ou encore si l'on s'imagine que ce qu'on *veut* (consciemment) correspond nécessairement à ce qu'on *désire* (inconsciemment), on s'expose à toutes sortes de désillusions.

À l'origine de tout projet parental — qu'on décide de garder l'enfant, s'il arrive par accident, ou qu'on le programme —, il y a toujours une inconnue : le désire-t-on vraiment ? Ou encore : est-ce bien un enfant qu'on désire ? La conscience serait-elle seule en jeu, il n'y aurait pas de problème : il suffirait de la consulter. Mais si la conscience règne, comme on sait, elle ne gouverne pas : c'est l'inconscient qui décide.

Peut-être les femmes pourraient-elles, jusqu'à un certain point, déjouer ses ruses, si elles s'interrogeaient davantage sur cet étrange désir qui, lorsqu'elles arrivent à un certain âge, semble exercer sur elles une pression quasi irrésistible. Si, au lieu de donner dans un organicisme ou un naturalisme aveugles (la force de « l'instinct », la « nature »), elles réfléchissaient un peu sur les raisons dernières — culturelles, psychologiques — des conduites humaines, lisaient Freud plutôt que des magazines débiles ou s'entretenaient avec un psychologue.

Stupéfiante est en effet la légèreté avec laquelle se font les enfants. Accepte-t-on, sans formation, de s'asseoir aux commandes d'un Airbus ? de travailler sur un ordinateur ? ou même de conduire une voiture ? S'agit-il, par contre, d'avoir un enfant, puis de l'élever — ce qui est probablement l'une des tâches les plus difficiles, car la technique n'y suffit pas —, personne n'hésite, chacun se croit capable, et la plupart se hâtent de *faire.*

Là est la source — l'une des sources — de tant d'échecs. Si beaucoup de mères abîment leurs enfants plus que de raison, c'est par précipitation, étourderie et, plus gravement, par peur de reconnaître que la maternité ne les tente pas vraiment. Ou pas tout de suite. Et qu'il vaudrait mieux attendre. En prêtant une oreille plus attentive aux messages que l'inconscient leur envoie.

« On veut sans le vouloir. »

Les signes ne manquent pas, en effet, qui avertissent une femme qu'en réalité elle hésite à être mère, ou ne le désire pas vraiment, ou désire aussi ne pas l'être. Les « ratés » du comportement fournissent maintes informations. Encore faut-il être à leur écoute. Quelques-unes le sont, qui reportent leur décision ou, « surprises », demandent une IVG. Mais beaucoup plus font la sourde oreille, donnent de leurs troubles une explication organique et nient — dénient — toute autre interprétation.

Certaines, par exemple, assurent qu'elles ne voulaient pas être enceintes, mais, « fatiguées », elles ont « oublié » de prendre la pilule :

« Il y a toujours une certaine forme d'hypocrisie, dit Louise. On se persuade que prendre la pilule à longueur d'années, ce peut être dangereux. Alors, on fait moins attention, on prend moins de précautions, on verra bien ce qui arrivera. Et ça arrive... On veut sans le vouloir. Parce que c'est un renoncement à beaucoup de choses. »

Veulent sans le vouloir ces femmes qui consultent par crainte d'être stériles : « L'examen ne révèle aucune anomalie, dit la gynécologue Claire Niaudet. Mais l'on apprend, au cours de l'entretien, qu'elles ont très peu de relations sexuelles. Cela m'étonne toujours, car ce n'est pas rare : si jeunes, si vivantes, et si peu de désir. Je suis bien obligée de leur dire que, si elles veulent un enfant, il faut bien faire quelque chose. »

D'autres ont « fait », et se réjouissent d'être enceintes. Mais elles posent tant de questions, elles doutent tant de leur capacité d'être de bonnes mères, que leur satisfaction est suspecte :

« L'ambivalence s'exprime sous forme d'inquiétude, dit Mme Bonal. À travers toutes les questions que ces femmes se posent, c'est moins la haine qui transparaît que le non-amour : "Saurai-je aimer mon enfant ? Serait-il possible que je ne l'aime pas ? Comment serai-je sûre que c'est le mien, qu'on ne m'en a pas donné un autre ?" »

Souvent, leur ambivalence se cache (et se dit) derrière des préoccupations d'ordre technique : « Et si je le nourrissais mal ? » Ou encore : « Et si j'oublie de me lever la nuit ? Et si je ne m'aperçois pas qu'il ne respire plus ? Et si je ne le supporte pas ? » Qu'elles perçoivent l'enfant comme un parasite ou un gêneur, d'autres questions le montrent clairement : pourront-elles mener la même vie ? reprendre leur travail ? aller à leur cours de danse ?

Dénis

À côté de ces formes courantes d'ambivalence, il en est d'autres, nettement plus affirmées, même si elles passent inaperçues aux yeux de la mère. Ainsi arrive-t-il qu'une femme ne s'aperçoive pas, même à un stade avancé, qu'elle attend un enfant :

« Je peux vous citer le cas d'une patiente, étudiante en médecine, qui ignorait qu'elle était enceinte de sept mois, dit une gynécologue, Isabelle Denys. Elle m'expliqua qu'elle n'avait plus de règles depuis longtemps, souffrait de troubles endocrinaux, avait mal aux seins, grossissait — elle me décrivit tous les symptômes de la grossesse. Quand je lui confirmai qu'elle était bel et bien enceinte, elle protesta : "Mais non, ce n'est pas possible, vous vous trompez !"

Une autre — en mauvaise santé, qui n'a plus de règles depuis deux ans et n'a guère grossi durant sa grossesse — accouche chez son père, un 25 décembre, en ne sachant pas qu'elle était enceinte. »

S'il est rare qu'une femme découvre sa grossesse au moment d'accoucher, il arrive, plus souvent qu'on ne l'imagine, que, les trois ou quatre premiers mois, elle « ignore » son état : « Pour peu qu'elle soit atteinte d'aménorrhée, ne consulte jamais, grossisse modérément et, surtout, ne veuille pas d'enfant, poursuit Isabelle Denys, elle est parfaitement capable de s'aveugler et de s'imaginer qu'elle a pris du poids parce qu'elle a mangé trop de gâteaux ! »

D'autres multiplient les fausses couches : « Entre mon premier et mon deuxième enfant, dit l'une d'elles, j'en ai fait quatre. Et pourtant, je les voulais, ces bébés ! » Ou bien, sitôt enceintes, demandent une IVG — une fois, deux fois, trois fois — puis décident, la quatrième fois, de garder l'enfant.

Certaines souffrent d'une stérilité inexpliquée, qui résiste à toute thérapie et disparaît subitement : « Il suffit quelquefois qu'une femme entreprenne des démarches en vue d'une PMA (procréation médicalement assistée) et s'inscrive sur une liste d'attente pour que, le mois suivant, elle soit enceinte », dit Isabelle Denys.

Meurtres symboliques

Il se peut aussi qu'une patiente, qui ne présente aucun trouble physique (pas de contractions expulsives, pas de nausées ni de saignements), qui vit bien sa grossesse et s'en réjouit, se conduise comme si elle n'était pas enceinte et, loin de prendre des précautions, accumule les risques : l'une d'elles, au septième mois, continuait de circuler à moto, jusqu'au jour où elle eut un accident et perdit son bébé.

D'autres — beaucoup d'autres — ne changent rien à leur rythme de travail. Une responsable d'agence de voyages, à qui sa gynécologue conseille, au huitième mois, le plus grand repos, se charge de missions qu'en temps normal elle aurait refusées et multiplie ses déplacements : trois semaines avant la date prévue, elle accouche d'un enfant mort.

« Ce qui me frappe, dit Isabelle Denys, c'est cette sorte de forcing que s'imposent bien des jeunes cadres. Non seulement elles travaillent comme avant, mais elles "en rajoutent". Elles nient pratiquement leur état, ou s'efforcent inconsciemment de satisfaire deux désirs contradictoires : garder l'enfant, s'en débarrasser. Souvent, c'est le second qui l'emporte. »

La psychanalyste Béatrice Alexandre fait le

même constat : « Il y a ce fantasme collectif selon lequel, quand quelqu'un est dynamique, enjoué, actif au travail, c'est un signe de bonne santé. Or, se forcer, quand on est enceinte, à travailler comme si on ne l'était pas, jusqu'à épuisement, c'est un signe de mauvaise santé psychique. »

Lors d'une enquête dans les maternités sur les risques d'accouchements prématurés — de plus en plus nombreux —, Béatrice Alexandre n'obtint qu'au bout de quinze jours un rendez-vous avec l'une des patientes, « très occupée ».

Maquillée, vêtue d'un tailleur, comme au bureau, elle travaillait à longueur de journée sur les trois ordinateurs qu'elle s'était fait installer dans sa chambre :

« Quand je l'aperçus, ma première réaction fut : "Elle est enceinte, ou quoi ?" Ma deuxième : "Qui pense à son bébé ?" Elle m'expliqua qu'elle n'avait pas le temps de rester allongée, comme les médecins le lui avaient prescrit, qu'elle était en pleine ascension professionnelle et avait sa carrière à assurer, mais qu'au demeurant elle ne négligeait pas son enfant : elle l'avait déjà inscrit à l'École alsacienne... Trois jours après ma visite, elle faisait une fausse couche. »

Sans se « débarrasser » de l'enfant d'une façon aussi radicale — un enfant que généralement elles assurent avoir voulu —, d'autres accouchent avant terme :

« C'est l'équivalent symbolique d'un avortement, dit Béatrice Alexandre. Et c'est de plus en plus fréquent. Presque une mode, actuellement. Surtout chez les femmes hyperactives, qui fuient dans un surcroît d'activité une éventuelle dépression. Couple instable, compagnon peu présent ou peu attentif, carrière à gérer : manifestement, la maternité, un instant désirée, leur pèse, et elles "lâchent" l'enfant. Ce qui ne signifie pas qu'après elles s'en occuperont mal. Mais cela suggère, au minimum, qu'elles ne sont pas très au clair avec leur désir. »

2

MYTHES

À supposer qu'une femme ne manifeste aucune ambivalence et vive sa grossesse non seulement sans le moindre trouble, mais dans une sorte de plénitude exaltante, rien ne garantit que l'enfant soit réellement désiré, rien n'assure qu'il ne sera pas un moyen de satisfaire d'autres désirs, également inconscients, et sans rapport avec lui.

Enfant-prétexte ? Enfant de remplacement ? Enfant rustine ou prothèse ? Enfant de convenance, par souci de standing ? Enfant réparateur ? Ou chargé de confirmer une femme dans sa féminité, de la rapprocher (de l'éloigner) de son compagnon ? Bouc émissaire, peut-être ?

Celles qui décident d'être mères, ou le deviennent sans l'avoir vraiment désiré, n'en savent rien, naturellement, et ne peuvent pas le savoir : une femme entre en maternité comme un myope dans un tunnel.

« Avoir un enfant, c'est naturel ! »

Pour beaucoup, tout est clair. Et la question ne se pose même pas : avoir un enfant leur paraît naturel. N'est-ce pas le « destin » ou la « vocation » d'une femme ? Extraordinaire puissance de l'aliénation idéologique, stupéfiante résistance des strates les plus archaïques du psychisme !

Alors même qu'elles ont la possibilité, aujourd'hui, de refuser la condition que les hommes — et pas seulement la nature — leur ont imposée depuis des millénaires — à la fois, comme le rappelle la psychanalyste Béatrice Marbeau-Cleirens, pour les dominer et les écraser, comme pour les priver d'autres pouvoirs et d'autres joies [6] —, la plupart des femmes reprennent à leur compte cette antique assignation.

Si les plus « libérées » planifient avec succès leurs grossesses et attendent parfois la quarantaine — carrière oblige — pour être mères, elles ne remettent que très rarement en cause la nécessité d'avoir un enfant. Comme si de ne pas en avoir portait atteinte à leur féminité et les rendait suspectes à leur entourage.

Beaucoup d'interviewées sont restées quasiment interloquées quand je leur ai demandé pourquoi elles étaient mères ou comptaient le devenir : « Mais c'est naturel, voyons ! »

Tellement « naturel » que certaines ont invoqué l'« instinct », le « corps » et assimilé le désir d'enfant à un « besoin animal » : « C'est la part en nous de l'animalité, dit Marie. J'avais à assumer ma fonction biologique. Après le deuxième enfant, j'avais l'impression que je n'avais pas fini. Qu'il me restait quelque chose à exprimer de ce côté-là — je dirais : biologiquement. Il y avait quelque chose à "boucler". Ce qui s'est fait avec le troisième. »

Trop prise par ses activités (elle gère un supermarché), Berthe n'a eu qu'un enfant, mais son regard s'illumine quand elle évoque le désir qui la « tenaillait » :

« C'était un désir féroce. Impérieux. Qui avait toute la force aveugle, brutale, de l'instinct. J'ai eu du mal à le contenir. À 30 ans, il m'a submergée. De façon tout à fait primaire. Animale. Ah, que j'étais heureuse de m'abandonner, de laisser parler la vie, d'assumer enfin ma fonction naturelle ! »

Peu d'interviewées se réfèrent aussi explicitement à la « nature », mais elle n'en demeure pas moins présente à l'arrière-plan de leurs explications. Disciples, à leur insu, de Bernardin de Saint-Pierre (« le melon a des côtes pour être mangé en famille »), elles semblent convaincues que si elles ont un utérus, c'est pour avoir des enfants. « Nous sommes faites pour ça », disent-elles. À moins qu'elles n'invoquent, plus rarement, la « volonté de Dieu ».

« Être femme, c'est être mère. »

La majorité parle toutefois moins d'utérus que de féminité et assimile *féminité* et *maternité*. « Oui, être femme, c'est être mère » — ce propos revient comme un leitmotiv.

« Quand j'ai eu 30 ans, dit Corinne, je me suis affolée : je n'avais pas encore d'enfant. J'ai claqué des doigts et mis mon mari au pied du mur : "On vit ensemble depuis huit ans. Veux-tu un enfant ? Si oui, on le fait, et sur-le-champ. Sinon, on se sépare." Il s'est exécuté. » Noëlle n'a pas eu à presser son compagnon : en dix ans, elle a eu cinq enfants, comme elle le désirait. « La plénitude de la femme passe par la maternité », décrète-t-elle.

Quelle que soit leur condition, presque toutes en sont convaincues :

« J'ai vu dans des foyers des jeunes SDF, presque des gamines, paumées, sans métier, sans ressources, manifestement incapables de prendre en charge un enfant, et qui refusaient l'IVG, raconte Isabelle Denys. L'une d'elles, âgée de 16 ans, a cédé aux conseils d'une éducatrice. Le lendemain — pour se venger ? — elle mettait le feu au foyer. Un mois plus tard, elle était de nouveau enceinte et dormait dans le métro.

Avoir un enfant, pour ces filles, c'est encore plus important que d'être "normales". Plus urgent. Elles veulent se prouver qu'elles sont femmes ? Pas exactement. Je crois que c'est encore plus archaïque : elles veulent se prouver qu'elles existent. »

Peut-être. Mais, en mettant au monde un enfant, c'est aussi comme femmes qu'elles se sentent exister. « En galère » ou « établies », presque toutes estiment s'accomplir dans et par la maternité.

Une « expérience unique »

Celles qui la refusent sont-elles à leurs yeux moins femmes ? La plupart ne le disent pas aussi brutalement, mais quasiment toutes déclarent qu'« il leur manque quelque chose ». Ce qui serait un truisme, s'il s'agissait seulement de constater que tout individu étant un être fini, il lui manque toujours quelque chose : à un homme de n'être pas femme, à un Blanc de n'être pas noir...

Les réponses, bien entendu, se réfèrent à un autre manque — regrettable, dommageable. À comprendre en termes d'appauvrissement, d'imperfection, quand ce n'est pas de « vice de construction » : « Que s'est-il passé dans l'enfance de ces malheureuses pour qu'elles ne veuillent pas d'enfants ? » se demande une jeune mère, qui en a quatre, « pour l'instant ».

« Si une femme n'a pas d'enfant, dit Berthe, il lui manque quelque chose. Il lui manque ce rapport absolument privilégié, que rien ne peut remplacer, aux sources mêmes de la vie. À sa polyphonie. Être mère, c'est une richesse de type sensuel, charnel et intellectuel — quelque chose de total. On peut faire des rencontres merveilleuses dans la vie, mais ça, c'est une expérience absolument unique. Si on n'a pas d'enfant, on ne connaît pas. Ça remplit le ventre, ça remplit tout. »

« C'est mieux qu'un tableau ! »

Femme égale mère : même des psychanalystes, qu'on pourrait croire plus libres de préjugés, reprennent à leur compte ce stéréotype.

Monique Bydlowski reconnaît bien, par exemple, qu'« une femme peut développer son narcissisme autrement », mais, ajoute-t-elle, encore faut-il « trouver des champs de réalisation personnelle qui valent aussi cher. Or ils ne sont pas tellement répandus. Pour avoir autant de joie dans une œuvre, il faut vraiment aller loin ». Pourquoi s'en donner la peine, puisqu'« un enfant, c'est mieux qu'un tableau ! ».

Sans aller jusqu'à faire d'une mère un Van Gogh ou un Rembrandt qui s'ignore, Myriam Szejer, pédopsychiatre et psychanalyste, se dit « persuadée » qu'une femme sans enfant « perd beaucoup » : « Il lui manque quelque chose. Les femmes sans enfant, sur le divan, elles regrettent. » Ce qui ne les empêche pas, assure-t-elle, d'être « des femmes accomplies ». À moitié ? Totalement ? La Pythie n'était pas plus claire.

Même prudence, vite oubliée, chez une autre analyste, Catherine Bergeret-Amselek :

« On peut devenir femme sans être mère », affirme-t-elle d'emblée. Quitte, aussitôt, à « nuancer » son propos : « Cela occasionne une crise de la maternalité à vide » *(sic)*. En clair : pour remplir ce vide maternel, ou « maternal », la femme en « crise » va « faire des bébés symboliques (livres, broderie, plats cuisinés) ». Mais un bébé symbolique ne vaut évidemment pas un bébé réel et, renonçant à toute fioriture langagière, l'auteur du *Mystère des mères*[7] se met à parler comme madame tout-le-monde :

« Je ne pense pas qu'une femme puisse renoncer à avoir un enfant sans que ce soit pour elle une douleur. Cette douleur se réveille parfois dans la deuxième partie de sa vie. Après quarante ans. À la ménopause, elle ne peut pas ne pas se dire : "J'ai fait des livres, écrit des pièces, me suis réalisée... Mais qu'est-ce que j'ai fait ? Je suis passée à côté de la vie. À côté des valeurs essentielles de la vie. Pour une femme qui n'a pas d'enfant, passé un certain âge, il y a blessure. »

Mais qu'en sait-elle ? Étrange aveuglement de bien des femmes analystes qui, en cours de conversation, changent brusquement de position, oublient leur fauteuil et leur « neutralité », perdent tout esprit critique, redeviennent mères et présentent comme des vérités incontestables les clichés les plus éculés : « Sans enfant, une femme est incomplète, si elle ne souffre pas aujourd'hui, elle souffrira demain, elle sera bien seule dans sa vieillesse... »

Mais les autres échappent-elles à la solitude — que de vieilles mères oubliées dans un mouroir et qu'aucun enfant ne visite ! —, n'ont-elles pas connu, dans l'accomplissement de leur tâche, des désillusions, de l'amertume, des souffrances ?

S'il se peut qu'avoir un enfant rende une femme

heureuse, il se peut *aussi* que cela provoque conflits et frustrations, brise son couple, aliène sa liberté et en fasse une femme aigrie. Par lui-même, un enfant ne fait pas plus le bonheur que le malheur d'une mère : tout dépend de ce qu'il représente pour elle et du sens qu'il revêt en s'inscrivant dans son histoire. Il peut l'« épanouir », il peut aussi la détruire.

Aussi est-il aberrant de prétendre qu'une femme sans enfant « perd beaucoup », « passe à côté de quelque chose d'essentiel » et porte en elle une « blessure » à nulle autre pareille. Qu'en refusant la maternité, elle témoigne d'une identification incomplète à sa mère, ou même d'une contre-identification, ne signifie pas qu'elle ne l'a pas aimée, qu'elle la récuse et cherche à la « punir » :

« On peut très bien développer sa féminité sans l'étayer sur un enfantement, dit Bertrand Cramer. Pour certaines femmes, avoir un enfant n'est pas une confirmation de leur féminité, ce peut être une catastrophe. »

Anormale, Sarah ?

D'origine maghrébine, appartenant à une famille nombreuse, écrivain, Sarah n'a voulu se venger de personne, et surtout pas de sa mère, en n'ayant pas d'enfant :

« Ma mère en a porté dix, elle en a gardé sept, trois sont morts à la naissance. Autour de moi, dans mon village, j'ai vu mourir beaucoup de nouveau-nés. Presque chaque jour, on apprenait que tel bébé n'avait pas survécu, ou qu'une voisine était morte en couches. Pour la petite fille que j'étais, toute mise au monde a dû être perçue, au moins potentiellement, comme une mise à mort. J'ai dû associer *mort* et *maternité.* »

« C'est probable, commente Bertrand Cramer, à qui j'expose l'histoire de Sarah. Cette jeune femme porte en elle l'image d'une mère-cimetière. Ou mortifère. Elle a perçu le ventre maternel comme un ventre blessé. Ce qui ne signifie pas du tout qu'elle a ressenti sa mère comme mauvaise. Mais elle a dû se dire inconsciemment : "Avoir un enfant, c'est le perdre. Devenir mère ? Attention, danger de mort !" Et puisque son père était un lettré et lui proposait un modèle autrement plus séduisant, elle a dû se dire, du même mouvement : "Il vaut mieux que je favorise la tête, j'aurai plus de chance de ce côté-là." Et la vie lui a donné raison. »

Que plus tard elle soit devenue féministe participe de la même logique. Passant du particulier (sa mère, ses cousines) au général, elle ne pouvait que dénoncer des traditions qui, en condamnant les femmes à être mères, les pénalisent encore plus lourdement qu'en Europe : dans ces pays, *maternité* et *mort*, *maternité* et *souffrance* vont trop souvent ensemble.

Des « multiples cheminements qui mènent au désir de ne pas avoir d'enfant » (B. Cramer), trop d'analystes femmes ne veulent rien entendre. Sans parler de celles, de ceux qui ne sont pas analystes et qui, si éclairés soient-ils, partagent avec tant d'autres ce préjugé millénaire qui eut peut-être sa « justification » à l'époque où guerres, famines, épidémies décimaient les populations, mais qui aujourd'hui n'a aucune raison d'être — à savoir qu'il n'est de « vraie » femme que mère.

Que ce préjugé ait encore la force d'une évidence montre à quel point, dans des sociétés qu'on dit « éclatées », « désocialisées », « individualistes », la collectivité continue de façonner et de régenter les aspirations de ses membres.

3

UN IMPÉRATIF SOCIAL

Qu'elle se présente comme une « vocation naturelle », un commandement divin, un plan familial de vie — « Chez nous, depuis des générations, on fait beaucoup d'enfants. Pour moi, cela allait de soi, c'était au programme », dit une commerçante de quarante ans —, qu'elle s'impose comme un devoir patriotique *(sic)* — « Moi, j'ai voulu donner deux enfants à la France, dit une employée de 45 ans, cela fera peut-être deux étrangers de moins » —, ou qu'elle se vive comme un « épanouissement », la maternité est d'abord un impératif social.

Avant d'être intériorisé et de se manifester, plus tard, sous forme de désir « personnel », cet impératif s'impose du dehors aux femmes, alors même qu'elles ne peuvent s'en défendre. Petites filles, elles le trouvent dans leur berceau, le têtent avec le lait de leur mère, s'y soumettent en jouant à la maman avec leurs poupées, comme elles maternent parfois leur petit frère, lui donnent le biberon ou le promènent dans sa poussette.

Leur mère, peut-être, n'est pas très tendre, les néglige ou les brutalise ? N'importe : elles l'aiment — une « maman » ne peut être que bonne. Chaque année, d'ailleurs, au mois de mai, elles composent pour elle un petit poème ou un dessin et lui souhaitent bonne fête. Un jour, cela va de soi, c'est à elles qu'on offrira des fleurs.

Quelle gamine refuserait de s'identifier à une image si valorisée — et, par anticipation, si valorisante ? Par quel miracle comprendrait-elle qu'on lui tend un miroir aux alouettes et que la condition maternelle n'est pas une fête perpétuelle ? Comment se douterait-elle qu'en la préparant à être mère on lui interdit parfois, on lui rend très difficiles toujours, d'autres modes de réalisation de soi que les hommes entendent se réserver, ou ne « partager » qu'avec la plus grande parcimonie ?

Pressions familiales

Toute femme est libre, assurément, de refuser le rôle qu'on cherche à lui imposer. Mais sa liberté est beaucoup plus théorique que réelle : se défait-on aisément d'un conditionnement aussi multiforme, aussi subtil, qui participe à la construction même de la personne ? Comment se défaire de ce qui nous a fait ? Celles qui y parviennent le doivent beaucoup plus aux aléas de leur enfance, comme Sarah, qu'à une prise de conscience des enjeux de la maternité et des sacrifices qu'elle comporte.

Une jeune femme n'est-elle pas sûre de vouloir des enfants, s'interroge-t-elle, cette attitude déclenche immédiatement une vigoureuse contre-offensive idéologique : a-t-elle perdu la raison ?

De toute part, on s'étonne, s'inquiète, interpelle, regarde l'« inconsciente » avec condescendance ou mépris, soupçonne, au mieux, quelque infirmité, au pire, un trouble caractériel.

Souvent, c'est la famille, la première, qui passe à l'attaque.

Issue d'une « vraie tribu » — « Frères, sœurs, cousins, nous étions une dizaine d'enfants à la maison » —, Fabienne, fiancée à 17 ans, décida, deux ans plus tard, de se marier :

« C'était une façon de me libérer. Je ne voulais pas d'enfants : je savais trop bien ce qu'ils faisaient d'une mère. Au début, mon mari n'insista pas et je pus continuer mes études. Mais, autour de moi, on ne comprenait pas. Les pressions de l'entourage étaient terribles : "Comment, tu n'as pas encore d'enfant ?"

À chaque réunion de famille, on faisait mon procès. Ou presque. Mère, tantes, cousines, belles-sœurs, chacune me prenait à partie — "As-tu vu un médecin ?" —, s'indignait ou s'impatientait. Même ma couturière surveillait d'un œil critique mon tour de taille. Un jour — il faisait très chaud — j'eus un malaise en essayant une robe. "Enfin, s'écria-t-elle, vous êtes enceinte !" »

Qu'après sa licence, Fabienne eût envie de préparer une maîtrise, se présenter à Sciences po, étudier le chinois aux Langues O et, sa thèse terminée, faire le tour du monde parut à tous de la dernière fantaisie. « "C'est de la folie douce", me disait-on. Que j'écrive des livres à la maison, entre deux tétées, soit, mais d'abord, que je fasse cet enfant ! »

Assez souple au début — il lui « consentit », quand ils se marièrent, un « crédit d'études » de cinq ans —, son compagnon finit par perdre patience. Fils unique, il rêvait d'une famille nombreuse et supportait mal que sa femme se hâtât lentement. « Un jour, il explosa : "Ou tu fais comme toutes les femmes — tu me donnes des enfants — ou l'on divorce." » Fabienne céda. Et rêva souvent, pendant sa grossesse, qu'elle accouchait sous X et sortait, libre, de la maternité.

Incertaines de leur désir, bien des femmes cèdent à celui de leur mari. Les unes l'admettent sans peine : « Je voulais bien un enfant, mais j'étais encore très jeune et je n'étais pas prête. C'est mon mari qui m'a convaincue, dit Laetitia. Il était plus âgé que moi, il avait déjà un fils, il souhaitait une fille. Et il l'a eue. »

Plus discrètes, ou plus romantiques, d'autres parlent moins de pressions que d'amour : elles sont devenues mères, disent-elles, « par amour pour leur mari ». « Moi, j'aurais bien attendu quelques années, dit Catherine. Mais je sentais que mon mari — qui ne me pressait pas : "Tu es libre", disait-il — voulait un enfant. Je l'aimais tellement que j'ai été heureuse de le satisfaire. »

Plus amoureuses encore, ou moins conscientes des pressions qu'elles subissent, d'autres souhaitent reproduire sinon leur mari, du moins « quelque chose de lui » : « Je l'adorais, dit Katy.

Et je voulais un fils qui le prolonge. Plus tard, me disais-je, ce fils, qui serait le portrait de son père, me rappellerait ma jeunesse et peut-être l'entretiendrait. » Mais Katy eut une fille...

Famille au grand complet, mari : les pressions de l'entourage ne sont pas toujours explicites. Souvent, il n'est même pas besoin qu'elles se manifestent : la jeune femme a si bien intériorisé les attentes, les normes et les modèles du groupe que, sans nécessairement les devancer, elle n'hésite pas à s'y conformer.

C'est fréquent chez les adolescentes, constate Mme Bonal :

« Je vois beaucoup de jeunes filles de 18, 19 ans, souvent accompagnées de leur mère. Leurs questions se réfèrent toujours à la norme : *Quel est le bon moment pour avoir un enfant ? le bon âge ?* Elles s'attachent à des critères extérieurs — de convenance. Comme si elles n'avaient pas leur propre rythme. Leur propre temps. On ne voit pas du tout où elles se situent par rapport à leur discours, à leur désir. Elles ne se demandent pas ce qu'elles ont envie de faire, elles veulent être comme tout le monde et plaire à leurs parents. Elles semblent très soucieuses de ne pas les décevoir. De ne pas perdre leur amour. Et se montrent très conformistes. »

Être comme tout le monde

Au-delà des attentes de la famille, ou du conjoint, c'est à celles de la « société » que de nombreuses femmes, consciemment ou inconsciemment, se conforment.

Si chacune peut mener sa vie comme elle l'entend, elle n'en subit pas moins les contraintes du groupe. Peu nombreuses sont celles qui osent s'y soustraire. Constamment, collègues, amies, connaissances, et même inconnues, s'étonnent, conseillent, parfois critiquent et leur demandent de s'expliquer : « J'ai eu des enfants très tard, à 39 ans, dit Françoise. Pendant dix ans, j'ai entendu : “Ah, vous n'êtes pas mariée ? Ah, vous n'avez pas d'enfant ?” On n'est pas normale quand on n'a pas d'enfant. C'est lourd à supporter. »

Dans un brillant essai sur l'esprit d'indépendance, et son « insolence » : *Comment supporter sa liberté*[8], Chantal Thomas évoque la position inconfortable de celle qui ne veut pas d'enfant :

« Pas d'enfant. Cette petite phrase simple... a le don de faire circuler autour de soi un air froid — le verdict muet d'une antique réprobation. Les femmes en votre présence vous regardent autrement. Comment cela : vous n'avez pas d'enfant ? Vous n'êtes pas une mère ? Vous n'avez jamais désiré un bébé ? Impossible ! Toute femme désire un bébé. C'est son instinct, l'accomplissement de sa nature. Une femme sans enfant est une femme inachevée. Elle mérite à peine ce nom. Pour cet être contre nature, il faudrait inventer un autre terme [...]. Face à une hostilité que viennent conforter, dans une unanimité confondante, aussi bien la loi de l'espèce que le commandement de la religion et la bénédiction des médias, comment [se] défendre ? »

Défense parfois épuisante, sinon culpabilisante. Et toujours vaine. Beaucoup de femmes, qui aimeraient attendre un peu, ou s'abstenir, renoncent et finissent, comme on dit si bien, par s'exécuter :

« Toutes mes copines ont des enfants, dit Valérie, pédiatre. J'ai 35 ans, il est temps que je m'y mette. Même si je dois fermer mon cabinet. » Célibataire, elle se dit décidée à ne prendre pour ami qu'un homme qui veuille bien d'un enfant : « Quand je commence une liaison, c'est l'une des premières questions que je pose. Si la réponse est négative, ou hésitante, j'arrête. J'ai beaucoup d'amies qui sont beaucoup plus en quête d'un père possible que d'un amant. »

Normalisante, intégrant la femme à la collectivité, la maternité est l'équivalent d'un rite de passage. La preuve qu'une femme est devenue adulte et responsable : « J'ai décidé d'avoir un enfant lorsque j'ai réussi mon CAPES d'histoire, dit Christine. Un poste d'enseignante, un gosse : j'entrais dans la vie adulte, je m'affirmais comme femme. »

« Avoir un enfant, dit pareillement Martine, c'était pour moi une façon de sortir de l'adolescence et du provisoire. Une façon de m'installer et de me réaliser comme femme. » Comme la résidence secondaire, la voiture ou l'ordinateur, l'enfant est partie intégrante du standing : « Absolument, dit un pédiatre, le Dr Moscovici. Un jeune couple dans le vent doit avoir au minimum deux enfants. »

« L'agreg de la vie privée. »

Libération des femmes ? Aujourd'hui comme autrefois, elles sont condamnées à être mères :

« Une jeune femme avec un mari et des enfants, même si elle n'a pas un métier génial, c'est comme si elle avait réussi à un examen. Comme si elle avait l'agreg. L'agreg de la vie privée, dit la sociologue Véronique Nahoum-Grappe. Même si elle est mauvaise mère, elle est mère. Elle est donc supérieure à celles qui ne le sont pas. Et elle ne se gêne pas pour le leur faire sentir sans élégance. Pour elle, un enfant, c'est un critère de distinction sociale. Une espèce de réussite.

Les femmes sont quasiment obligées d'être mères. Et de dire qu'elles sont heureuses. Et de répéter que c'est merveilleux. "J'ai un mari, un appart, une bagnole et des gosses." Fierté de la classe moyenne. Tous ces attributs pour se dire qu'on n'est pas trop pourrie. Qu'on peut se regarder dans la glace : "Allons, je ne suis pas si ratée que ça." À l'inverse, l'absence d'enfant, c'est la démonstration de son échec. Et une souffrance pour celles qui se voient à travers le regard des autres. On est pire que les sociétés traditionnelles, puisqu'on croit qu'on est différent. C'est manqué ! Ce sont les fascistes qui assignent la femme à son ventre.

Faire des études/avoir des enfants : deux buts égaux en intensité, deux devoirs, poursuit Véronique Nahoum-Grappe. C'est un dispositif idéologique qui tient les femmes dans une espèce de toile d'araignée. "Travaille, sois le rêve de l'homme (mince comme un fil), aie les vertus féminines de jadis + l'ENA ou l'agreg." On ne demande pas à un homme d'arborer sans cesse la preuve de sa virilité. Mais on l'exige d'une femme. On lui demande l'impossible. L'ingérable. »

La société française se croit moderne : elle reste très traditionaliste. Très archaïque. Par sa façon d'assimiler *féminité* et *maternité*. Par cette contrainte qu'elle fait peser sur toutes les femmes. Par cet ordre ancestral — millénaire — auquel elle les soumet et l'opprobre qu'elle leur inflige si elles s'y dérobent.

Sans doute élevées dans l'idée qu'un jour elles seront mères, la plupart s'y soumettent volontiers, sans même savoir, le plus souvent, qu'elles s'y soumettent. Ne s'interrogeant pas sur l'origine de leur désir d'enfant, tant il leur paraît naturel, elles souffrent si elles ne peuvent le satisfaire et attendent de la médecine qu'elle supplée à leur défaillance.

Mais vouloir un enfant parce que c'est dans « l'ordre des choses » et que l'on reprend à son compte une exigence sociale, c'est prendre le risque, plus tard, d'être cruellement déçue par une expérience qui ne ressemblera pas à son image d'Épinal. Ou de mal supporter un statut dont on ne soupçonnait pas les rigueurs, tant l'idéologie ambiante s'ingénie à les occulter. Ou encore, de faire payer à l'enfant, d'une façon ou d'une autre, une condition qu'on aura moins choisie que subie.

4

SATISFAIRE SON NARCISSISME

Il ne suffit pas qu'un choix soit proposé, sinon quasiment imposé, par la collectivité, pour qu'un individu le fasse sien. Si un animal, ou un nourrisson, ne se laissent pas modeler comme de l'argile et réagissent aux pressions qu'ils subissent, les contrarient ou les modifient en s'y adaptant, à plus forte raison un adulte a-t-il la capacité d'y résister. S'il y consent, c'est qu'il y trouve son compte et que, par le rôle qui lui est offert, il satisfait aussi ses propres désirs.

Une femme qui devient mère ne se plie pas seulement aux usages du groupe. À son insu, car tous ces processus sont évidemment inconscients, elle cherche dans la maternité une réponse à d'autres aspirations, d'autres attentes liées à son histoire et souvent très éloignées de l'objet (l'enfant) qui a pour fonction de les satisfaire.

Affirmer sa différence

Une femme peut sans doute se réaliser, aujourd'hui, de toutes sortes de façons, aucune voie ne lui est interdite et, si elle en a les capacités, rien ne l'empêche d'être pilote, ingénieur, chercheuse, artiste, éditrice, CRS... Mais s'aventurer sur le territoire des hommes, provoquer d'emblée leur suspicion et leur résistance, s'imposer par l'excellence de son travail n'est pas facile et en décourage plus d'une.

Elle se contente donc d'une position seconde, ou en retrait — les diplômées de l'ENA choisissent plus volontiers des postes d'études que des postes de pouvoir — et tente de s'accomplir dans un domaine où elle ne craint pas la concurrence des hommes. Où elle peut éventuellement leur faire la loi — le cas échéant, un enfant qu'ils ne désirent pas. Où elle peut, simplement, les rappeler à un peu plus de modestie, en cultivant sa singularité : ils ne seront jamais enceints.

S'il y a une façon, pour une femme, d'affirmer à bon compte sa différence et de satisfaire son narcissisme, c'est assurément en devenant mère. En occupant un territoire que personne ne lui dispute. En exerçant un pouvoir que bien des hommes lui envient et dont ils simulent parfois la promesse par leur embonpoint, un goitre, un gonflement des testicules. Couvade à la française : il n'est pas rare, disent les médecins, que le mari d'une femme enceinte grossisse.

Maternité-revanche ? Souvent : on se pose en s'opposant. Parfois, de façon très consciente. Gênée dans ses projets universitaires par son mari, qui s'impatientait de n'avoir pas d'enfants, Fabienne lui en donna deux : deux filles. Mais elle voulait un garçon : elle fit en sorte d'être de nouveau enceinte, et accoucha d'une fille. Elle fit une autre tentative, et mit au monde un garçon :

« Ce que je voulais consciemment, c'était un garçon. Avec le recul, je suis convaincue que j'ai aussi voulu punir mon mari, qui m'avait plus ou moins imposé mes deux premières maternités. Je lui ai imposé les deux dernières : il les a si mal supportées que, finalement, il est parti. »

Marie ne cherchait pas à se venger de son compagnon : « Il était d'accord sur tout. » Mais, pressentant qu'un jour il partirait, elle se hâta d'être mère : « Dès que j'ai eu mes deux filles, je me suis sentie en sécurité : il pouvait partir. J'ai fait des enfants pour me protéger de son inconstance, comme de l'inconstance des hommes en général. Rien ne vaut un enfant pour éviter la déprime quand ils nous plaquent. » Enfant-Prozac ?

Certes, une femme peut très bien n'avoir aucun contentieux avec un homme, et même aimer, naturellement, le père de son futur enfant, n'importe : c'est dans la maternité, ou ses prémices, qu'elle se sent elle-même, incontestée, incontestable, hors d'atteinte, qu'elle se perçoit comme un être singulier et existe comme sujet à part entière.

« Le bonheur d'être pleine. »

À l'annonce d'une grossesse, constatent les gynécologues, il n'est pas rare qu'une femme se replie ou se concentre sur elle-même et devienne indifférente à ce/ceux qui l'entourent. Comme si, désormais, elle pouvait ne jouir que d'elle-même.

Du bébé qu'elle porte, il n'est presque jamais

question, les premiers mois. De son père, encore moins :

« Les hommes ne sont jamais présents dans la conversation, observe Isabelle Denys. Cela ne leur vient pas à l'idée d'en parler. Ni de se préoccuper de leurs réactions. Comme s'ils n'existaient pas. Parfois, c'est moi qui m'informe de leur état, ou demande à les voir. Ça les étonne toujours. La grossesse, c'est vraiment leur affaire. »

Pour peu qu'elle se déroule bien, c'est aussi leur plus grande joie. Leur fierté :

« Je l'ai vécue comme un accomplissement de ma féminité, dit Suzanne. Il fallait que je sois *pleine*. Ce mot-là, dans notre champ lexical de ruraux, on l'employait pour les bêtes, mais j'ai toujours aimé ce mot. Oui, être pleine, c'était ça. Ces neuf mois, ce sont les plus heureux de ma vie. Je portais ça (de la main, elle dessine la forme d'un gros ventre), je portais ça en majesté. C'était de l'ordre d'une grande beauté. Je ne voulais pas accoucher. »

Christine également a « adoré ça » : « J'avais un sentiment de plénitude. C'était l'épanouissement total. Je marchais le ventre en avant. Comme si je disais à tout le monde : "Regardez-moi, admirez-moi !" » Anne, qui ne s'était jamais crue jolie, se sentit un « corps génial, superbe... Avec 25 kg de plus, ça se voyait. J'étais bien dans ma peau, je ressentais les odeurs plus fortement ». « Ah, soupire Béatrice, que j'étais belle en attendant mon fils ! Être enceinte, c'est formidable. Quand je croise des femmes enceintes, je les envie. Ça me manque terriblement. »

Cela manque tellement à Fabienne que, après avoir eu quatre enfants, elle se réjouit d'en porter apparemment un cinquième : « J'ai la nostalgie de mes grossesses. Est-ce pour cela que j'ai gardé un ventre un peu gonflé que je n'arrive pas à perdre ? Mais ça ne m'ennuie pas. J'ai toujours l'air un peu enceinte, bien qu'à mon âge ce ne soit plus possible. Souvent on me dit : "Ah, tu attends un enfant ?" »

Sentiment de plénitude. Accomplissement de soi. Corps épanoui : d'une femme à l'autre, les mêmes expressions reviennent. Toutes ne renvoient qu'à elles, à leur bonheur, à leur béatitude. Sans la moindre allusion, jamais, à l'enfant — apparemment absent de cette « plénitude », ou absorbé par leur narcissisme et phagocyté par leur égocentrisme. À les entendre, on a l'impression qu'elles sont enceintes pour être enceintes, que ce qu'elles apprécient, dans la grossesse, c'est la grossesse. Comme si elle était une fin en soi.

Certes, à la différence d'autres femmes, infécondes, qui se font inséminer, puis, quand elles ont la preuve qu'elles sont « normales », demandent une IVG (le cas est assez fréquent), celles-là gardent l'enfant. Mais le temps qu'elles le portent, il n'est pas au centre de leurs préoccupations, ni la raison première de leur bien-être. C'est pourquoi cette joie-là est souvent pure de toute ambivalence : à la limite, l'enfant n'existe pas, il est totalement occulté, ou même de trop : Suzanne aurait aimé ne pas accoucher.

Qu'à cela ne tienne : sitôt « libérées », certaines se hâtent d'être à nouveau enceintes :

« L'une de mes patientes, qui a 40 ans, vient d'accoucher d'un neuvième enfant, dit une psychologue, Mme Legendre. Elle aime être enceinte, affirme-t-elle. Pour elle, être enceinte, c'est être complète. À ces moments-là, surtout si elle porte un garçon, elle se sent homme et femme. Ce qui la pousse à multiplier les grossesses ? L'amour des enfants, prétend-elle. Mais est-ce l'enfant qu'elle aime, ou son gros ventre ? » Et qu'aimait la belle-mère de ce gynécologue parisien, qui a fait 25 grossesses (dont 9 fausses couches) ?

Semblables à Dieu ?

Interrogées sur les raisons de leur fierté, et pourquoi elles aiment « marcher le ventre en avant », les mères que j'ai rencontrées n'ont évidemment pas parlé de gratification narcissique. S'oubliant un instant, elles ont souvent donné de leur jouissance égocentrique une explication altruiste : elles s'honoraient, disaient-elles, de « donner la vie ». De « fabriquer un être humain ». D'être des « créatrices ».

Prétexte ? Certainement pas : occultant le rôle du père, ou le minimisant, elles se persuadent volontiers qu'elles accomplissent seules, ou pour l'essentiel, cette « œuvre grandiose », comme dit l'une d'elles, qu'est la « création d'un enfant ». Une création quasiment *ex nihilo.*

Illusion : une gestation est un processus physiologique, une création, un acte de culture :

« Un créateur, rappelle Véronique Nahoum-Grappe — un artiste, un scientifique, un artisan —, un créateur prévoit, il élabore des tactiques et des stratégies, met en jeu un savoir et des techniques, parfois risque sa place, ou sa peau. Il souffre, s'angoisse... Tout cela relève de la conscience.

Pour l'enfant, c'est l'inverse. Un jour, une femme apprend qu'elle est enceinte. Ça lui fait plaisir ou non. Pendant neuf mois, elle dort comme un loir, se fait chouchouter, est au centre des préoccupations familiales. On lui cède même sa place dans le métro... Quand elle se porte bien, c'est assurément un grand moment, mais c'est le contraire d'un travail. Elle est irresponsable de ce qui lui arrive, c'est complètement hors champ de la conscience. Tout s'accomplit en elle, mais sans elle. »

En confondant *maternité* et *création*, la plupart des femmes reprennent à leur compte la fable que les hommes ont inventée pour qu'elles acceptent mieux leur fonction. Mais elles y adhèrent d'autant plus facilement qu'elle justifie et exacerbe leur narcissisme. Elle *justifie*, puisqu'elles ont une raison valable (socialement admise) d'être fières de leur état et d'en faire si volontiers étalage. Elle *exacerbe*, dans la mesure où leur narcissisme, poussé à l'extrême, prend des allures de mégalomanie.

Georg Groddeck signalait déjà cette composante du désir d'enfant : « L'idée (de créer, puis) de protéger un petit être impuissant, de le nourrir de son propre sang... donne à la mère l'impression d'une ressemblance avec Dieu et, en conséquence, lui inculque la notion de l'existence d'une pieuse analogie entre elle et la mère du fils de Dieu[9]. »

« Désir d'enfant et mégalomanie vont ensemble, dit Bertrand Cramer. C'est ce qu'il y a de plus proche du bon Dieu. »

Se révèle ici, sous forme de fantasmes quand une femme est enceinte, et de conduites quand elle devient mère, l'une des composantes essentielles, et la plus générale, du désir d'enfant : la possibilité d'exalter son ego, de lui donner, quasiment, une dimension divine ou démiurgique. D'accéder enfin à une sorte de souveraineté et d'exercer sur l'être qu'on s'imagine avoir créé un pouvoir souvent exorbitant. Amour maternel, ou amour de soi ? Désir d'enfant, ou désir, par le truchement de l'enfant, de jouir du seul pouvoir que la collectivité ne dispute pas à la femme ?

Pédiatres et psychologues déplorent souvent que tant de mères fassent preuve d'autoritarisme, qu'elles veuillent régenter jusqu'aux plus petits détails de la vie de leurs enfants, qu'elles soient omniprésentes, omniinfluentes, intrusives, possessives. Mais cet interventionnisme n'est-il pas l'une des conséquences, sans doute déviée, ou dégradée, mais difficilement évitable, de ce pouvoir absolu qu'elles ont sur le nourrisson et qu'elles exercent avec la plus grande jouissance ?

Pouvoir total, en effet : cet être est à leur merci, sa vie est entre leurs mains. « C'était terrible, dit une mère. Quand je le prenais dans mes bras, je me disais que je pouvais en faire ce que je voulais : le laisser tomber, l'étouffer, le jeter par la fenêtre. Ou, au contraire, lui donner le sein, le chérir, le modeler selon mes désirs. Il était sans défense. C'était à la fois angoissant et exaltant. »

Le plus souvent, l'exaltation l'emporte sur l'effroi, et la plupart des mères, quelle que soit leur ambivalence, s'adonnent avec amour à leur tâche : c'est d'elles-mêmes qu'elles prennent soin, elles-mêmes qu'elles chérissent dans l'enfant qui les « prolonge ».

Les premières années sont sans doute les plus gratifiantes. Même si, par moments, il s'encolère, se rebelle et s'affirme, l'enfant, pour l'essentiel, se laisse faire et prend la forme qu'on lui impose.

Le nourrir, lui apprendre à marcher, parler, être propre, plus tard l'habiller et le coiffer selon ses goûts, lui choisir ses jouets et, pourquoi pas ? ses camarades, contrôler son travail scolaire et diriger ses loisirs, le punir et le récompenser, le faire rire ou pleurer, provoquer, d'un mot, d'un geste, frayeur ou ravissement, y a-t-il preuve plus éclatante, pour une femme, de son pouvoir ? Y a-t-il plus grande jouissance que de voir un être se plier à ses désirs et réaliser ses propres rêves — quitte à s'apercevoir, quand il grandit, qu'il leur préfère les siens ?

Les femmes enceintes, les jeunes mères n'en sont pas là. Toutes espèrent qu'à travers l'enfant — enfant-moyen, enfant-prétexte — elles se reproduiront, si elles sont à ce point contentes d'elles-mêmes, ou se réaliseront, si elles portent en elles, comme tout un chacun, des espoirs mort-nés et des chimères avortées. Pourquoi en douteraient-elles ? Elles ont le pouvoir, elles l'exercent sans partage et, dans cet exercice, elles trouvent, ou espèrent trouver, les satisfactions les plus vives.

5

ENFANT À TOUT FAIRE

À ces composantes très générales du désir d'enfant — conformisme, affirmation de sa féminité, goût du pouvoir — s'en ajoutent d'autres, qui tiennent davantage à l'histoire de chaque femme, et qui, pas plus que les précédentes, n'ont projeté dans l'enfant leur raison première.

Beaucoup souhaitent un enfant pour réparer leur propre enfance. Pour se donner, à travers lui et grâce à lui, la tendresse que leur mère ne leur a pas donnée.

La relation mère-fille est, en effet, si lourde d'ambivalence, si tendue, la haine l'emporte si souvent sur l'amour que de très nombreuses femmes ont été des petites filles malheureuses — presque toutes, dans l'échantillon des cent vingt interviewées. Éprouvant un immense besoin d'amour, qu'aucun homme n'est capable de combler, elles cherchent, dans un rapport fusionnel avec leur bébé, la chaleur et l'intimité qui leur ont manqué.

« Un enfant m'aimera. »

« Oh oui, je le chouchouterai ! dit Sophie, 29 ans, qui s'imagine un poupon dans les bras, le cajolant et le "bisoutant". Ma mère n'était pas méchante : elle était absente. Absente physiquement : elle passait ses journées dans l'entreprise de menuiserie qu'elle dirigeait avec mon père. Absente affectivement : je n'ai pas le souvenir du moindre contact physique. »

Une employée s'occupait des gamines — Sophie a une sœur, Béatrice, de deux ans son aînée —, les conduisait à l'école, leur donnait à goûter. Quand leur mère rentrait, le soir, elle s'assurait, d'un œil de maître, que l'ordre régnait : si des cahiers traînaient, si l'une des filles avait une tache sur sa robe, elle criait. Lorsqu'elle était de bonne humeur, elle leur faisait, du bout des lèvres, une petite bise : « Une bise à l'image de ce qu'elle était — froide, sans sensualité, sans chaleur. Je me suis souvent demandé si elle n'était pas un homme déguisé en femme, tant elle était masculine dans sa façon d'être. »

Peu appréciée de son père, qui lui répétait qu'elle était « bête », un peu jalouse de sa sœur, dont elle avait l'impression qu'on s'occupait davantage, Sophie, « pour exister », tomba gravement malade : « À 15 ans, j'ai eu une polyarthrite. Parfois, j'ai encore des crises. » On la soigna — « Enfin, on faisait un peu attention à moi » — mais on ne l'aima pas davantage.

Pourtant, quand elle a quitté sa famille pour préparer à Paris un BTS de secrétariat, elle a beaucoup pleuré : « Le premier mois, ce fut très dur. J'ai toujours voulu croire que, malgré tout, on m'aimait. Quand j'ai commencé ma thérapie, j'ai dit à la psy que j'avais des parents exceptionnels. »

Sophie les voit aujourd'hui tels qu'ils sont : « Avec des œillères en béton armé. » Sa mère, qui « s'abrutit toujours de travail », ne s'intéresse pas plus qu'autrefois à ce qu'elle ressent : « Son mot d'ordre : ne pas s'écouter. Ne pas s'attendrir. Ne pas penser. »

D'elle sa fille n'attend plus rien. D'un homme ? « Peut-être. Mais ils sont tellement volages ! » C'est d'un enfant qu'elle espère le salut : « Oui, je veux un enfant. Pour guérir de mon enfance et des souffrances qu'elle m'a infligées — celle, surtout, de n'avoir pas été reconnue. Pas respectée comme personne. Je suis sûre qu'un enfant me donnera au centuple ce qui m'a manqué. »

« Je redeviendrai petite fille. »

Camille a le même espoir, et Arthur, son fils (2 ans et demi), y répond parfaitement pour l'instant. Très affectueux, « très câlin », il lui offre généreusement ce que sa mère lui a refusé.

Une mère « froide, très exigeante, jamais satisfaite : c'était une femme aigrie, malheureuse, qui faisait de ses enfants des boucs émissaires. Comme j'étais l'aînée, j'ai tout pris ».

Tout ? Les remarques désobligeantes, les sarcasmes, les cris, parfois les coups : « Elle était systématiquement négative. À l'école, par exemple, j'étais bonne élève. Quand je revenais avec un 15/20 en rédaction, elle faisait la moue : "Tu aurais pu avoir 16. Ou 17." » Plus tard, elle se moque de ses petits amis, et les dénigre : « Pourquoi tu t'entiches de garçons aussi laids, aussi stupides ? Il est vrai qu'avec la tête que tu as tu ne peux pas être trop exigeante. »

À 17 ans, Camille quitte sa famille et s'installe dans une chambre de bonne. Révoltée ? Même pas. Elle aurait pu : trop contente de la voir partir, sa mère l'« aide » à empaqueter le plus vite possible ses affaires. Et, pour inciter cette « bonne à rien » à se prendre en charge, lui coupe les vivres. Ou presque : elle lui octroie 200 F par mois (1977). Tout en continuant ses études, Camille fait des ménages, sert dans des snacks, pose des autocollants sur les pare-brise. Et, de temps à autre, revient chez elle :

« Je rentrais parce que j'avais faim, c'est vrai. Mais j'avais autant besoin d'affection, et j'espérais toujours qu'avec ma mère ça irait mieux. En vain : je repartais désespérée. Convaincue que je n'avais pas su m'y prendre... On peut avoir des moments de révolte, mais c'est très difficile, même à 20 ans, d'imaginer qu'on a une mauvaise mère. Une mère, c'est forcément bon. On met très longtemps à la voir autrement. À l'époque, je la percevais comme quelqu'un de dangereux, qui pouvait à tout moment sortir ses griffes. Mais j'espérais qu'avec le temps elle changerait. »

C'est d'Arthur, comme du deuxième enfant

qu'elle porte (elle en veut quatre) qu'elle attend aujourd'hui sa « guérison » :

« J'essaie de me redonner l'enfance que je n'ai pas eue. On perçoit chez l'enfant une affection qui vient vers vous gratuitement. Une affection hyper-porteuse. On peut s'appuyer sur cette demande. C'est en cela que l'enfant "rattrape" ou répare. D'emblée, il vous aime. Tout est bon à prendre pour lui. Comment ne pas être submergée par ce besoin d'amour ? Comment ne pas lui répondre ? Quand je berce mon fils, quand il se blottit contre moi, je ne sais plus qui je suis : sa mère ? la petite fille qu'on aime enfin ? »

« Le plus beau nom... »

Plus une femme a été malheureuse dans son enfance, plus elle a tendance, semble-t-il, à multiplier les chances de la réparer. Et, tels ces joueurs qui parient sur plusieurs chevaux, elle mise sur deux, trois ou quatre enfants, les siens ou d'adoption, pour se réconcilier avec son passé.

C'est ce que suggère l'histoire de Mathilde. De toutes les interviewées, elle est celle qui a eu l'enfance la plus dure, celle que sa mère a le plus endommagée, celle, enfin, qui n'en finit pas d'attendre, à quarante ans, celui (celle) qui la sauvera.

C'est peu dire que sa mère ne l'aimait pas : elle la détestait. « Une mère de haine », dit-elle.

Toute petite, elle savait déjà qu'elle n'avait pas été désirée, pire : qu'en naissant elle avait failli tuer sa mère.

« Elle a toujours eu des accouchements difficiles. Qu'il s'agisse de mes frères — mais elle leur pardonne : ce sont des garçons — ou de moi. Lorsque ce fut mon tour (je suis la cadette), elle était si affaiblie que le médecin crut, un moment, qu'il lui faudrait choisir entre la mère ou l'enfant. “Sauvez ma femme !” lui dit mon père. »

On sauva également l'enfant :

« Ma mère ne s'en est jamais remise ! Régulièrement, comme pour se venger, comme pour me faire honte d'exister, elle me décrivait son accouchement et me répétait qu'elle s'était attendue à mettre au monde un enfant mort : “Le médecin m'avait prévenue que, lorsque tu sortirais de mon ventre, tu serais en morceaux.” J'imaginais comme un étal de boucher : ici et là, des membres éparpillés, brisés, sanguinolents... Toute mon enfance, j'ai entendu des détails horribles : “Quand j'étais enceinte, me disait-elle encore, je ne grossissais pas. Je n'avais pas d'eau, tu mangeais tout en moi. Tu avais la tête sur mon estomac, toi, tu profitais, il n'y avait pas de place pour deux.” »

Il y en avait si peu, pour Mathilde, qu'à sa naissance on ne sut quel prénom lui donner :

« Ma mère n'avait projeté sur moi que ses fantasmes de mort. À sa façon, elle m'avait déjà tuée. » À court d'idées, mais non de sadisme, son père suggéra qu'on l'appelle comme sa mère, *Lucienne*. « Un prénom que ma mère n'utilisait jamais, elle en avait horreur, elle ne fit donc aucune objection à ce qu'on me l'attribuât » — un prénom, enfin, très répandu dans cette famille : « Des *Lucien*, des *Lucienne*, il y en avait plein. »

On proposa donc que Lucienne, pour ses proches, devînt *Géraldine*. « Mon père s'appelait Gérard. Mais, de la même manière que personne n'appelait ma mère *Lucienne*, personne ne disait jamais *Gérard*. Pour moi, ce fut pareil : *Géraldine* ne servit jamais. Finalement, on me surnomma *Nini*. » Ni son père ni sa mère. Le non-être intégral. Ou la gratuité absolue. L'enfant de personne, qui, pendant des années, comme perdue dans un vêtement sans forme, flotta dans une identité incertaine.

Au collège, il fallut bien qu'elle en prît une. On ressortit *Lucienne*, qui ne lui convint pas, évidemment : « Quand je l'entendais, je voyais ma mère. Chaque fois qu'on m'appelait ainsi, je me sentais agressée. Niée dans ma singularité. Ça me révoltait. Et j'ai dû traîner cette défroque jusqu'au bac ! »

À 20 ans, Lucienne/Géraldine, Nini pour les intimes, fait acte d'autorité et décide de s'appeler *Mathilde*. « Souvenir stendhalien ? J'aimais bien ce prénom. Je m'y retrouvais, et je me disais qu'un jour je rencontrerais Fabrice... Mais ce n'était pas confortable : au bureau, mes collègues m'appelaient *Lucienne*, quand des amis me téléphonaient, ils demandaient *Mathilde*. »

Finalement, un seul être put la réconcilier pleinement avec elle-même et la fixer dans une identité incontestable : celui pour qui elle est toujours *maman*. « Ce fut une expérience fabuleuse. Mon fils m'a donné forme humaine. Enfin, j'étais quelqu'un, j'avais un nom : *maman*. Le plus beau nom, pour moi, de la langue française. »

Mais retrouve-t-on jamais le temps perdu, et son enfance ? À la recherche d'une plénitude qui lui échappait toujours un peu, Mathilde attendit d'un deuxième enfant, puis d'un troisième, et d'autres, qu'elle adopta, la réalisation d'un impossible désir.

Faute de mari, un fils

Si beaucoup de femmes veulent un enfant pour se refaire une enfance — c'est l'enfant-lifting —, d'autres le chargent d'une mission de remplacement. Non qu'elles lui attribuent explicitement cette fonction : c'est dans leur comportement, ou leurs propos, qu'elle apparaît.

Cas très fréquent : un couple se sépare. Peu de temps après, la femme s'aperçoit qu'elle est enceinte.

« Je sentais que notre histoire se terminait, raconte Alix : mon ami avait une autre femme dans sa vie, et j'étais incapable de lutter. Scènes de violence, brèves réconciliations se succédaient et nous épuisaient. Un matin, il m'annonça qu'il ne reviendrait pas. Trois semaines plus tard, je me rendis compte que j'étais enceinte. J'ai donné à mon fils le prénom de son père. »

C'était lui jouer, sans doute, un bien mauvais tour :

« Moi aussi, je porte le nom de mon père, dit Victor. Il a plaqué ma mère quand elle m'attendait. Elle l'aimait encore mais, en même temps, elle le haïssait de l'avoir quittée. J'ai reçu de plein fouet cette ambivalence : tantôt, elle m'assurait que j'étais beau et intelligent comme lui, que je ferais, moi aussi, une "belle carrière", tantôt, quand j'avais fait une "bêtise", elle me lançait à la tête que j'étais son portrait "tout craché", "faux, menteur, égoïste" comme lui, et que jamais une femme n'aurait la patience de me supporter.

Sur un piédestal les jours de bonne humeur, plus bas que terre et moins que rien les jours de haine, je ne sais quel "caractériel" je serais devenu, si je n'avais eu une grand-mère qui m'aimait d'un amour sans bornes : "Ne pleure pas, mon petit prince, disait-elle, ta maman t'aime beaucoup, mais elle est fatiguée." »

Une offrande à sa mère

Si un enfant peut être chargé de remplacer son père, il peut aussi être appelé à prendre la place d'un autre membre, proche ou lointain, de la tribu familiale. Il n'est pas rare non plus que cet enfant bouche-trou reçoive le prénom du défunt et qu'il soit élevé de façon telle qu'il le reproduise. Il efface ainsi la culpabilité que sa mort a suscitée dans son entourage.

Comme le rappelle la psychanalyste Françoise Cribier, « la mort d'une personne aimée entraîne toujours un mouvement régressif jusqu'à cette période infantile où toute perte était vécue comme un abandon. Elle réactive aussi ce fantasme que nous y sommes pour quelque chose, que c'est la haine que nous ressentons si intensément du fait de sa disparition qui pourrait l'avoir détruit. »

Ainsi Antoinette s'est-elle sentie coupable de la mort de son frère, qu'elle se promit de remplacer : à peine mariée, elle eut un fils, André, qu'elle offrit à sa mère :

« Ma mère a beaucoup souffert d'être une fille, raconte André. Sa mère — une montagne d'égocentrisme, une femme autoritaire, hystérique, comme on en faisait au début du siècle —, sa mère lui préférait ses deux frères. L'aîné mourut à 20 ans, d'une leucémie. Lorsqu'au cimetière on descendit le cercueil dans le caveau, ma grand-mère dit à sa fille : "Mais pourquoi, Antoinette, n'est-ce pas toi qui es là ?"

Culpabilisée à mort (c'est le cas de le dire !), elle n'eut de cesse de se racheter. Elle n'attendit pas trop : je naquis peu de temps après le décès de son frère. Elle me donna son prénom et, dès qu'elle eut fini de m'allaiter, me confia à sa mère.

Ma grand-mère m'éleva comme elle avait élevé son fils : "Tu seras comme André, disait-elle, tu feras des études et tu accumuleras les diplômes." Elle m'apprit à lire, écrire, compter. Quand j'eus l'âge scolaire, je "sautai" les deux premières années : j'étais déjà très mûr. C'est ainsi que j'ai vécu mon enfance chez mes grands-parents, où j'étais très bien traité, mais chez qui j'ai passé mon temps à attendre ma mère. »

Si Antoinette, qui « adorait » son frère, put le « remplacer » sans difficulté, il arrive qu'une femme, trop pressée de se délivrer d'une culpabilité parfois insoutenable, comme de faire l'économie d'un deuil toujours long et douloureux, ne s'autorise pas à réaliser son désir.

C'est le cas de Mme D. Dépressive, raconte Françoise Cribier, elle consulte pour stérilité, cite toutes sortes de troubles fonctionnels — accès boulimiques, baisse de la libido, douleurs diverses — et, au détour d'une conversation, découvre à sa thérapeute, mais sans elle-même le remarquer, la raison dernière de son mal-être.

Elle avait un frère, Vincent, dont elle fut très jalouse quand il naquit — elle avait alors six ans. À l'adolescence, elle s'en rapprocha — ils avaient le même engagement politique — mais, à 17 ans, il mourut dans un accident de voiture. Bouleversée, se croyant « investie d'un rôle réparateur », la jeune femme, quelques années plus tard, offrit à sa mère, comme gendre, le meilleur ami de Vincent.

Lui offrir aujourd'hui un petit-fils, pour mieux la « réparer » et se remettre elle-même d'un traumatisme qui perdure ? Mme D. y « pense », mais veut et ne veut pas :

« Au cours de sa thérapie, explique Françoise Cribier, cette femme va peu à peu comprendre ce qui se joue pour elle dans cette attente anxieuse d'un enfant. Faire un enfant, c'est assurément réparer sa mère, lui rendre un fils. Mais c'est également risquer de le perdre comme sa mère a perdu le sien. Enfin et surtout, ce serait remplacer le frère et ainsi risquer de retrouver toute l'ambivalence de ses sentiments envers lui. »

Remplacer ? Ne pas remplacer ? C'est dans cette problématique que le désir d'enfant peut aussi se situer. S'il se réalise, il n'est pas sûr que l'enfant ne soit pas l'objet d'une très forte ambivalence, avec toutes les souffrances que pareille ambivalence peut entraîner.

« Il n'y a pas d'enfant désiré. »

Se prémunir contre l'angoisse de mort et cultiver un fantasme d'immortalité (puisqu'on se « prolonge » et se reproduit), se protéger de ses désirs sexuels (qui diminuent souvent au début d'une maternité), assurer la survie du couple ou, au contraire, y introduire un élément perturbateur, « se rendre visible » à son père, comme dit une interviewée, ou obéir au désir de sa mère, se venger de son enfance, remercier un époux, comme Sylvette — se jugeant « très laide », elle n'en revenait pas d'avoir trouvé un mari et se hâta, en signe de reconnaissance, de lui offrir un bébé, qu'il ne demandait pas : le désir d'enfant est une sorte de pot-pourri, où l'on trouve de tout, sauf l'enfant.

« Ce qui est désiré, écrit Monique Bydlowski, ce n'est pas l'enfant, c'est le désir d'enfant/désir d'enfance/réalisation d'un désir infantile... L'enfant qui se développe au cours de la gestation reste d'ordre imaginaire... Il est l'enfant supposé tout accomplir, tout réparer, tout combler : deuils, solitude, destin, sentiment de perte. Le désir d'enfant peut être entendu comme le lieu de passage d'un désir absolu [10]. »

D'où il résulte qu'un enfant, comme tel, n'est jamais l'objet d'un désir. Ou, si l'on préfère, qu'il n'y a jamais d'enfant désiré. C'est par ignorance ou conformisme que tant de mères prétendent le contraire.

Il se peut, bien sûr, qu'elles aient *décidé* d'avoir un enfant. Mais elles ne savaient pas, pour autant, si c'était un enfant qu'elles *désiraient*. Comme elles ne savaient pas davantage ce qu'à travers lui elles cherchaient, et qu'elles auraient pu atteindre d'une autre façon — en se donnant un autre objet. Si elles n'avaient pas cédé à la tradition, si elles s'étaient mieux connues, si elles avaient réfléchi un peu plus ou fantasmé un peu moins.

Avant d'être là, l'enfant joue dans l'imaginaire d'une femme à peu près le même rôle que Roméo dans celui de Juliette, ou le prince charmant dans les rêveries d'une midinette. Il est à la future mère ce que l'amant idéal est à une jeune fille en fleur : l'être mythique qui comblera toutes ses attentes.

Mais, à la différence de la passion amoureuse, où la rencontre se vit, au début, sur un mode euphorique et dans une sorte de délire partagé, la passion maternelle ne sort pas intacte du premier rendez-vous : étonnement, malaise, parfois cruelle désillusion — l'autre n'est jamais exactement celui qu'on attendait.

À son contact, les rêves éclatent, comme des bulles. Certes, la réalité qu'ils découvrent, en s'estompant, n'est pas nécessairement un cauchemar : elle est différente. L'accepter, adopter l'« étranger » (tout enfant est un enfant « adopté »), le respecter et peu à peu s'effacer — la tâche est rude et exige toutes sortes de sacrifices. À commencer par le plus douloureux : le sacrifice de soi.

C'est pourquoi, lorsque leur désir d'enfant se réalise, les femmes souffrent tant, si souvent. Toute mise au monde est en même temps une mise à mort, accomplissement et renoncement — le commencement d'une aventure, et sa fin déjà programmée.

6

QUAND L'ENFANT PARAÎT

Il n'y a pas d'accouchement sans douleur. Même s'il se fait sous péridurale : la douleur est d'un autre ordre. C'est, assure Béatrice Alexandre, un « cataclysme physique et psychique ». Par la transformation brutale, d'abord, qu'il impose au corps de la femme. Par l'arrachement — la perte — qu'il lui impose. Les peurs et les angoisses qui l'accompagnent, les régressions qu'il provoque, la résurgence des fantasmes les plus archaïques qu'il suscite.

Même si, par la suite, elle connaît une joie intense, comment une mère ne serait-elle pas marquée par cette épreuve — soit qu'elle s'efforce plus tard de récupérer cette part d'elle-même qui existe hors d'elle, soit qu'à l'inverse elle tente de l'oublier ou qu'elle lui en veuille, à son insu, de l'avoir fait souffrir, en lui rappelant sa dette, constamment ?

Un « cataclysme physique »

Souffrance physique, d'abord : toutes les femmes ne bénéficient pas d'une péridurale. Certaines arrivent trop tard à la maternité : le travail est trop avancé. D'autres, sous influence (biblique, maternelle, grand-maternelle), ou atteintes d'un masochisme aigu, tiennent à « sentir » ce « grand moment ».

Il se trouve même des praticiens qui les y poussent. Et qui, comme aux plus belles époques de l'obscurantisme, célèbrent les vertus de la souffrance. Une souffrance bien mal nommée, prétendent-ils, puisqu'elle ne serait jamais que l'envers d'un « sentiment de puissance » :

« Beaucoup de femmes demandent une péridurale. Mais une péridurale a priori, non ! Je suis contre, dit Chantal Birman. C'est tellement dommage ! Il vaut mieux sentir jusqu'à la fin. On devient davantage soi-même.

Il ne faut pas parler uniquement de souffrance, poursuit cette sage-femme. À la fin de la dilatation, une mère découvre que donner la vie, c'est mourir. C'est un moment clé. Il s'agit de s'effacer. De passer derrière l'enfant. De décider qu'il est la génération suivante. Et passer d'une génération à une autre, c'est accepter de mourir. On n'est plus sur le devant de la scène. Cela fait peur. Les femmes ne demandent pas une péridurale parce qu'elles ont mal, mais parce qu'elles ont peur. »

Peur bénéfique, assure-t-on : en la vivant, en la dépassant, elles se prépareraient à mieux vivre d'autres séparations. La preuve ? « Sans péridurale, le taux de forceps est de 3 % — avec une péridurale, de 30 %. »

Le chiffre est exact, sans doute, mais son interprétation est parfaitement fantaisiste : prétendre qu'en souffrant — en se détachant consciemment de l'enfant — on a de meilleures chances de devenir une bonne mère, c'est oublier un peu vite que les mères d'avant la péridurale, ou celles qui la refusent, comptaient (comptent) un lot non négligeable de Folcoches — dominatrices et castratrices.

D'autres, à l'inverse, soutiennent que les mères qui souffrent en accouchant sont « plus attachées à leur bébé ». Là encore, c'est oublier un peu vite que l'amour maternel — qui est un fait culturel — ne doit rien, ni en plus ni en moins, à la souffrance. Plus attachées, ces mères des siècles passés, qui, à peine enceintes, se hâtaient de trouver une paysanne qui prendrait en charge leur bébé — un bébé que souvent, à la naissance, elles ne regardaient même pas — ou l'inscrivaient sur une liste d'attente dans l'un de ces « bureaux de nourrices » qu'on trouvait dans toutes les villes ?

Positive, négative, la souffrance ? À chacun(e) ses mythes, ses généralisations hâtives et ses partis pris. En elle-même, elle n'a aucune vertu, elle n'incite ni à l'amour ni à la haine. Tout comme la grossesse, elle tire sa signification de l'histoire même de celle qui la vit.

Subie, voulue, elle est surtout — ses chantres l'oublient un peu vite — à la limite du tolérable. « Sur l'échelle des douleurs, précise la gynécologue Catherine Roux, c'est la douleur la plus forte. »

« Sentiment de puissance », vraiment, surcroît de lucidité ? « Si la souffrance est très forte, dit Véronique Nahoum-Grappe, on oublie pourquoi on est là, on oublie l'enfant, on le déteste et on devient une loque. »

Des « loques », Valérie, pédiatre, en voit tous les jours, dans les maternités, se tordre de douleur : « Les salles d'accouchement offrent un spectacle effrayant. C'est un cortège d'horreurs. Les péridurales qui ne marchent pas, c'est très fréquent. Ce que j'ai vu dans les salles de travail est terrifiant. Les femmes hurlent. Même un médecin ne s'y habitue pas. Ça fait froid dans le dos. »

Certes, celles qui s'apprêtent à accoucher ne rédigent plus leur testament, comme c'était l'usage autrefois, mais, qu'elles soient plus ou moins anesthésiées, elles souffrent très souvent de façon atroce :

« Je suis arrivée en catastrophe à l'hôpital, raconte Laurence, je perdais déjà les eaux. On ne m'a pas fait de péridurale. Mais le bébé n'arrivait pas à sortir, le cordon s'était enroulé autour des pieds. La souffrance était horrible, j'ai cru que j'allais mourir. À la fin, ils ont décidé de m'endormir. Au moment où l'anesthésiste m'a fait la piqûre, j'ai murmuré : Enfin ! Je n'en pouvais plus. J'étais si heureuse de "m'absenter" ! »

Souffrance physique, souffrance morale, l'une et l'autre se renforçant.

Beaucoup de femmes se sentent seules. Livrées à leurs douleurs, à leurs angoisses — abandonnées, que leur compagnon soit présent (mais d'une présence souvent formelle : gêné, impressionné, il ne sait que faire) ou qu'il soit absent.

Certaines, d'ailleurs, n'en veulent pas : « Je n'avais aucune envie qu'il reste près de moi, dit Maud. Je n'embellissais pas l'accouchement, je ne fabulais pas, comme tant d'autres, sur ce "moment merveilleux" qu'il importe de "partager". Ça n'a rien de grandiose. Et puis, cette position... Je ne voulais pas qu'il me voie transpirer, crier, saigner. »

Catherine pense également que « les hommes sont de trop. On a besoin d'être entourée de femmes. On a besoin de sa mère quand on accouche. On a besoin de beaucoup d'affection. Pendant l'accouchement, je me suis sentie abandonnée. »

D'autres ont peur de mourir et cherchent en vain un appui : « Au moment de l'expulsion, dit Sabine, j'avais devant les yeux une image effrayante : je me voyais sortir du ventre de ma mère. Je croyais que j'allais y passer. J'appelais au secours — mon ami, ma mère, personne ne répondait. »

Joëlle n'était pas seule, son ami lui tenait la main, mais « ça ne m'a pas aidée. Ce n'était pas sa place. C'est un moment où l'on est abandonnée de tous. On est trop accaparée par ce qui arrive pour penser au rôle du père. On est très seule. Comme face à la mort. Pendant l'accouchement, je ne pensais qu'à la mort. Ces longues heures n'étaient pas des heures de vie, c'était une espèce d'espace entre la vie et la mort. Je n'ai vraiment pas eu un "sentiment de puissance", j'étais plutôt anéantie ».

Deux ans plus tard, Joëlle y pense encore, et se dit qu'elle a peut-être vécu, cette nuit-là, ce que les hommes vivent à la guerre, quand, blottis dans les tranchées, ils se sentent absolument seuls face à la mort des autres, face à leur propre mort. « Un accouchement, dit-elle, c'est Verdun ! »

Dépression

Il est vrai qu'aussitôt après — la plupart le soulignent — les mères « oublient » leurs souffrances, celles, en tout cas, qu'elles ont subies dans leur corps. Certaines évoquent avec émerveillement le moment où elles ont enfin tenu dans leurs bras celui (celui, surtout) qu'elles ont si intensément désiré. Encore portées par leurs rêves, il leur arrive d'interpréter comme autant de présages heureux les coïncidences les plus banales :

« À l'instant même où l'infirmière déposait le bébé sur mon ventre, dit l'une d'elles, un rayon de soleil est entré dans la chambre et a illuminé son front. La nature elle-même saluait sa naissance. Je me suis dit : "Le ciel le protège", et j'ai pleuré de bonheur. »

Bonheur fragile : dans les jours, les semaines, parfois les heures qui suivent, la dépression est quasiment inévitable — éphémère (le *baby blues*) ou plus durable.

À cause des perturbations organiques ? En partie : « Durant la grossesse, rappelle Chantal Birman, œstrogènes et progestérone atteignent des taux très élevés ; en trois jours, ils retombent à quasiment zéro, ce qui permet à la prolactine (l'hormone de lactation) de se libérer. »

Mais les turbulences physiques, à elles seules, ne suffisent pas à expliquer la déprime ou la dépression. Comme dit une gynécologue, Michèle Detoeuf, elles ne la provoquent pas, elles la majorent. Les vraies raisons sont ailleurs.

Danger : hôpital

La plus immédiate, la plus superficielle aussi, même si elle est très pénible à vivre, tient à la façon dont on traite les mères dans la plupart des hôpitaux :

« Quand on voit ce qui se passe lors d'un accouchement, dit Christine, il y a largement de quoi avoir le *baby blues*. Ce n'est pas une question d'hormones. Vu la façon dont les accouchées sont reçues, il y a dix fois de quoi déprimer. »

Toutes les interviewées dénoncent l'« inhumanité » du milieu hospitalier, la froideur de l'accueil, l'indifférence du personnel, parfois son mépris ou son agressivité :

« Sur le plan technique, il n'y a rien à redire,

constate Corinne. Objectivement, ils s'occupent bien des enfants, mais pour le reste !

La première fois que j'ai voulu allaiter, j'étais debout, près du berceau, je ne savais pas quoi faire. Une infirmière passe, elle prend le bébé et me le met dans les bras, comme un paquet : “Alors, vous vous êtes décidée à l'allaiter ?” me lance-t-elle d'un ton sarcastique. “Allez-y !” Et elle est partie. J'attendais qu'elle m'apprenne un peu. Mais rien...

À la fin, j'étais tellement excédée que, si j'avais eu une kalachnikov, j'aurais tiré sur tout le monde ! Je n'avais même pas le droit de consulter mon carnet de santé. L'apercevant sur la table de l'infirmière, je l'ai pris. Elle me l'a arraché des mains. »

Christine garde, elle aussi, un très mauvais souvenir :

« Question suite de couches, c'est un enfer. Ma fille est née à 8 heures. Tout juste si, à 9 heures, je ne devais pas être debout pour m'en occuper. La changer. La nuit suivante, j'étais seule. Dans le service, personne : pas de sage-femme. Pas de puéricultrice. Le bébé hurlait. J'ai dû me lever. Et faire ce que je ne savais pas faire. Dans toutes les salles, des filles pleuraient. Appelaient. Au bout du couloir, il n'y avait personne. »

Moments pénibles, assurément, qui énervent, irritent, parfois provoquent un sursaut de panique, mais qui ne suffisent pas à rendre compte d'une dépression. Une dépression, d'ailleurs, qui ne se manifeste pas toujours à l'hôpital, même si, en sourdine, elle s'y installe, et qui peut très bien apparaître quelques semaines plus tard.

Une logique de mort

Peut-être faut-il en chercher la raison principale dans le sentiment qu'ont les mères, même si elles ne l'explicitent pas, d'avoir déjà perdu leur enfant. Présent, certes — elles le voient, le touchent, le bercent —, mais déjà ailleurs. À la fois proche et lointain. Comme un ver dans un fruit, son absence s'inscrit au cœur même de sa présence, son départ, dans l'instant même où il paraît :

« Les jeunes mères sont immédiatement aux prises avec la nostalgie, dit la psychanalyste Blanche Lacroix. Elles sont tout de suite dans *je-crée-un-lien-et-déjà-il-m'échappe*. Elles sont à la fois dans la création d'un lien et dans la nécessité de le défaire : demain, elles confieront l'enfant à une nourrice ou à une crèche, après-demain, il ira à l'école, plus tard, il n'habitera plus à la maison...

Elles n'y pensent peut-être pas consciemment, mais elles le savent. C'est très frappant. Elles sont tout de suite confrontées à quelque chose de très difficile et de très impossible dans l'*être-avec*, l'*être-pour*, l'*être-coupable* — coupables quand elles ne sont pas là, ou si elles sont trop là. »

Coupables, finalement, de faire naître pour faire mourir. Porteur de vie, tout accouchement s'inscrit aussi dans une logique de mort. Mort symbolique, morts répétées, pour la mère — chaque séparation est souvent vécue comme un drame —, mort à venir, promesse de mort, pour l'enfant, qu'elle dépose, avec la vie, dans son berceau : « Dans le même temps où l'on donne la vie à un enfant, on l'inscrit du même coup dans la lignée des mortels, écrit Michèle Benhaïm... Mettre un enfant au monde, c'est faire advenir à la mort[11]. »

Joëlle l'a très vivement ressenti :

« Quand mon bébé est né, je n'ai pas pensé que je donnais la vie, mais la mort : un jour, cet être de chair et de sang disparaîtrait. Comme s'il n'avait pas existé. Quand on me l'a mis sur le ventre, j'ai pensé à sa mort, et je me suis dit : *Quelle folie !* J'ai senti la folie de ce lien. La folie de mon amour. La folie de mon désespoir, quand il me quitterait. La folie de cette vie, la sienne, que la mort rendrait absurde. Être pour ne plus être, quelle bêtise ! »

Une pensée insoutenable

Dépressive, Joëlle ? Sans doute, mais comme on peut l'être lorsqu'on est lucide. Ou de bonne foi. Ce qui n'est pas très fréquent chez les mères : presque aucune des interviewées n'a reconnu, ou voulu reconnaître, qu'elle avait, aussi, donné la mort. Et que la pensée de cette mort était l'une des causes de son mal-être. « Oui, c'est vrai, théoriquement, dans l'abstrait, dit l'une d'elles. Mais quand on dorlote son bébé, on n'y pense pas. »

Ou l'on ne veut pas penser qu'on y pense : c'est probablement insoutenable et, à la lettre, désespérant. Non seulement parce que la pensée de la mort renvoie à sa propre mort et qu'il est toujours narcissiquement insupportable de prendre conscience de sa finitude. Non seulement parce que cette pensée renvoie aussi à la mort (passée ou prochaine) de sa mère et réveille une culpabilité toujours latente (quel enfant, quelle fille surtout, n'a souhaité la mort de sa mère ?). Mais aussi — surtout ? — parce que cette pensée, pour peu qu'une mère s'y attarde, rend dérisoires, d'avance, tout sacrifice, tout effort d'éducation ou de « construction » : quoi qu'on dise, il est nécessaire d'espérer pour entreprendre.

Les mères espèrent donc et, tout entières tournées vers la vie, occultent cette part d'ombre qui accompagne toute vie et grandit avec elle. Mais elles ne l'éliminent pas pour autant, et elles n'oublient jamais — la vie quotidienne se charge de le leur rappeler — qu'en mettant un enfant au monde elles s'imposent une mission impossible : créer un lien qui se dénoue à l'instant même où il se tisse, s'offrir un complément (un « prolongement »), tout en acceptant que chaque jour il s'autonomise, se faire un cadeau et y renoncer — le tout, après avoir connu les pires souffrances. « Quelle folie ! », comme dit Joëlle.

Un bouleversement radical

Les mères ne s'en remettent jamais. Si grande soit leur abnégation, comment oublieraient-elles cette série de deuils qui, du jour où elles ont enfanté, les ont frappées et meurtries ? Deuil de leur jeunesse, d'abord (« On change d'état, on devient responsable, on s'établit », dit Christine), deuil de la grossesse — parfois si mal accepté que certaines se hâtent d'être à nouveau enceintes —, deuil de l'enfant imaginaire, auquel l'enfant réel ne ressemble guère, deuil, chaque jour recommencé, d'une impossible fusion : toutes ces épreuves représentent pour une femme, dit Blanche Lacroix, un « bouleversement épouvantable ».

Bouleversement d'autant plus radical qu'il la frappe dans son être même, en son noyau le plus intime : dans son identité. Elle était femme, la voilà mère. Non pas une femme qui a un enfant comme on a un caniche — la maternité n'est pas de l'ordre de l'avoir, souligne Françoise Cribier, elle est de l'ordre « du ressenti, de l'éprouvé » —, non pas une femme, donc, qui vient d'acquérir un bien, mais un être qui doit se reconstruire et, à travers la diversité de ses rôles, souvent conflictuels, parvenir à une certaine unité.

Mais comment ? Elle n'a pas de modèles à suivre — la plupart du temps, sa mère est un contre-exemple —, elle n'a pas de repères, sinon les on-dit des copines et les conseils lénifiants des magazines : « En lisant cette presse rose layette, dit Catherine, j'ai découvert que tout ce que j'avais souffert devenait de "petits désagréments". Comment s'y retrouver en lisant ces niaiseries ? Tous ces "papiers" veulent rassurer, mais ils angoissent. "Je ne suis pas dans la norme", se dit-on quand on les parcourt. »

Se refaire — devenir mère et rester femme —, faire l'enfant (comme on fait une œuvre) et faire en sorte qu'objet au départ il devienne sujet : les tâches qu'une mère doit mener de front sont d'une telle difficulté, elles pèsent d'un poids tel qu'il n'est pas étonnant qu'en essayant de les accomplir elles échouent. Partiellement, ou sur tous les plans.

Elles le pressentent et, d'une façon ou d'une autre, souvent inconsciente, elles le font sentir — et payer — à l'enfant. Les unes s'efforcent, pour sauvegarder leur liberté, de limiter le champ de leurs interventions éducatives et ne lui accordent qu'une attention distraite ou lointaine. D'autres, à l'inverse, le surinvestissent pour conjurer l'angoisse de sa perte et, comme elles disent, « en profiter au maximum tant qu'il est là ».

D'autres encore, aigries, épuisées, ou à la merci d'une très forte ambivalence, le soumettent à l'alternance de leur amour et de leur haine, des paires de claques et des câlins. Entre le *trop* et le *pas assez*, qu'aucun critère objectif ne définit, comment trouveraient-elles la juste mesure ? De fait, la plupart ne la trouvent pas.

II

« ELLES NE SAVENT PAS Y FAIRE. »

1

PREMIÈRES DIFFICULTÉS

Ceux qui s'imaginent que l'amour supplée à tout, ou que les mères, d'« instinct », savent comment s'y prendre avec leur enfant, auraient intérêt à les écouter.

Presque toutes reconnaissent qu'une fois revenues chez elles avec leur bébé — leur premier, en tout cas — elles ont eu le plus grand mal à accomplir les gestes en apparence les plus simples : le prendre dans les bras, l'allaiter, faire sa toilette — sans parler de leur affolement, quand il refusait de se nourrir, criait, se réveillait la nuit.

« Je confondais tout. »

« C'était très angoissant au début, dit Martine. Il se jetait frénétiquement sur le biberon, avalait goulûment, recrachait. Ou bien, il dormait toute la journée : devais-je le réveiller ? Et contenir son appétit ? »

Joëlle raconte qu'elle non plus « ne savait pas comment faire », qu'elle était « très maladroite » et a commis beaucoup de « bévues » :

« J'avais en permanence le gros livre d'un

pédiatre, qui m'exaspérait, mais qui me rassurait par son index. Quand ma fille pleurait, je regardais *Pleurs* et lisais le chapitre. De quoi alimenter ma névrose ! Je lisais avidement, mais ne retenais rien.

Et puis, je confondais tout. Par exemple, il disait qu'il n'est plus nécessaire de stériliser les biberons. Moi, j'ai généralisé, et je ne stérilisais plus rien. Ou encore, je pensais que ça ne servait à rien de faire faire des rots au bébé : un soir, pour qu'il dorme bien, je lui ai donné un double biberon, puis l'ai assis comme un gros nounours. Il a vomi abondamment. »

Martine, Joëlle, Fabienne — qui ne savait pas « comment le sortir du berceau, le tenir » —, des exceptions ? Des mères comme les autres, précisent pédiatres et puéricultrices, qui constatent chaque jour leur impéritie.

« Elles ne savent pas y faire, dit le Dr Claire Niaudet. Elles ne sont pas à l'aise pour le tenir. Elles se trompent souvent sur la fréquence des repas, le temps de sommeil, trop court ou trop long. Elles ont du mal à percevoir la différence entre un état normal et un état pathologique. Si bien que certaines consultent au moindre bobo — une petite perte de poids, des rougeurs aux fesses —, tandis que d'autres prennent une poussée de fièvre pour une bouffée de chaleur. »

« J'ai allaité dix-sept mois. »

Même ce qui, apparemment, devrait aller de soi est souvent mal compris — ou perverti : l'allaitement, par exemple.

Activités professionnelles, crainte d'abîmer leurs seins ou de déplaire au mari (souvent jaloux) : peu de femmes allaitent — « 30 % en quittant l'hôpital, 15 % à la cinquième semaine », précise Chantal Birman.

Mais celles qui allaitent « oublient » trop souvent de sevrer à temps. Elles éprouvent une telle jouissance — « C'est une source de plaisir absolument fabuleux, dit Fabienne, c'est quelque chose d'inouï ! » « Oh oui, dit en écho Béatrice, c'est presque comme un orgasme ! » —, leur sensualité y trouve un tel plaisir qu'elles ont tendance à donner le sein trop longtemps :

« C'est fréquent quand il s'agit d'un garçon, observe une éducatrice. Toutes les enquêtes montrent qu'ils restent au sein plus longtemps et plus longuement que les filles. Les mères ont un tel désir de fusion... J'en ai vu une, dernièrement, qui allaitait encore son fils de 10 mois. »

Le « biberonnage », lui, peut durer encore plus longtemps. Telle mère, qui a un fils de 3 ans, lui offre chaque soir un biberon, et en dépose un autre sur sa table de chevet au cas où, la nuit, il se réveillerait. « Certaines allaitent jusqu'à dix-huit mois », constate une pédiatre, Florence Peyrefitte. « J'ai allaité jusqu'à dix-sept mois, dit Sabine, 40 ans. Si, si, c'est très bien. » Et Bérangère, 43 ans : « Il arrivait qu'à 6 ans mon fils me réclame un biberon, au goûter, par exemple. Bien sûr que je le lui donnais, puisqu'il aimait ça ! Il n'y avait pas de raison que je le prive. »

L'obsession de la propreté

Lentes, beaucoup trop lentes à sevrer, bien des mères, en revanche, se hâtent de contraindre l'enfant à la propreté. Sans attendre qu'il ait assez grandi et soit capable de tenir assis sur le pot. « Elles insistent trop, dit une puéricultrice, Catherine Barreau. J'en vois qui veulent rendre propre un enfant de moins d'un an. Comme elles n'y parviennent généralement pas, elles n'hésitent pas, plutôt que de s'interroger, à lui donner une fessée. »

Le Dr Rosemonde Poinsot dénonce, elle aussi, ce « souci obsessionnel » de propreté. « Beaucoup de mères s'imaginent que l'enfant doit être propre très tôt, avant l'âge de la marche. Ces femmes ont dû hériter de l'obsessionalité de leur mère. Par leur insistance, elles sont responsables des troubles qui peuvent apparaître plus tard. Un gastro-entérologue me disait dernièrement qu'il voyait de plus en plus d'adultes souffrant de troubles digestifs et de colopathies fonctionnelles. Souvent, ces personnes se rappellent que, enfants, elles ont eu des problèmes de transit. »

Victor, par exemple, se souvient très bien des « séances de pot » que sa mère lui infligeait :

« Je ne sais pas quel âge j'avais, mais c'était

avant que j'aille à l'école. Chaque jour, à la même heure, ma mère m'installait sur le "trône", comme elle disait, et m'interdisait de le quitter avant que j'aie "fait". Comme, assez souvent, rien ne venait, je m'impatientais et criais : "Ça y est !" Quand ça n'y était pas, elle m'enfermait à clé dans les toilettes. À la fin, je hurlais et recevais une claque. Vexé, il n'était pas rare que je fasse dans ma culotte pendant la journée. Ce qui me valait une nouvelle dérouillée. »

« Elles font n'importe quoi. »

Initiation trop précoce à la propreté, allaitement prolongé ou sevrage brutal, maladresses, bévues, interventions à contresens, rigueurs excessives ou laxisme complaisant — le sottisier des mères est bien rempli.

Sans doute pourraient-elles faire beaucoup mieux, estiment les pédiatres, si elles étaient moins soucieuses de bien faire. Si elles écoutaient un peu plus leur « instinct » et un peu moins les conseils que, de toute part, on leur distribue : grand-mères, cousines, collègues, voisines, concierges, c'est à qui, « au nom de son expérience », dira comment faire et ne pas faire, quel procédé leur a réussi, quel autre est nuisible ou inutile.

Sans parler des magazines — « Dans ma salle d'attente, ils disparaissent à vive allure », dit Catherine Roux —, des livres, des brochures qui se proposent de les « éclairer » : « On voudrait les convaincre que, d'elles-mêmes, elles ne savent rien, on ne s'y prendrait pas autrement, dit une pédiatre, Mme C. D'ailleurs, on les a convaincues ! Elles passent leur temps à demander des recettes et beaucoup les appliquent sans le moindre discernement. »

« Elles se posent trop de questions, dit une autre pédiatre, Marguerite Baratos. Elles raisonnent pour tout et rien, et leur raisonnement aboutit à des absurdités. Les pires, c'est les institutrices... En général, une mère sait que si l'enfant a une diarrhée, il se déshydrate, et que si on le fait boire, il se sent mieux. Or une mère me dit : “Chaque fois que je lui donne à boire, il a une selle, donc, je ne lui donne plus à boire.” N'a-t-elle jamais constaté qu'un enfant qui se jette sur le biberon est beaucoup mieux après ? »

Celles qui raisonnent trop déraisonnent, constate également Florence Peyrefitte. « Je vois beaucoup d'intellectuelles qui ne savent pas quoi faire. Et font n'importe quoi : pour calmer son bébé, ou ne plus entendre ses cris, l'une d'elles “met” France-Musique et lui fait entendre, à toute force, un opéra... Les obsessionnelles — il y en a beaucoup — ne font pas mieux : “À quelle heure, exactement, dois-je le baigner ? Avant ou après le biberon ? Si c'est après, dois-je attendre qu'il ait fait son rot ?” »

Constamment inquiètes, comparant ce qu'elles font à ce qu'elles lisent ou entendent, convaincues de n'être pas à la hauteur et culpabilisant, s'imaginant que l'élevage d'un bébé relève de l'application de techniques objectives et éprouvées, bien des mères s'interdisent de s'interroger sur ce qu'elles sentent et de faire comme elles sentent :

« Elles se méfient de leur intuition, dit Rosemonde Poinsot, elles laissent de moins en moins de place au simple bon sens. » Florence Peyrefitte remarque également qu'« elles ne sont pas dans le ressenti » — ni le leur ni celui de l'enfant. « Je leur déconseille absolument de lire tous ces manuels de la bonne mère qui polluent leur esprit, dit une pédiatre, Mme R., et je leur recommande plutôt d'écouter et de suivre leur cœur. »

2

« AH, FRAPPE-TOI LE CŒUR... »

Faire comme on sent : c'est, depuis Winnicott, le mot d'ordre. On sait que, dans ses écrits et ses conférences, le pédiatre et psychanalyste anglais a constamment mis en garde les mères contre l'interventionnisme des médecins. Contre la confiance qu'elles leur donnent. Contre le peu de prix qu'elles accordent à ce qu'elles sentent :

« Malheureusement, écrit-il, les mères ont une confiance aveugle dans le corps médical... [Mais] d'ordinaire le médecin ne comprend rien à cette relation intime entre une mère et son bébé... Il ne s'agit pas d'apprendre aux mères à être mères, il faut amener les médecins et les infirmières à comprendre qu'ils ne doivent pas intervenir [12]. »

Un postulat rousseauiste

Ne pas apprendre aux mères à être mères : bel optimisme. Mais fondé ? Certes, il est nécessaire qu'une mère sache ce qu'elle sent — mais pas nécessairement pour faire comme elle sent : éventuellement, pour ne plus le faire, ou le faire autrement. Si justes, dans tel ou tel cas, soient les remarques de Winnicott, elles sont beaucoup trop dogmatiques : aux médecins qui ne comprennent rien s'opposeraient les mères qui, par nature, auraient tout compris.

À la base de cette conviction, un postulat naturaliste, ou rousseauiste, une confiance, qui ne paraît guère justifiée, dans la bonté innée des mères et la pureté de leurs sentiments. Comme si, parce que mères, elles savaient d'emblée comment se comporter. Comme si elles étaient toujours bien disposées envers leur bébé — quelles qu'aient pu être leur enfance et leurs relations avec leur mère, quels que soient leurs rapports avec le père de l'enfant, ou la place que cet enfant occupe dans leur économie psychique et la fonction qu'inconsciemment elles lui attribuent.

Apparemment, Winnicott n'en tient pas compte : décidant que toute mère est, ou peut être, « suffisamment bonne », il en déduit qu'elle a, « en gros », une science infuse et qu'il lui suffit de faire comme elle sent pour faire bien.

L'expérience montre qu'il n'en est rien. S'il n'existe pas de mère indifférente, ou qui ne « sente » rien, puisqu'il n'y a pas de neutralité affective et que déjà le visage d'un inconnu provoque spontanément sympathie ou antipathie, il est des mères qui sentent « mal » et n'ont qu'un souci, quand leur enfant leur « complique la vie » ou est malade : s'en débarrasser.

Cette femme, par exemple, qu'un médecin voit arriver à 23 heures à l'hôpital. Son bébé est déshydraté, mais elle n'a aucune envie de s'en occuper : « Je ne vais quand même pas me lever la nuit pour lui donner à boire, dit-elle, c'est à l'hôpital de le faire. » Elle dépose l'enfant dans les bras du médecin et s'en va.

Ou cette mère, encore, qui a pris le bébé dans son lit pour le calmer, n'y parvient pas et, excédée par ses cris, le jette brutalement dans son berceau. Contre ce berceau, un radiateur : en tombant, le bébé se fracture le crâne, hurle, puis se tait. « Enfin, dit sa mère, il s'est calmé ! » Rassurée, elle s'endort. Et ne découvre qu'au matin son enfant sans connaissance. « Je ne me suis vraiment aperçue de rien », jure-t-elle au médecin. C'était vrai : elle n'avait rien « senti ».

Sans évoquer les cas, nombreux, de bébés maltraités, il suffit de songer aux petites souffrances que les mères infligent inconsciemment à leurs enfants, aux risques qu'à leur insu, ou croyant bien faire, elles leur font courir.

Certaines, par exemple, s'émerveillent de voir grimper leur bambin sur un parapet en bordure d'un ravin — « Ce qu'il est hardi ! C'est déjà un homme ! » —, d'autres le laissent jouer sans surveillance sur un balcon ou regardent, amusées, ses tentatives pour passer la tête entre deux barreaux, d'autres prennent plaisir à le faire sauter en l'air, alors que son squelette est encore très fragile.

Et elles croient bien faire

À ces gestes malvenus — trop d'excitation peut perturber l'enfant — s'ajoutent des conduites en apparence anodines, mais qui peuvent blesser et/ou laisser des traces.

Edwige est née avec une tache rose juste au milieu du front. Une opération bénigne aurait pu, très tôt, la supprimer :

« À l'école, j'étais un objet de curiosité, j'essayais en vain de cacher cette tache avec ma frange. Ma mère m'en voulait : “Ce n'est pas grave, disait-elle, tu l'enlèveras plus tard, quand tu seras grande. Moi, elle me plaît : elle te distingue. Et puis, avec ça, tu es reconnaissable, je ne te perdrai pas.” Je n'ai jamais compris de qui, de quoi elle se vengeait. »

Né en France, mais d'origine turque et légèrement basané, Nazim n'avait, enfant, qu'un désir : passer inaperçu, être comme les autres. Sa mère le savait et n'en tenait pas compte. De loin, à la sortie de l'école, elle l'interpellait en turc, puis, le long du chemin, continuait à lui parler turc, assez fort pour que les autres entendent : « Comment, tu as honte de ce que tu es ? Tu as honte de moi ? » disait-elle. « Si elle s'y était prise autrement, j'aurais peut-être aimé cette langue, dit Nazim. Aujourd'hui, je la “baragouine” à peine. »

Pierre sourit de ses colères enfantines, « mais à l'époque, dit-il, j'en voulais à ma mère ». Elle prenait plaisir à montrer à ses amies les photos qu'elle avait prises de son petit garçon : « On me voyait tout nu, de dos, de profil, de face — une fois, j'avais même le sexe en érection. D'autres photos me montraient sur le pot. Ça m'humiliait terriblement, d'autant plus qu'à 6, 7 ans, j'avais déjà envie de plaire aux femmes. À l'adolescence, j'ai déchiré l'album. »

Elles « jouent » avec lui, admirent sa « témerité », le chahutent, le photographient... Bonnes mères ? Certes, elles aiment leur enfant et s'en occupent. Bien ? C'est une autre question. Et, pourtant, elles font comme elles sentent.

Il convient donc de nuancer singulièrement les propos de ces pédiatres qui reprochent aux mères de ne pas écouter leur « intuition ». C'est très probablement vrai en ce qui concerne les techniques d'élevage : trop de mères sont convaincues qu'il existe des normes à suivre rigoureusement, des recettes à appliquer en toute circonstance. Se sous-estimant, elles attendent des spécialistes, ou d'un livre, qu'ils les éclairent, et suivent à la lettre leurs prescriptions :

« Il y en a qui appliquent rigoureusement la règle d'un biberon toutes les trois heures, dit un médecin. Même si leur bébé dort à poings fermés, même si elles sont tentées de ne pas le réveiller. Mais l'heure, c'est l'heure et, fortes de cette évidence, elles provoquent souvent une crise — le bébé crie, refuse le biberon — qu'elles auraient pu éviter en s'écoutant. »

Mais si bien des mères ne s'écoutent pas quand il s'agit d'interventions pratiques, elles n'hésitent pas, souvent, à faire comme bon leur semble, lorsqu'elles se livrent à des activités qui n'exigent pas en apparence de savoir-faire particulier et où les spécialistes, pensent-elles, n'ont rien à leur apprendre.

3

UNE SPONTANÉITÉ AVEUGLE

Excepté les quelques soins où des conseils leur paraissent utiles, les mères font toujours comme bon leur semble. Sans se poser de questions, surtout si elles sont convaincues que, par leur manière de faire, elles manifestent à l'enfant leur affection. Elles agissent alors comme elles ont envie, elles suivent leur « instinct » et, très souvent, elles font « mal ».

« Dois-je lui laver le sexe ? »

La toilette intime du bébé est l'un de ces moments où elles sont le moins à l'aise.

Il est vrai que quelques-unes osent à peine s'y risquer : la nudité du bébé les gêne, nettoyer ses organes génitaux les met mal à l'aise.

Thérèse, par exemple, touche le moins possible le corps de son petit garçon. Elle en souffre, mais « n'y peut rien : ça remonte à trop loin ».

Cela remonte à son enfance, quand son père la poursuivait de ses assiduités. Petite, il la prenait sur ses genoux, lui caressait les jambes, les cuisses, s'extasiait sur sa « belle petite culotte » et lui touchait le sexe. Adolescente, il aimait, en passant, lui frôler les fesses, ou les seins : « Il avait des mains baladeuses. » Lorsqu'il l'embrassait, « c'était plus près de la bouche que de la joue ». Chaque fois qu'elle était malade, il tenait à l'examiner, l'ausculter, la palper : « Ces médecins sont des ânes, laisse-moi voir. » Thérèse était gênée, mais ne disait rien, et sa mère ne remarquait rien. Ou ne voulait pas.

Lorsque plus tard elle lui révéla le comportement de son père, et qu'à 21 ans il lui proposa des relations sexuelles, qu'elle refusa — « Tu as tort. Les jeunes hommes ne savent pas s'y prendre. Moi, j'ai de l'expérience, et je t'aime » —, sa mère ne la crut pas : elle racontait des « histoires ».

Si Thérèse « osa » quand même se marier, bien que « la sexualité ne [l']intéress[ât] pas » — à 20 ans, elle ne savait pas « comment fonctionnait un homme, ni qu'un rapport avec un homme ça pouvait donner un enfant » —, elle fut à la fois ravie et affolée d'avoir un garçon. Ravie, parce qu'elle était décidée à « en faire un homme bien, à l'opposé de [son] père », mais affolée à l'idée de le toucher.

« Toutes mes inhibitions ont resurgi. Quand je le lavais, je faisais très attention à mes gestes. Où était la limite ? Devais-je vraiment laver son sexe ? J'étais le plus correcte possible, de façon qu'il se sente bien. C'était un soin — pas plus. Il a réclamé davantage, je n'ai pas pu le lui donner. Longtemps, je me suis interdit de le toucher, parce que je n'arrivais pas à poser la limite entre le permis et l'interdit. Le prendre dans mes bras, lui faire des câlins, était-ce bien, était-ce mal ? Le plus souvent, je m'abstenais. Aujourd'hui encore — il a douze ans — je l'embrasse très légèrement. »

Plus sereines, d'autres interviewées ont toutefois été gênées de faire la toilette de leur bébé, qu'il soit fille ou garçon.

« C'est vrai, ça m'a posé problème, dit Corinne. C'était la première fois que je devais laver le sexe d'un autre. Que ce soit celui de ma fille n'a rien facilité : c'était ma fille, justement, j'avais peur de l'abîmer. Non, je n'ai rien demandé au pédiatre, j'aurais eu trop peur d'être ridicule. J'ai fait comme j'ai senti, j'effleurais son sexe discrètement, rapidement. »

Le plus souvent, observe Marguerite Baratos, les petites filles ne posent pas de problème, sauf si elles souffrent d'une vaginite : « Instiller un liquide dans le vagin intimide. »

Il arrive aussi qu'une mère ne sache pas trop comment s'y prendre avec le sexe de son petit garçon, et qu'elle hésite, craignant de lui faire mal, à le nettoyer sous toutes ses faces :

« J'avais peur de comprimer ses petites "boules", dit l'une d'elles. Je crois bien que les premiers mois, j'ai évité d'y toucher : je vaporisais un peu d'eau de Cologne. Et, n'osant pas davantage manipuler son sexe, je l'entourais doucement d'un coton imbibé d'eau oxygénée. Je séchais le tout avec un sèche-cheveux. »

De « gentilles papouilles »

Si certaines mères, mal à l'aise avec leur sexualité, ont peur de mal faire et ne font presque rien — ce qui n'est pas la meilleure façon d'éveiller la sensualité de l'enfant : « Pour qu'il trouve plaisir à son corps, il faut que sa mère ait éprouvé du plaisir à le toucher », dit Bertrand Cramer —, d'autres en font trop.

S'abandonnant à leurs pulsions, et agissant, en toute bonne conscience, comme elles sentent, elles l'excitent outre mesure et risquent de le traumatiser, s'il est incapable de « répondre adéquatement » à ces excitations et de les élaborer psychiquement. Comme le souligne Monique Bydlowski, « le trauma se caractérise par un afflux d'excitations qui est excessif relativement à la tolérance du sujet et à sa capacité de le maîtriser ».

Ainsi y a-t-il des mères pour qui la toilette du bébé est moins un soin qu'une rencontre sensuelle. Elles ne le lavent pas, elles le tripotent, le caressent, jouent avec son sexe. « Oui, dit Marguerite Baratos, bien des mères jouent avec le pénis de leur garçon et en tirent un plaisir érotique. »

L'enfant aussi, bien sûr — qui ne sait pas qu'il le paiera : « À 4 ans, dit Laurence, mon fils me disait encore : "Embrasse-moi le kiki !" S'il avait été très gentil dans la journée, j'acceptais. Jusqu'à 2 ans, je le faisais régulièrement, il adorait ça et s'endormait heureux. Ce n'est pas indiqué ? Bah, s'il fallait écouter tout ce que racontent les psy ! »

Simone, elle aussi, n'écoute que son désir — et

son plaisir. Ex-soixante-huitarde, toujours révoltée contre « l'hypocrisie du système », elle ne voit pas pourquoi, lorsque son fils de 3 ans a du mal à s'endormir ou crie « à [lui] casser les oreilles », elle ne l'apaiserait pas de quelques « gentilles papouilles » :

« Au XIXe siècle, les médecins prétendaient que la masturbation rendait idiot. On trouve normal, aujourd'hui, qu'un adolescent se masturbe. Pourquoi une petite branlette *(sic)* serait-elle nocive, si le petit y trouve son compte ? D'ailleurs, je n'exagère pas : de temps en temps seulement, et quelques instants. » Son fils a dû y prendre goût : il a de plus en plus de mal à s'endormir « naturellement ».

« Vous avez vu son zizi ? »

Peu de mères — deux ou trois sur les 120 interviewées — parlent aussi clairement de leurs pratiques. Mais beaucoup plus, sans doute, s'y adonnent, si l'on en croit les pédiatres, et portent généralement au sexe de leur fils un intérêt énorme. Il n'est pas rare qu'au moment où, dans un dispensaire, elles déshabillent leurs bébés pour la consultation, elles comparent les « zizis » et s'extasient mutuellement sur leurs dimensions. Comme elles font grise mine, quand le bébé d'à côté paraît mieux pourvu : « Si quelques mères mettent pudiquement un gant de toilette sur le "zizi" de leur garçon, dit Blanche Lacroix, d'autres le décalottent soigneusement et le montrent avec fierté à celles qui n'ont qu'une fille. »

Surévaluation du sexe masculin, mésestime de l'autre : que ne fait-on, quand on fait comme on sent !

« Une femme, raconte la psychanalyste Françoise Jardin, vient un jour en consultation de PMI (Protection maternelle et infantile) avec son garçon (4 ans) et sa fille (2 ans). Curieuse, envieuse, la petite s'approche de son frère, lui agrippe le sexe et le tire, comme elle le ferait d'une sonnette. "Tout ce qu'il a, elle le veut, explique sa mère. Dès qu'elle voit son frère tout nu, elle essaie de s'emparer de son zizi." Cette femme m'a raconté qu'elle-même avait joué avec le sexe de son garçon. Sa fille n'a fait que répéter ce que sa mère a initié. »

« On se baigne ensemble. »

Bébé grandit, sa mère ne s'en aperçoit pas toujours. À 7, 8 ans, il est plutôt rare qu'elle se préoccupe aussi activement de son sexe — encore que certaines n'hésitent pas à le lui tenir quand il fait pipi, « sinon, dit Laurence, il arrose tout ». Mais, pour s'être délocalisé, leur intérêt n'a pas faibli : c'est à son corps tout entier qu'il s'adresse, c'est à sa personne même qu'elles en veulent.

Façon symbolique de revivre l'époque heureuse de la fusion ? De se donner de nouveau l'illusion d'être unis, ou réunis, dans un même élément ? Des mères prennent plaisir à partager le bain de l'enfant. Parfois, le père se met de la partie, et l'on barbote joyeusement en famille :

« On bavarde, on plaisante, on s'éclabousse, c'est comme à la plage, dit Claude. Entre nous, on n'a rien à se cacher : sur la sexualité, mon fils (12 ans) et ma fille (13 ans) savent tout. Pas de fausse pudeur entre nous. Non, ils ne sont pas coincés ! Et comme ils ont déjà tout vu et tout montré, ils ne seront jamais voyeurs ni exhibitionnistes ! »

D'une famille à l'autre, les rites varient, mais il semble que la cérémonie du bain représente, pour beaucoup de mères, un moment important. Surtout si leur fils est grand et ne vient que rarement à la maison :

« Quand Daniel se lave, dit sa mère, il s'enferme dans la salle de bains. C'est normal, à 22 ans. Mais dès qu'il s'installe dans la baignoire, où il reste parfois une demi-heure, il m'appelle : il adore me regarder quand je me démaquille, il me houspille s'il constate que j'ai grossi et, quand il sort de l'eau, comme un dieu de la mer, il attend toujours que je l'essuie. Après, je me plonge dans son eau : j'ai l'impression qu'elle a son odeur, sa douceur. »

Nicole apprécie beaucoup, elle aussi, que son fils (23 ans) l'appelle quand il prend son bain : « Il aime que je m'occupe de lui. Lui lave le dos. Lui fasse un shampooing. À ces moments-là, je me dis qu'on n'a pas coupé. Que nous sommes aussi intimes qu'autrefois. Ma fille aussi (26 ans) aime que je la touche, la frotte, l'épile. »

Relations équivoques ? Certainement pas : elles sont d'une aveuglante clarté. Pour un psychologue, comme pour les mères. Mais il ne s'agit pas de la même clarté...

Femmes frustrées, mères avides

Que les relations mère/fils (peut-être moins fréquemment mère/fille, et encore...) se vivent dans un contexte très sexualisé, qu'elles soient souvent mal délimitées et que chacun sorte un peu de son rôle, c'est une évidence.

Personne n'est jamais totalement adulte et, si l'on a raison de dire que les hommes sont souvent infantiles, on se trompe quand on prétend que les femmes sont en général plus mûres : comme les hommes, et peut-être plus qu'eux, elles souffrent souvent de carences affectives.

N'ont-elles pas, dans leur enfance, été mal aimées ? Mal aimées par des mères, qui les perçoivent très tôt comme des rivales. Mal aimées par des pères que, toutes petites, elles n'intéressent pas autant qu'elles le voudraient, ou qu'elles redoutent. Devenues adultes, elles ont un immense besoin d'amour, qu'aucun homme n'est capable de satisfaire : difficile d'être à la fois la mère à laquelle elles n'ont pu qu'en partie s'identifier, le père qui leur a manqué — et l'amant. C'est pourquoi, comme dit Christiane Olivier, « l'insatisfaction marque profondément leur caractère [13] ».

Dès lors, chacune compense comme elle peut. L'une sacrifie presque totalement sa vie sentimentale et investit dans sa carrière, telle autre, dans son couple, qui la déçoit toujours plus ou moins.

Son compagnon n'est jamais assez tendre, assez doux, assez attentif, et si, au début de leur liaison, il aime (peut-être) rester allongé près d'elle à la contempler amoureusement et lui dire mille tendresses, il a vite fait de se ressaisir et de préférer à ces longues siestes son ordinateur, un match de foot ou une partie de belote au bistrot du coin.

Reste l'enfant, « la chair de sa chair », tout prêt à l'accueillir, l'aimer, se blottir dans ses bras, se laisser caresser. Tout petit, il ne demande que cela. Et de lui elle n'a rien à craindre : ni rebuffades (du genre : « Laisse-moi tranquille, je n'ai pas envie »), ni brutalités, ni violences. Il ne lui fait pas peur, il la rassure. Puisqu'il est toujours prêt à s'abandonner, pourquoi résister ? Demain, il sera trop tard. Et elle se laisse aller. Doucement, insensiblement, de petites caresses en attouchements plus précis, elle s'installe dans l'« incestuel » : « L'incestuel, c'est un climat, explique P.C. Racamier. Un climat où souffle le vent de l'inceste, sans qu'il y ait inceste... L'incestuel, c'est l'inceste moral (entendons-le au sens où l'on parle de masochisme moral [14]). »

Tendres baisers

Un « inceste » qu'une mère commet en tout bien tout honneur, et dans la plus totale inconscience : c'est par amour, pense-t-elle, qu'elle lèche le nombril de son petit garçon, lui mordille les fesses ou s'endort en le serrant dans ses bras. Ce n'est pas la règle, mais c'est fréquent : « Si l'inceste est plutôt le fait du père, l'incestuel est plutôt celui de la mère » (P.C. Racamier).

Excepté les mères froides, voire haineuses, qui ne touchent jamais leur enfant, ou le maltraitent, il n'est guère de mères qui échappent à l'incestuel. Qui, par leurs caresses et leurs attouchements, ne donnent à l'enfant plus d'excitation qu'il n'est capable d'en recevoir sans dommages. Qui, sous couvert d'amour, ne renforcent, de la façon la plus agréable, et donc la plus insidieuse, des liens qui se révéleront autant de handicaps lorsqu'il voudra, plus tard — à supposer qu'il soit encore capable de formuler pareil désir —, exister comme sujet autonome.

La plupart des mères ne se posent même pas la question. Tant il leur paraît évident qu'en dorlotant leur bébé, le léchant, bisouillant, papouillant, chatouillant, mordillant, elles se situent dans le seul registre de la tendresse. Tant il leur semble normal de l'embrasser de la tête aux pieds, de le laisser jouer avec leurs seins, de l'aider à se déshabiller, même quand il a dix ans : « Ils ont bien le temps de souffrir, dit Laurence. C'est pourquoi je n'hésite pas à cajoler mon garçon. À le gaver de tendresse. »

« Maman, je peux dormir avec toi ? »

C'est pourquoi, également, tant de mères se permettent de prendre l'enfant dans leur lit, et même de dormir avec lui. Sans doute y a-t-il ici, chez certaines, comme le pressentiment d'une limite à ne pas franchir, d'où, de l'une à l'autre, des nuances dans le comportement.

Presque toutes les interviewées ont accepté, à un moment ou à un autre, que leurs enfants les rejoignent dans leur chambre :

« Le dimanche matin, dit Juliette, nous restions tard au lit. Jusqu'à 8 ans, Pierre, dès l'aube, se glissait entre nous. Souvent, il se rendormait. Oui, il aimait bien se blottir contre moi. Je lui caressais les cheveux, il fermait les yeux de plaisir, il ronronnait presque, comme un chat, puis s'abandonnait doucement au sommeil. » Robert, le mari de Juliette, appréciait ces retrouvailles : « Pourquoi aurait-il protesté ? En dormant, Pierre lui permettait de se reposer un peu plus longtemps. »

Tous les pères ne sont pas aussi complaisants : « Quand Jeannot se nichait entre nous, dit Luce, mon mari n'approuvait pas tellement. Il commençait par grogner, puis essayait de le chasser. Du coup, je le serrais fort contre moi. Excédé, son père allait finir la nuit sur le divan du séjour. »

Dormir un peu plus longtemps. Laisser « papa » se reposer. Faire cesser des cris, consoler, rassurer : tous les prétextes sont bons pour prendre l'enfant dans son lit. « J'ai beau leur expliquer que ce n'est pas souhaitable, dit Rosemonde Poinsot, beaucoup continuent. Jusqu'à l'acquisition de la propreté, c'est fréquent. »

Certaines familles, ajoute le Dr Sophie Lemerle, vivent « dans une impudeur et une promiscuité tout à fait pathologiques. Elles dysfonctionnent complètement. Parents, enfants font leur toilette ensemble, utilisent les mêmes serviettes, dorment dans le même lit, se promènent tout nus dans l'appartement. »

Sans aller jusqu'à ces excès, il arrive qu'une femme, qui désapprouve, comme puéricultrice, une trop grande proximité, ne puisse, comme mère, s'en empêcher :

« J'ai été une mère très fusionnelle, dit Marthe, 48 ans. Très longtemps, j'ai pris mon fils dans mon lit, la nuit. Je le couchais dans le sien, mais il se réveillait presque toujours vers 2 heures du matin et, tout doucement, me disait à l'oreille : "Maman, tu veux bien de moi ?" Je n'avais pas la force de lui dire non. Mon mari ne protestait pas : il ne voulait pas me contrarier. D'ailleurs, je n'ai jamais mis mon fils entre nous.

Je me doutais bien que j'aurais dû consulter un spécialiste. Je ne l'ai pas fait. Je ne sais pas pourquoi. Peut-être étais-je gênée de parler de ça. Et puis, je me disais que je ne faisais que répondre à la demande de mon fils. Maintenant, je pense que c'était ma demande. »

Ménage à trois, fins de nuit à trois : la pratique semble très répandue. Et que le père soit là, même si très souvent il laisse la place, permet à ces mères, qui ne demandent pas mieux, de s'abuser sur la signification réelle — incestuelle — de leur comportement.

« Quel mal y a-t-il, docteur ? »

Le père est-il absent, bien des mères n'agissent pas autrement. Mieux, ou pire (c'est selon), elles invitent leur fils à prendre sa place : « Un garçon qui tient la place du père, ce n'est pas si rare que ça, dit le Dr Sophie Lemerle. Plus tard, il sera d'autant plus agressif avec elle qu'il aura du mal à s'en détacher. Parfois, il la battra. »

Elles ne s'en doutent pas, quand, désespérées par un divorce, un veuvage, ou lasses de leur solitude, elles prennent leur fils dans leur couche. Souvent ? Ce n'est pas quantifiable, mais les spécialistes connaissent tous des mères qui dorment avec leur enfant, âgé parfois de 12 ans, ou plus :

« Des garçons de 15 ans qui partagent le lit de leur mère, j'en vois assez souvent, dit un pédiatre. » « L'une de mes patientes ne comprend pas, dit un autre, qu'il est grand temps de faire dormir seul son fils de... 17 ans. "Mais quel mal y a-t-il, docteur ? Nous nous aimons beaucoup, c'est tout. Et le jour où il voudra partir..." Ce jour-là, poursuit le Dr R., elle risque de payer très cher sa folie amoureuse. »

À moins que son fils ne veuille pas la quitter.

À 28 ans, Joseph vit avec sa mère. Elle fait des ménages, il s'occupe de l'entretien de la maison, des poules et du jardin. Depuis quelques années, il dort seul : sa mère ne supportait pas qu'il écoute de la musique jusqu'à une heure avancée de la nuit. Mais, jusqu'à 18 ans, il a dormi avec elle :

« J'étais tellement désespérée quand j'ai perdu mon mari que j'ai pris Joseph avec moi. Je lui ai même donné les pyjamas de son père : ils avaient encore son odeur. Quand je m'endormais, il me caressait doucement les cheveux, j'oubliais un peu mon chagrin. »

Ce n'est pas le chagrin qui a poussé Prisca à prendre Éric dans son lit. Né six ans après ses frères et sœurs, ce « petit dernier » était le préféré de sa mère : le lendemain même du jour où ses parents divorcèrent, il prit la place de son père.

« Avant même qu'il parte, j'avais une place à part dans la famille : j'étais le plus propre, le plus ordonné, je faisais les commissions. Jamais maman ne me battait. Elle me protégeait. Mes frères n'avaient pas le droit de me gifler, de me faire du mal. Il y avait bien un martinet à la maison, mais c'était pour eux. Ma mère m'adorait. Elle voyait en moi davantage un petit homme qu'un enfant. Notre investissement mutuel était vraiment un investissement de couple. »

De 4 à 10 ans, Éric dormit avec elle :

« Non, il n'y eut pas d'inceste. Qu'elle ait caressé mon sexe, je n'en sais rien. C'est probable. Mais je me rappelle qu'en nous couchant, "pour nous réchauffer", comme elle disait, nous nous emboîtions. Je me servais d'elle comme un ourson pourrait se nicher dans sa maman ours. Si j'oubliais de me coller à elle, ses bras m'attiraient et m'enlaçaient. Oui, notre relation avait quelque chose de sexuel. Mais d'une sexualité symbolique : jusqu'à la fin, j'ai fait pipi au lit, je lui donnais mon liquide... »

Éric garde un souvenir ému de cet amour — le seul qu'il ait jamais éprouvé pour une femme — même si cet amour, à l'adolescence, s'est transformé en une haine violente : « Gamin, j'étais heureux : à la fois le dernier de la famille, et le premier... Mais d'avoir été le centre des attentions de ma mère a provoqué plus tard toutes sortes de confusions et de conflits. »

Une démarche de séduction

Même si c'est fréquent — mais jamais innocent — toutes les mères ne prennent pas leur enfant dans leur lit. La plupart des pères, d'ailleurs, y font vite obstacle. Mais très nombreuses sont celles qui adoptent envers leur fils une attitude de séduction.

Elles commencent parfois très tôt : à la maternité. Heureuse d'avoir mis au monde un garçon, Fabienne, dès le lendemain de l'accouchement, décide de se faire belle :

« Quand je me suis regardée dans la glace, j'ai été effrayée : que j'étais laide ! Jusque-là, il est vrai, je ne m'étais guère souciée de mon apparence. Mais maintenant que j'avais un garçon, pouvais-je me négliger ? J'ai aussitôt fait venir une esthéticienne pour qu'elle me ravale la façade. Et je lui ai demandé toutes sortes de conseils pour m'entretenir. Oui, je suis entrée dans une démarche de séduction : je voulais plaire à mon fils. »

Lorsque leur fils devient amoureux d'elles, il arrive, même si elles ont quelques connaissances de psychologie, qu'elles soient flattées d'être l'élue et qu'elles répondent à ses déclarations d'amour.

Rose, 35 ans, institutrice, « adore » quand son fils (8 ans) lui dit qu'un jour il l'épousera :

« Pourquoi le détromper ? La vie s'en chargera. Pour l'instant, je le considère comme un petit homme : je suis très fière que dans la rue il me prenne le bras, lance des regards aux hommes qui me draguent et m'appelle par mon prénom. »

D'autres, qui se défendent, assurent-elles, d'une trop grande proximité, s'habillent ou se déshabillent en présence de leur garçon : « Mais c'est naturel ! s'écrie Ingrid (27 ans). Nous ne sommes plus au temps de nos grand-mères. Pourquoi mon fils en serait-il troublé ? »

Pourtant, beaucoup le sont. Positivement ou négativement :

« Quand j'avais 7 ans, raconte Christophe, j'aimais suivre ma mère dans sa chambre et la regarder s'habiller. Je me souviens très bien qu'elle mettait une gaine qui, apparemment, la serrait très fort. Mais, surtout, j'étais très troublé quand elle enfilait ses bas : j'admirais ses longues jambes, je fixais cet espace de peau blanche entre les bas et la culotte. Ce qui reste de cet émoi ? Une très grande sensibilité aux jambes des femmes, une préférence très nette pour les bas et les jarretelles. Pour me faire plaisir, et entretenir mon désir, mon amie ne porte jamais de collants. »

Gauthier, à l'inverse, n'a pas été séduit : « Quand j'avais 10 ans, ma mère se déshabillait encore devant moi. Ça me dégoûtait. Je n'aimais pas son corps. Elle était forte. Je me souviens de ses seins, qui tombaient, de son ventre, qui ballonnait, de cette peau trop blanche... Mon type de femme ? Mince, la peau brune ou bronzée. D'ailleurs, je n'apprécie qu'une femme habillée : la nudité me rend sexuellement neutre. »

Les mères aussi

De l'incestuel, qui semble le « climat » de bien des couples mère/enfant, à l'inceste, il n'y a qu'un pas : il arrive à des mères de le franchir.

« L'inceste ? Oui, on trouve tous les cas de figure, dit le Dr Sophie Lemerle. L'inceste mère/fils est plus compliqué : il faut que la mère soit plus active, mais ça existe. Y compris avec de tout petits garçons, ce qui paraît ahurissant. Mais j'en ai connu. »

Sociologue, Éric Bellamy en a également rencontré : « Un jeune homme de 23 ans a déclaré qu'il avait été abusé par sa mère. Sur le moment, il n'a rien dit, parce qu'il était consentant. »

Sans doute est-il impossible d'apprécier la fréquence de ces abus. Selon les psychologues Michèle Rouyer et Marie Drouet, « les comportements incestueux entre une mère et un enfant jeune de 4 à 7 ans ne sont pas rares [15] ». L'âge et l'inconscience des victimes, comme l'idéalisation convenue des mères, expliquent qu'on n'en parle pas. Ou que, en en parlant, on provoque l'incrédulité. Comme si les pères, seuls, étaient capables d'abus sexuels. Pourtant, aussi immatures, aussi abandonniques et carencées que bien des hommes, les mères en commettent également.

Moins souvent, sans doute, ou moins franchement. Telles ces femmes, passivement ou activement complices d'un père incestueux : déni, crainte du scandale, goût du pouvoir — averties, mais silencieuses, elles tiennent l'homme à leur merci — satisfaction d'être délivrées des « corvées » conjugales —, la plupart se taisent. Interrogées, elles ne savent rien, elles n'ont rien vu.

Abusée par son beau-père, originaire de l'Inde, une fille de 14 ans met au monde un bébé qui lui ressemble. « La mère aurait pu se poser des questions, dit Mme Tardy, juge pour enfants. Mais non : elle voulut bien croire la fable que sa fille lui servit — "c'était quelqu'un du collège". Quelques années plus tard, la jeune femme craqua et porta plainte : "Non, je ne me suis doutée de rien", répéta la mère. Jusqu'au jour où elle lança à sa fille : "Et moi ? Qui s'est occupé de moi ?" Elle savait, bien sûr, mais, délaissée dans son enfance, elle délaissa sa fille. L'écouter, lui dire "Je te crois", c'était pour elle impossible. »

Complicité passive, complicité active, aussi. Par exemple, cette femme de 55 ans, qui accompagne sa fille, légèrement débile, chez sa gynéco : « Vous vous rendez compte, lui dit-elle, elle prétend qu'elle couche depuis longtemps avec son père. Quand elle m'a dit ça, je lui ai donné une claque. — À votre mari ? demande le Dr D. — À mon mari ? Mais non, voyons ! À ma fille ! Elle ment ! » Cette fille continue d'avoir des relations avec son père, ajoute le Dr D., la mère cautionne.

Plus nombreuses qu'on ne le croit, d'autres cautionnent, lorsqu'elles découvrent que leur mari pousse leur fille à se prostituer :

« Entre 15 et 17 ans, raconte Géraldine (32 ans), mon père m'a obligée à me prostituer. Il était au chômage, et le seul à subvenir à nos besoins. Non, il ne m'a pas mise sur le trottoir, il me présentait à des amis, en me demandant d'être "gentille". J'étais en seconde, et ma mère devait bien se douter que l'argent que je lui donnais n'était pas propre. Elle ne m'a jamais posé de questions. Quand je lui ai tout raconté, après mon mariage, elle m'a injuriée : "Tu n'es qu'une garce, tu salis ton père !" hurlait-elle. »

La confusion des sentiments

Faits minoritaires ? Sans doute. Mais, si la plupart des mères ne sont pas complices d'abus sexuels et n'en commettent pas elles-mêmes, beaucoup, poussées par une tendresse excessive, sont à la limite de l'abus ou de l'excès.

Agissant comme elles sentent, elles sortent de leur rôle, donnent dans la confusion des genres — qui est à l'origine des comportements incestuels et incestueux, et l'on est régulièrement stupéfait de constater avec quelle inconscience les plus « normales » envisagent ou adoptent des conduites aberrantes.

45 ans, infirmière, Blandine a vécu quelques

années d'« enfer » : Luc, son fils (18 ans) ne supportait pas son beau-père. « Il n'acceptait pas l'"intrus", il voulait être le chef, comme il l'avait été jusqu'à mon remariage. Régulièrement, il menaçait de s'en aller. Je le suppliais de rester. »

Comme le beau-père ne voulait pas « déguerpir » — « journalier, il ne gagnait presque rien » —, et que le beau-fils, parfois, le rouait de coups, Blandine projeta de quitter le domicile conjugal... avec son fils : « J'avais déjà fait nos bagages, j'avais même réservé une chambre en Formule I. Au dernier moment, mon médecin m'a dissuadée de partir : "Vous êtes folle. Puisque vous êtes prête à vous installer à l'hôtel avec votre fils, ne vous gênez pas, couchez avec lui ! »

Finalement, c'est le beau-père qui est parti. Blandine vit seule aujourd'hui avec son fils. Qui se promène volontiers tout nu dans l'appartement. Ou se couche en slip sur le lit de sa mère. « Ça me gêne un peu, dit-elle. Mais il est si beau — grand, blond, mince —, on dirait un mannequin. »

Comme Blandine, Nicole est infirmière. Mariée à un médecin, elle a deux enfants — un garçon, 24 ans, une fille, 22 ans — avec lesquels elle a toujours eu, dit-elle, des « échanges très intimes ». La preuve ? À 15 ans, sa fille, qui a déjà des rapports sexuels, craint de n'être pas normale. « Finalement, j'ai compris qu'elle avait un hymen très dur, qui résistait à toute pénétration. »

Aller voir un gynécologue — un inconnu ? L'adolescente n'y tenait pas : à la maison, il y avait « ce qu'il fallait ». « "Je voudrais que papa m'examine", m'a-t-elle dit. Moi, j'étais pour. Mon mari a énergiquement refusé : “Tu es folle !” Pourtant, c’était son père, pourquoi faire tant d’histoires ? Il s’est obstiné, et ma fille a dû aller voir un gynéco. »

III

LA « GALÈRE DU QUOTIDIEN »

« Il paraît qu'il y a dans le cerveau des femmes une case de moins et dans le cœur une fibre de plus que chez les hommes. Il fallait une organisation particulière pour les rendre capables de supporter, soigner, caresser les enfants. »

Nicolas de CHAMFORT

1

« C'EST INFERNAL ! »

Joies de l'allaitement, de la toilette, du bain, parfois des nuits partagées et des caresses équivoques : si l'enfant est pour sa mère un objet érotique, il est aussi un être qui a son caractère, ses humeurs, ses caprices, des besoins qu'il faut satisfaire, des « bobos » qui inquiètent, des maladies qui affolent.

« On craquerait à moins. »

Il crie, vomit, se salit, sent mauvais, se réveille en pleine nuit, « fait » ses dents. À peine marche-t-il, il tombe, pleure, trépigne, essaie de grimper sur le rebord des fenêtres, touche à tout, casse tout. Sa chambre, le salon deviennent un champ de bataille, ou de ruines. Encore heureux s'il n'absorbe pas, d'une traite, toutes les fioles de la pharmacie.

« La petite enfance, c'est la galère pour la mère, dit Véronique Nahoum-Grappe. Le gosse brise tout, il dévaste son territoire en l'explorant. Vous avez un petit bureau bien rangé... Tout est saccagé, crayonné, déchiré. C'est infernal ! Elles deviennent folles, les mères, elles hurlent, parfois elles frappent, le gosse crie de plus belle et dans sa rage achève ce qui reste debout. Oui, c'est la galère. Et tellement, que les moins résistantes peuvent aller jusqu'au suicide : entre 25 et 35 ans — à l'époque où, très souvent, elles ont de petits enfants — elles font quatre fois plus de tentatives qu'à d'autres moments de leur vie. »

L'âge n'arrange rien : plus l'enfant grandit, plus il s'affirme. Et s'oppose. Refuse de manger ou s'empiffre de sucreries, continue, malgré suppliques et paires de claques, à faire pipi au lit et parfois davantage, dans sa culotte, quand il va à l'école. Où il ne travaille pas toujours bien. Où l'on ne sait pas qui il fréquente, ni ce qu'il « trafique ». D'où il rentre parfois en retard, la veste déchirée ou l'œil au beurre noir.

Dans la rue, il traîne ou s'échappe et évite de justesse les voitures, au supermarché, il empile dans le Caddie chewing-gums, bonbons et chocolat — les remet-on en place, il hurle, sa mère crie, les clients s'impatientent —, au square, il prend plaisir à patauger dans la boue, se rouler dans le sable ou tirer la queue des chiens. Impossible de lire en paix : mignon, il risque d'attirer un pédophile, jolie frimousse, elle risque de se faire enlever et violer.

Non, l'enfant ne pousse pas tout seul, il n'attend pas sagement, en feuilletant un livre d'images, qu'on ait envie de le promener. Il vit, s'agite, s'active, prend des initiatives, réclame, exige. Sa mère, chaque jour, se découvre de nouvelles contraintes : l'emmener chez le pédiatre et le dentiste, quand ce n'est pas l'ophtalmo, l'oto-rhino ou l'orthophoniste, le conduire chez les grands-parents, le traîner dans les magasins, où il touche à tout, l'aider dans ses devoirs et rendre visite aux enseignants, accueillir avec le sourire, le mercredi, les deux ou trois petits camarades, pas particulièrement amorphes, qu'il invite à la maison et, en vacances, le supporter à plein temps. On craquerait à moins.

Heureuses ?

Les mères les mieux disposées, les plus aimantes, découvrent, au fil des ans, que leur enfant n'est pas ce « nounours » ou cette poupée dont elles ont peut-être rêvé et que, s'il est des moments d'intense fusion et de tendresse partagée, il en est d'autres, beaucoup d'autres, qui pèsent, irritent, horripilent ou épuisent.

Rares sont celles, comme Françoise, qui l'admettent :

« Quand un môme naît, ça y est, notre vie est foutue. Ma sœur n'en a pas eu, je l'envie. Moi, j'ai cédé à mon mari, qui en voulait. J'aurais pu vivre sans. Ma vie s'est arrêtée le jour où le premier est né. Ça m'a bouffé ma liberté. Quand je pique une colère, je dis : “Ma vie a basculé le 13 août 1982, j'en ai marre, je n'aurais jamais dû faire cette marmaille, qu'est-ce qui m'a pris ? Je vois mes copines : elles n'en peuvent plus, elles ne savent pas quoi faire pour se ménager un peu de temps à elles. Faute de pouvoir tout plaquer, ou se payer un voyage à Tahiti, certaines s'offrent de petites maladies. Je suis la seule à n'avoir pas craqué." »

Peu de mères s'expriment aussi franchement. La plupart taisent leurs désillusions. Au mieux reconnaissent-elles que « c'est parfois épuisant », qu'elles manquent de temps pour s'occuper d'elles, que leur enfant n'est pas toujours facile. Mais il va de soi qu'elles sont heureuses. Mais il est entendu que leur petit voyou est un ange et leur chipie un amour. Comme il est évident que, malgré leurs crises de nerfs ou leurs crises d'asthme, leurs lumbagos et leurs migraines, leur air exténué ou accablé, elles s'épanouissent à les élever.

Insiste-t-on, elles esquivent : « Ce n'est pas rose tous les jours, mais ils sont tellement adorables ! » Le déni, de nouveau. Tant il est admis qu'une mère ne peut qu'être heureuse — heureuse de se lever trois fois par nuit, heureuse d'entendre hurler, heureuse de laver culottes et bavoirs, heureuse de faire des pâtés ou de jouer à la dînette... Heureuse par principe, dévouée par « instinct », généreuse par « vocation », de quoi se plaindrait-elle ?

« Il faut faire le deuil d'une vie. »

Aliénées par l'idéologie dominante, effrayées à l'idée de passer pour de mauvaises mères, réticentes à reconnaître leurs difficultés — comme le remarque finement Jane Swigart[16], « si nous admettons qu'il est difficile de prendre soin de son enfant, nous reconnaissons, en quelque sorte, les difficultés que nous avons créées à notre mère, et nous risquons de culpabiliser » — la plupart affichent en public, ou devant l'étranger, des airs de cheftaines satisfaites.

Pourtant, au cours de cette enquête, quelques-unes ont osé dire leur amertume, et à quel point la présence d'un enfant a compliqué, sinon gâché, leur vie. Les condamnant à des renoncements pénibles, à des sacrifices qu'elles regrettent.

« Avant, dit Isabelle (30 ans, journaliste), on ne sait pas ce que représente la maternité. On n'y est pas préparée. On voit des bébés, on joue avec, on n'a pas la moindre idée de ce que c'est dans le quotidien. Il faut faire le deuil d'une vie : on ne le sait pas. Personne ne vous prévient. Et surtout pas celles qui ont des enfants. Elles se sentiraient coupables de dire qu'il y a des choses négatives. Quand on est mère, il faut être épanouie, contente, heureuse. Sinon, on est anormale. Moi, quand je dis la vérité, on me répond : "Mais tu es monstrueuse !" Avez-vous remarqué que, lorsqu'une femme reconnaît que "c'est dur, c'est déprimant", elle ajoute aussitôt : "Mais attention, je l'aime, mon bébé, je l'aime !" Il faut lever ce tabou. »

Isabelle l'a brisé — pour elle et quelques amies, celles qui sont capables de l'entendre sans l'accuser d'être « anormale ». Dans ce café où nous nous rencontrons, elle raconte les semaines d'« esclavage » qu'elle a vécues durant son congé de maternité, les nuits blanches, les corvées toujours recommencées, la solitude, la déprime. Encore avait-elle l'espoir de retrouver, au bout de deux mois, son travail et, en partie, sa liberté :

« Mon fils a 5 ans, ma fille, 3 ans. Ça va mieux. Mais les bébés, quel esclavage ! Le biberon toutes les trois heures, les cris, c'est stressant, usant... Je ne supportais pas ses cris. Je le prenais dans mes bras, ou bien je me réfugiais dans une autre pièce, où je sanglotais d'impuissance. Ça n'a pas été mieux avec la deuxième. Je comprends que certains parents craquent et brutalisent... J'habite au 15e étage. Parfois je me disais : "Ce serait tellement simple d'ouvrir la fenêtre"... Jamais je ne l'aurais fait, bien sûr ! »

« Je n'en pouvais plus. »

Comme tant d'autres, Bernadette ne supportait pas les cris, les nuits coupées, les réveils frippés. Pourtant, elle *savait* : d'une famille nombreuse, elle s'était occupée de ses frères et sœurs :

« Mais s'occuper de son fils, c'est autre chose ! Je m'étais mise en disponibilité pour un an : au bout d'un mois, je l'ai regretté. Non que je n'aie pas fait d'efforts : les premiers temps, quand il hurlait, je m'efforçais de rester calme, je lui racontais des histoires ou lui chantais une berceuse. Est-ce qu'il sentait que je m'appliquais à paraître sereine, et qu'en réalité j'étais anxieuse ou agacée ? Il criait de plus belle !

Au bout d'un an, j'ai pris le premier travail qui se présentait. J'étais prête à n'importe quoi, plutôt que de rester cloîtrée et de passer les journées à laver du linge ou préparer le biberon. Ce n'était vraiment pas la vie que je souhaitais ! »

Couches, cris, biberons : autant de symptômes d'un mal-être beaucoup plus général, autant d'objets de fixation — d'objets-symboles — d'une vie qu'on ne supporte pas. Sans doute les hurlements d'un bébé mettent-ils les nerfs à rude épreuve, mais si les mères leur accordent une place si importante dans leurs plaintes, c'est aussi pour ne pas dire, sauf exceptions, l'essentiel : à savoir qu'elles regrettent de s'être encombrées d'un enfant, d'avoir aliéné tout ou partie de leur liberté, de s'être chargées d'un boulet trop lourd à porter.

Christine, qui, durant sa grossesse, aimait « marcher le ventre en avant », le reconnaît :

« Les cris, oui, c'est horriblement énervant. Mais ils n'ont qu'un temps. Ce qui ne m'a pas empêchée de me dire, pendant des années : "C'est l'enfer, je n'aurais jamais dû !" Le plus dur à vivre ? Être disponible sur tous les plans sans arrêt. Nuit et jour. Et même si l'on n'a pas envie, être *obligée*, se sentir *obligée*. On a envie de lire, on ne peut pas : il braille, ou c'est l'heure du biberon. On a envie de rester chez soi, il faut aller faire des pâtés dans le jardin. On a envie de manger, on ne peut pas, il faut le laver. C'est exténuant ! »

« Une vie rétrécie. »

On ne peut plus être soi, on est accaparée, dévorée, complètement aliénée : d'une mère à l'autre, quand elles parlent vrai, c'est le même constat, le même accablement :

« On n'est plus la même, dit la psychologue (et

mère de famille) Catherine Serrurier. Cela a été presque jusqu'à une perte d'identité. Je ne me reconnaissais plus. J'étais conforme à l'idée qu'on se faisait de moi, mais je n'étais plus moi. J'étais coincée à la maison. Je ne travaillais plus. Je me retrouvais dans une vie complètement rétrécie. Avec comme seuls interlocuteurs des bébés. C'est fou, ça ! » « C'est terrible ! enchaîne Véronique Nahoum-Grappe. L'enfant n'est pas une compagnie. On lui fait *guili-guili*, mais on ne peut pas lui raconter ce qu'on ressent. On est atrocement seule ! »

Elles travaillaient, elles avaient une vie sociale, peut-être une activité syndicale ou politique, elles sortaient, seules, en couple ou avec des copines, passaient une soirée au cinéma, au restaurant... ou au téléphone, elles étaient élégantes, elles plaisaient, et l'on se retournait sur leur passage.

En blouse, peignoir ou survêtement, les voilà recluses — pour deux mois, si elles comptent reprendre leur travail, ou des années, si, masochistes à tout crin, elles veulent boire le calice jusqu'à la lie. Les voilà coupées du monde, interdites de créativité, condamnées aux corvées ménagères, totalement accaparées par les soins du bébé — car elles ont peur de mal faire et culpabilisent au moindre rot de travers —, recluses, l'horizon barré par les murs de l'immeuble voisin, les draps qui sèchent, les couches qui dégouttent, et se permettant tout juste, quand bébé dort, de somnoler devant la télé.

À moins, s'il fait beau, qu'elles n'aillent au square, où, retrouvant d'autres mères, elles n'échappent pas à leur quotidien et, tout en tricotant, parlent *bébé, première dent, diarrhée, rougeole, layette, Blédine...*

Du monde qui les entoure, et dont elles étaient partie intégrante, leur parviennent, au mieux, quelques échos. Mais si lointains, tellement assourdis, qu'elles les entendent à peine :

« Autrefois, dit Maria (postière en congé parental, 27 ans), je lisais *Le Monde* tous les soirs, j'écoutais la radio. Depuis que j'ai mon mouflet, je ne sais plus ce qui se passe. Je suis incapable de parler de quoi que ce soit. Je suis coincée entre les couches, le sommeil qui me manque, les inquiétudes pour le gamin. Je ne peux parler que de lui. Mon mari essaie bien de me tenir au courant. Mais j'écoute à peine. C'est comme s'il me parlait d'une autre planète. »

Essaient-elles de desserrer l'étau, elles n'y parviennent pas. Ou mal. Et pour peu de temps. Davantage, sans doute, si elles travaillent, mais jamais totalement, jamais vraiment. Et, à peine, si elles sont mères au foyer. Où qu'elles soient, quoi qu'elles fassent, elles n'oublient jamais leur enfant. Si une religieuse peut rompre ses vœux et quitter son ordre, une mère ne cesse jamais d'être mère. Qu'elle le veuille ou non, elle l'est jusqu'à la mort.

« C'est vrai, dit Barbara, on ne s'en remet jamais totalement. Mais on peut s'arranger. Même si c'est difficile. »

2

SAUVE QUI PEUT !

À la naissance de ses jumeaux, Barbara, coiffeuse, 36 ans, a décidé de s'arrêter de travailler quelques années.

« Quand j'ai vu à quel genre de vie je m'étais condamnée, j'ai tout fait pour respirer un peu. Me donner du temps. Ne pas complètement m'aliéner. Ainsi, dès le troisième mois, j'ai mis mes enfants dans une halte-garderie : de 14 heures à 18 heures, trois fois par semaine, je soufflais un peu. Mais un tout petit peu : une heure avant l'heure, je me disais que ce serait bientôt l'heure et, dès 17 heures, je regardais sans cesse ma montre. »

Sa « première liberté », elle l'a connue quand ses enfants ont commencé à marcher : « Je n'avais plus besoin de les porter, c'était déjà ça ! » Ce fut encore mieux quand ils allèrent à la crèche, puis à l'école, où ils restaient déjeuner :

« Comme ça, j'étais tranquille de 9 heures à 17 heures. Je n'ai pas honte de le dire : ça m'a soulagée. Ils étaient avec leurs copains. Moi, je sortais, je marchais dans Paris, j'adore ça, ou j'allais au cinéma. Mais le mercredi revenait vite. Et les week-ends aussi ! J'ai commencé à respirer le jour où j'ai décidé — ils avaient six ans — de reprendre mon travail. J'étais à bout, j'étouffais. »

Qu'elles restent chez elles deux mois, le temps de leur congé légal, ou qu'elles s'arrêtent de travailler quelques années pour mieux élever (croient-elles) leurs enfants, la plupart des mères vivent mal ce changement de statut et n'y trouvent pas leur équilibre. Déçues par les réalités très prosaïques de leur quotidien, ballottées entre les aspirations de leur féminité et les contraintes de la maternité, presque toutes ont la nostalgie d'une époque où elles étaient « actives » et vivent comme un intermède pénible leur nouvelle condition.

Les unes — la majorité — décident d'en sortir, tôt ou tard, les autres, de s'y installer et de la vivre autrement.

Marie-Pierre, ou le besoin d'être reconnue

Les plus optimistes — les plus aisées aussi — se disent qu'elles s'adapteront. Que tout métier exige apprentissage, et que l'amour qu'elles portent à leurs enfants viendra vite à bout de leurs premières déceptions.

Très minoritaires — le nombre de femmes au foyer, en 1990, est de 3,3 millions ; 8 femmes sur 10, entre 25 et 49 ans, travaillent —, celles-là décident de cesser toute activité pour se consacrer à leurs enfants et être de « bonnes mères ». Il est rare qu'au fil des ans, fatiguées, usées, aigries, elles ne regrettent pas leur décision et ne cherchent pas un accommodement.

Marie-Pierre habite un bel appartement de 180 m^2 près du Champ-de-Mars. Par la baie vitrée du séjour, on aperçoit la tour Eiffel et des péniches sur la Seine. N'a-t-elle pas envie, quelquefois, de s'embarquer sur l'une d'elles ou, à tout le moins, de rêver qu'elle part pour un long voyage ? « Si vous croyez que j'ai le temps de rêver... »

Elle a quatre enfants, comme sa mère, et en attend un cinquième : « Oh oui, je les ai désirés ! dit-elle. C'est ce qui donne un sens à la vie et au couple. J'ai eu l'aînée, qui a huit ans, juste dix mois après mon mariage — je suis catholique pratiquante et refuse toute contraception — puis, tous les deux ans, un autre. »

Jeune directrice, à 29 ans, d'une agence bancaire, elle a décidé, dès sa première grossesse, de ne plus travailler. Parce qu'« il n'y a pas de plus beau métier que d'élever un enfant ». Parce qu'une femme qui exerce une activité professionnelle « néglige » ses devoirs de mère, « forcément ». Parce que, enfin, elle ne voulait pas « avoir d'échec scolaire sur la conscience ». Elle leur a donc tout « sacrifié ». Sacrifié ? « Enfin, c'est une façon de parler. Mais c'est vrai que je n'arrête pas. »

A-t-elle voulu se rassurer — et se duper ? Ou s'est-elle crue obligée de tenir le discours convenu ? Comme tant d'autres mères, elle parle d'abord en termes dithyrambiques de la maternité, en souligne la noblesse et en exalte les joies, puis, changeant brusquement de ton, égrène ses charges comme un chapelet de lamentations. Tout en ponctuant ses plaintes de quelques soupirs de ravissement : « Oui, c'est fatigant, mais c'est merveilleux. »

Le merveilleux mis à part, Marie-Pierre, d'une voix monocorde, fait le récit de ses journées, toujours « trop pleines », et qui commencent très tôt : levée à 6 heures, elle prépare le petit déjeuner, réveille les deux grands (8 et 6 ans), fait leur toilette, puis les conduit à l'école Saint-Joseph — « l'école publique, c'est un dépotoir ! ».

Revenue à la maison, elle s'occupe des deux derniers (4 et 2 ans), fait le ménage, les courses, repart chercher les aînés — « la meilleure nourriture, c'est celle de la maison » —, les raccompagne. L'après-midi : initiation à la lecture de son troisième, dessin, modelage avec le quatrième, à 16 h 30, l'école, de nouveau, goûter, puis révision des leçons, toilette, dîner.

« À 20 heures, j'ai fini, ou presque. J'attends mon mari — directeur financier dans une grande entreprise, il rentre tard —, lui sers son repas et, avant de me coucher, vérifie que les enfants se sont bien endormis. »

N'est-elle pas un peu lasse d'accomplir, depuis des années, le même programme ? « Se fatigue-t-on d'être mère ? » La langue de bois, de nouveau. Un zeste d'agressivité en plus. Comme si elle s'en voulait d'avoir laissé entrevoir que ces journées si « exaltantes » sont d'une désolante monotonie. Et que ses joies sont très mitigées.

Songe-t-elle, dans le silence qui s'installe, que, pendant près de vingt ans encore (son dernier n'a que 2 ans, le suivant n'est pas encore né) il lui faudra, chaque jour, remettre sur le métier le même ouvrage et, à longueur de vie, jouer les Pénélope ?

« Tout serait beaucoup plus facile, dit-elle, l'air très triste, soudain, si on était reconnue. Or, quand on est mère de famille, on ne l'est pas. Socialement, c'est comme si on n'existait pas. On vous regarde de haut, on vous prend pour une incapable. Une femme qui s'arrête de travailler pour élever ses enfants, cela signifie qu'intellectuellement elle n'est pas capable de faire autre chose. Quand on n'a pas une activité rémunérée, on est vite cataloguée comme sotte.

Même dans notre proche entourage, on me considère comme légèrement débile. Lorsque des amis viennent à la maison, c'est avec mon mari qu'ils discutent politique, littérature, cinéma. À moi, on ne parle qu'enfants, couches-culottes, oreillons ou kermesse scolaire. Parfois même, le ton change : c'est tout juste si on ne me considère pas comme une gamine. C'est insupportable ! »

Et Marie-Pierre le supporte de moins en moins. Non seulement, comme elle le dit, parce que les autres lui renvoient d'elle-même une image peu flatteuse. Mais aussi, comme elle ne le dit pas — fierté oblige — mais comme elle s'en est largement rendu compte, parce qu'elle risque, à la longue, de coïncider avec cette image, de perdre toute individualité, toute singularité, toute substance humaine. De n'être plus qu'une sorte de robot, parfaitement adapté aux tâches maternelles /ménagères, mais totalement incapable de s'en extraire. Piégée par un mythe — celui de la-bonne-mère-qui-se-consacre-à-ses-enfants — et ravagée par ce mythe. Hors jeu social. Étrangère à elle-même. Sans identité propre. Non pas une personne, mais un genre : la mère.

Sauve qui peut cette maternité-là ! Sans doute Marie-Pierre l'a-t-elle formulé autrement, mais très tôt — dès le deuxième enfant — elle a mis au point des stratégies de défense, ou de survie. Sortant de son ghetto, elle enseigne le catéchisme, deux fois par semaine, aux enfants de la paroisse, organise des « journées missionnaires » et, une fois par mois, participe comme conférencière à des visites du Louvre. « L'an prochain, j'en ferai plus. » Puis, comme effrayée de son audace : « Mais je n'oublie pas mes enfants, vous savez ! Même si je m'accorde quelques libertés, ils sont l'essentiel de ma vie. »

Fabienne, ou le salut par l'écriture

Les enfants ? Un tel fardeau pour les mères qui s'y consacrent pleinement que même les plus fanatiques, qui sont entrées en maternité comme d'autres en religion, tentent toujours, à un moment ou à un autre, de l'alléger. En s'aménageant des temps et des lieux de liberté où elles ne sont plus mères. Où, enfin, elles respirent et se retrouvent.

Certaines y parviennent beaucoup mieux que Marie-Pierre.

Il est vrai que Fabienne, mariée à 19 ans, ne

voulait pas d'enfants. Qu'elle en eut, à 25 ans, pour « faire plaisir à [son] mari ». Que les croyances religieuses ne l'aveuglaient pas. Qu'à l'exemple de sa mère elle milita, très tôt, dans le mouvement féministe. Il est vrai aussi qu'elle vécut dans la joie sa première grossesse et qu'elle « adora » son premier bébé (une fille), puis les autres.

Mais d'avoir eu, jeune femme, d'autres centres d'intérêt, d'être une intellectuelle qui trouvait son plus grand plaisir à lire et à écrire, de militer contre le sexisme ambiant lui permirent de ne pas s'enliser dans les sables mouvants d'une maternité asphyxiante. Et, tout en s'occupant à plein temps de ses enfants, de ne pas leur sacrifier, ou pas totalement, sa liberté. Sa créativité.

Ce qui se fit, raconte-t-elle, presque à son insu, sans qu'elle l'ait consciemment décidé.

« Ma première fille est née le 14 juillet 1972. Le jour de la victoire. J'ai accouché dans une clinique des Champs-Élysées, pendant que mon mari, sur le toit, admirait le défilé aérien. De ma chambre, j'entendais la musique de la garde républicaine. Comme si elle saluait ma fille ! C'était fabuleux ! Quelques jours plus tard, Anne Chopinet entrait major à Polytechnique.

Toute mon enfance, on m'avait dit : "Toi, tu es une fille, tu ne peux pas entrer à l'X !" La coïncidence de la naissance de ma fille et de l'avènement de la première Polytechnicienne a produit en moi quelque chose de très fort. Je me suis dit : "Voilà, maintenant, pour elle, tout est possible. Elle n'aura pas toutes les entraves que j'ai eues."

Et puis, je me suis demandé : “Qu’est-ce que je vais lui raconter ? Des fables, les *Contes* de Perrault ? L’école s’en chargera. Pourquoi pas l’histoire des femmes ?” »

Mais, excepté Marie Curie, Fabienne « n’y connaissait rien ». Elle décida de s’informer, lut beaucoup, rassembla des matériaux et, tout en biberonnant, langeant, lavant, commença à écrire son premier livre. « Vous le voyez, là-bas, le gros, dit-elle, en désignant une étagère. Je l’ai publié en 1989. »

Son installation, pour quelques années, dans une maison de campagne que ses parents possédaient à 60 km de Paris — « Mon mari et moi, nous avons pensé que c’était mieux pour les enfants » — ne l’empêcha pas de poursuivre ses travaux : une thèse, la mise en forme, pour l’édition, de la correspondance d’un grand romancier, d’autres livres.

« Je n’ai jamais supporté d’être ravalée au rang de mère. Quand j’allais à Paris et qu’on me demandait : “Comment vont les enfants ?”, je ne répondais jamais. J’en avais assez, vraiment, d’être réduite à ce rôle. D’être complètement ignorée, ou occultée, comme personne. La maternité ne m’a jamais dévorée. »

Ce qui ne signifie pas qu’elle ait été sans nuages. Ni que ses enfants n’aient pas souffert, à un moment ou à un autre, d’être des enfants et d’avoir des parents. Toute maternité, toute parentalité pèche toujours par quelque endroit. Et l’on n’en sort jamais indemne.

On en souffre d'autant moins qu'on en limite la portée. Ce qui est quasiment une gageure pour la plupart des mères au foyer : le plus souvent, la maternité les absorbe. Comme l'eau dissout le sucre : elles s'y diluent, elles s'y perdent. Seules quelques privilégiées réussissent, tout en restant chez elles, à sauvegarder une certaine autonomie, et à mener, de front, une activité professionnelle. Mais, plus cette activité est contraignante, moins elles réussissent à accomplir leurs tâches maternelles comme elles le désirent.

De cette antinomie entre *féminité* (comme accomplissement de toutes ses potentialités) et *maternité*, de cette charge, souvent à la limite du supportable, que la maternité représente pour une femme qui n'entend pas sacrifier ses autres aspirations, de la tension qu'elle lui impose constamment, Maryse est une parfaite illustration.

Mariée à 23 ans, financièrement à l'aise (son mari est le directeur général, en France, d'une firme automobile étrangère), d'abord attachée de presse chez un grand couturier, elle crée, un an après son mariage, une agence de publicité. À peine commence-t-elle à travailler — son bureau occupe deux pièces du grand appartement de 200 m² où elle habite — qu'elle se retrouve enceinte : anorexique depuis deux ans, atteinte d'aménorrhée, elle se croyait « protégée ».

Cette grossesse l'accable : ayant souffert, gamine, d'une « anti-mère » — une femme « sèche, dure, méchante » —, elle avait décidé, pour se venger, qu'elle ne lui offrirait jamais d'enfant : « Quand j'ai appris que j'étais enceinte, j'ai paniqué. Un bébé ? Ah non ! C'était au-dessus de mes forces. » Elle demande à son médecin une IVG : il la déconseille. Cet enfant, lui dit-il, la guérira de son anorexie. Elle décide donc de le garder.

Onze ans plus tard, elle fait un premier bilan : « C'est plutôt positif, dit-elle. Ce qui m'a sauvée, c'est d'avoir toujours travaillé. Je ne me suis pas arrêtée pendant la grossesse. La veille de l'accouchement, je m'occupais de mes dossiers, téléphonais à des clients. Le lendemain, mes assistantes débarquaient à la maternité avec le courrier, et d'autres dossiers. Pour moi, qui disait *bébé* ne disait pas *rupture*, ni *retrait*. »

De retour chez elle, elle installe le berceau dans son bureau. En dehors des soins, que donne une baby-sitter à plein temps, « le bébé était toujours là » — d'un geste, elle désigne la place, à deux mètres du bureau. « Que je tape à la machine, réponde au téléphone ou reçoive un client. » Et il ne dérangeait jamais : les trois premières années, la baby-sitter partageait sa chambre, veillait sur son sommeil, s'en occupait s'il se réveillait.

Maryse a donc bien vécu les tout débuts, les plus éprouvants, de sa maternité : elle en avait les moyens. Aujourd'hui, comme autrefois, elle réussit, au prix d'une rigueur extrême, et d'une très stricte organisation, à travailler et à « materner ».

Elle s'est même offert le « luxe », depuis, d'adopter une petite Éthiopienne.

Tôt levée, dès 8 heures au bureau, elle ne conduit pas ses enfants à l'école : l'employée s'en charge. Mais quand, à 11 h 30, ils reviennent, ils vont directement chez leur mère : « Il y a un code. On vient me voir. Je suis occupée, mais on vient. On m'embrasse, même si je suis au téléphone. Et l'on attend que j'aie terminé pour me parler. »

Un autre code règle les rendez-vous de l'après-midi. Sauf exception, Maryse tient à aller chercher ses enfants (l'école est à deux pas de chez elle), à leur acheter une crêpe au chocolat et à « papoter » sur le chemin du retour : « C'est le quart d'heure que je leur accorde tous les jours. » C'est peu, elle s'en rend compte, et, pour « [se] racheter », elle les emmène avec elle quand elle va chez des amis : « Il n'y a pas de vie sociale sans eux. On ne sort pas dîner sans eux. On ne voyage pas sans eux. »

Ses enfants s'accommodent bien, dit-elle, de rencontres aussi minutées, aussi planifiées. Mais « comme les choses ne sont pas fixes » et qu'elle peut toujours avoir un rendez-vous urgent à l'extérieur, qui ne lui permet pas de respecter le rituel, il arrive qu'ils soient « désarçonnés » : « Ils ont besoin de régularité. Il m'est impossible de la leur garantir. Quelquefois, c'est positif : je suis libre une demi-journée, et la leur donne. Mais cela peut jouer aussi dans l'autre sens : un voyage à l'étranger, et je m'absente trois jours. »

Maryse « culpabilise un peu, mais pas trop » : « Il y a chez les enfants un côté sangsue que je ne supporte pas. Je ne suis pas prête à ça. Ça me paraît extravagant !... C'est vrai, je suis beaucoup plus à l'aise dans mon métier : je le fais bien. Alors que le rôle de mère me pose souvent problème. Je ne les câline pas assez, je ne suis pas assez présente. Physiquement, oui. Mais mentalement, c'est une autre histoire. »

Difficiles compromis

Elles rêvaient d'avoir un enfant. Elles l'ont. Et elles découvrent, sans toujours vouloir l'admettre, qu'elles sont piégées. Ou qu'elles doivent accomplir des choix qui, toujours, leur coûtent et les mortifient.

Certes, elles peuvent trouver auprès de lui, dans le meilleur des cas, la tendresse qui leur a manqué quand elles étaient petites. Surtout dans les premiers mois, quand le bébé est totalement offert, totalement disponible.

Beaucoup, d'ailleurs, préfèrent l'enfant à cet âge, lorsqu'elles ont l'impression qu'il fait encore partie d'elles, même si elles souhaitent aussi qu'il prenne quelques années : « J'avais très envie qu'il grandisse pour me libérer, dit Marguerite Baratos, mais chaque fois je lui achetais des vêtements trop petits. Quand pareille erreur se répète... »

Pourtant, quelles que soient les gratifications, narcissiques, sensuelles, que l'enfant leur apporte, les mères s'aperçoivent, très vite, que ces joies se paient cher.

Si elles restent chez elles, elles ploient sous les

corvées, s'abîment et, tel un arbre malade dont les branches meurent, voient dépérir les capacités que, jeunes femmes actives, elles cultivaient. L'ennui, l'amertume, parfois la dépression guettent.

Dans les grands ensembles, rapportait il y a quelques années un hebdomadaire, il arrivait à des femmes de passer des heures entières derrière leurs fenêtres, à compter les voitures qui circulaient sur le parking. Une façon, disaient-elles, de tromper leur ennui, quand l'enfant dormait ou était à l'école.

D'autres tricotent, brodent, regardent la télé : le risque est grand qu'elles s'étiolent. Elles le sentent si bien que, dès qu'elles en ont la possibilité, elles s'aèrent et, s'adonnant à quelque activité, éventuellement bénévole, comme Marie-Pierre, restreignent la place que l'enfant prend dans leur vie.

Celles qui travaillent — la majorité — ont, apparemment, un sort moins pénible : elles ne sont pas que mères, elles restent femmes. Mais, ne pouvant déployer au maximum leur talent — s'adonner pleinement à leur métier, se consacrer à leur carrière autant qu'elles le voudraient, puisqu'elles sont mères — et ne pouvant pas davantage s'occuper de leurs enfants autant qu'elles le souhaiteraient, puisqu'elles travaillent, elles s'obligent à de continuels compromis, qui ne les satisfont pas, et vivent dans des contradictions qu'il ne leur est pas possible de bien gérer.

3

UNE SITUATION INGÉRABLE

Que le manque de ressources, l'insuffisance des équipements (manque de crèches), les temps de transport, l'organisation du travail, le poids des tâches domestiques, que tous ces facteurs jouent contre les mères et les condamnent à vivre des maternités plus bancales qu'équilibrées, c'est évident.

Membres à part inégale d'une société qui objectivement les méprise — elle les fête un jour par an, qu'elles se débrouillent le reste du temps —, souvent culpabilisées d'être enceintes (ou refusées à l'embauche, ou congédiées si elles sont intérimaires), mal considérées, si elles s'absentent ou arrivent en retard parce que leur bébé est malade, les femmes qui ont des enfants sont deux fois pénalisées : comme femmes, et comme mères.

Mais si elles pouvaient mieux organiser leur double vie de mère et de femme, seraient-elles plus équilibrées et plus heureuses ?

Frustrations permanentes

Indépendamment des conditions matérielles dans laquelle elle se vit — et qui contribuent à la rendre plus ou moins pénible : plus en France qu'en Suède, par exemple —, la maternité n'est souvent aujourd'hui qu'une source de tensions, de conflits et d'insatisfactions.

Telle qu'elle est comprise et perçue depuis deux siècles, elle est devenue « totalitaire » : de la mère, elle exige qu'elle donne tout, ou le plus possible, le mieux possible, à l'enfant. Peut-être gratifiant les premières semaines, ce don est bientôt perçu comme une mutilation : passé le temps des premiers ravissements, une femme, à notre époque, a *aussi* envie d'être elle-même et de satisfaire d'autres désirs — travailler, créer, voyager, vivre un amour, se rapprocher de son compagnon, que la présence d'un enfant éloigne, très souvent.

A-t-elle les moyens, comme Maryse, de s'offrir une employée, elle a moins de contraintes, plus de liberté d'action, mais elle n'est pas, pour autant, pleinement satisfaite : le plus souvent, elle culpabilise. Et se sent tenue, sitôt sortie du bureau, de rejoindre en toute hâte son enfant, même si une nourrice lui tient compagnie.

Parce qu'elle l'aime ? Sans doute. Mais aussi — et comment distinguer l'amour de l'obligation d'amour ? — parce qu'elle est socialement, et donc psychologiquement, contrainte de l'aimer. De nos jours, qui dit *mère* dit *amour maternel*. Non pas tendresse plus ou moins lâche, non pas affection plus ou moins décontractée, souple ou « aérée », mais amour, justement, avec tout ce que pareil sentiment, tel qu'il est actuellement conçu, comporte d'exigences, d'exclusivisme, de don total et constant.

Plus d'une mère, au cours de cette enquête, a évoqué l'amour fusionnel qui la liait à sa fille, ou à son fils, et Marthe, quand elle quitte son travail pour rejoindre son bébé, se dit aussi émue que si elle allait à un rendez-vous amoureux. Pareil aveu peut attendrir un contemporain ; en d'autres temps, ou actuellement en d'autres lieux, il aurait surpris, pour le moins, sinon stupéfait, voire scandalisé.

L'amour maternel — Élisabeth Badinter l'a fort bien démontré [17] — n'a rien de naturel, il n'est pas biologiquement déterminé, ce n'est pas parce qu'une femme porte un enfant, puis le met au monde, qu'elle l'aime. Elle ne l'aime — et ne se sent donc obligée de le materner — que si cet amour fait partie intégrante de son rôle — un rôle que la culture lui propose et lui impose, mode d'emploi compris.

Un enfant « intéressant »

Il n'en était pas ainsi, en France, dans les siècles passés.

Comme le rappelle l'auteur de *L'Amour en plus*, jusqu'à la seconde moitié du XVIIIe siècle, « les tâches maternelles ne sont l'objet d'aucune attention, d'aucune valorisation de la part de la société... Les femmes ne prenaient nulle gloire à être mères. » Elles étaient donc beaucoup plus libres à l'égard d'une maternité qu'elles ne vivaient pas comme un devoir. Et plus elles étaient aisées, et/ou émancipées (les précieuses), moins elles avaient à cœur de s'y consacrer :

« Les aristocrates furent les premières à pratiquer l'art de vivre sans enfants... Elles semblent avoir illustré avant la lettre le principe de Tocqueville, selon lequel ce sont les personnes les plus favorisées qui supportent le plus mal la moindre aliénation. » Pourquoi l'auraient-elles acceptée ? L'amour maternel n'était pas « une valeur sociale et morale... Sur ces femmes ne pesaient ni menace ni culpabilité d'aucune sorte. »

L'industrialisation de la société, la nécessité d'accroître les forces productives — forces de travail dans les usines, chair à canon sur les champs de bataille, d'Europe, puis des « colonies » —, l'accompagnement politico-idéologique, en partie réel, en partie mystificateur, de ces transformations économiques (démocratisation, acquisition de droits par des catégories jusque-là exclues : femmes, enfants, vieillards), tous ces facteurs ont radicalement modifié, entre autres, le statut de l'enfant : il est devenu « intéressant ».

Et même si les progrès technologiques ont rendu ses bras d'adulte moins utiles qu'autrefois, il a gardé sa valeur : il est toujours une source de profits. Le client, ou plutôt la proie, d'un vaste secteur marchand dont il assure la prospérité.

Matraquage idéologique

C'est sur cette base socio-économique que l'amour maternel s'est développé. Et qu'il a pris l'importance qu'on lui connaît. Non pas, naturellement, comme conséquence directe : des médiateurs interviennent toujours dans l'élaboration — sous forme de sentiments, d'attitudes, de concepts — des besoins des groupes dominants (du patron d'usine du XIXe siècle aux multinationales et pieuvres financières actuelles).

Parmi ces médiateurs, et à des niveaux différents : des idéologues — entre autres, Rousseau, dont l'*Émile* représente la première pierre du nouvel édifice pédagogique —, l'école, l'Église, qui célèbre les vertus maternelles, la médecine, qui en 1872 — naissance de la pédiatrie — découvre la spécificité de l'enfant.

Peu à peu, les mentalités changent. L'enfant n'est plus cet être négligeable qu'on voyait mourir avec regrets peut-être, « mais sans fâcherie » (Montaigne), sa mort n'est plus ressentie « comme un accident presque banal », et sa vie commence à compter : on l'éduque, le forme, le soigne — on l'aime.

Et on *doit* l'aimer. Au moment précis où les femmes, de plus en plus nombreuses à travailler, commencent à s'émanciper et réclament des droits égaux, à une époque où les hommes, toujours jaloux de leurs prérogatives, les perçoivent de plus en plus comme dangereuses et les envoient allégrement à l'échafaud (Olympe de Gouges,

Mme Roland, des dizaines d'autres), la mère au foyer devient le prototype de la femme, et l'éducation des enfants, sa plus noble occupation.

Curés, littérateurs, gazetiers, maîtres d'école, moralistes et théologiens, hommes politiques (qui ne tarderont pas à inventer médailles et autres colifichets pour mères méritantes), tous proclament que la place d'une femme est à la maison. Et que, même si la nécessité l'oblige à faire des ménages ou travailler en usine, sa véritable vocation est le soin des enfants. Comme on ne fait bien que ce qu'on aime, on exalte de toute part, du haut des chaires et des tribunes, l'amour de la mère pour ses petits. Et comme on finit toujours par aimer, plus ou moins, ce qu'on fait, cet amour, peu à peu, devient une évidence. Une vertu « naturelle ».

Déchirements

Se trouva-t-il des femmes assez naïves, ou assez masochistes, pour tomber dans le piège qu'on leur tendait ? Se sacrifier joyeusement pour le bien (supposé) de l'enfant ? Être tout dévouement, toute abnégation et s'effacer — s'autodétruire — comme sujets ?

On peut en douter. D'autant plus qu'à l'époque où l'idéologie de la mère au foyer devenait le discours dominant, la pratique sociale les incitait à sortir de chez elles. Beaucoup s'instruisaient, travaillaient, se qualifiaient, certaines se distinguaient (Marie Curie), des voies, encore inexplorées, s'ouvraient et, par leurs luttes syndicales et politiques, elles acquéraient de nouveaux droits.

Allaient-elles, comme les privilégiées du XVIIe siècle, n'accorder à l'enfant qu'une place restreinte et, par leurs actes, prendre totalement le contre-pied de l'idéologie dominante ? Tel quel, c'était exclu : on est toujours marqué, comme au fer rouge, par la culture de son temps, on n'est pas impunément éduqué comme une petite fille que tout — jouets, jeux, lectures, attitude des parents, modèles ambiants — destine à être mère. Elles l'ont donc accepté, et même revendiqué.

Être mère, être femme : en choisissant d'assumer ces deux rôles, les femmes se sont mises (ou ont été mises) dans une contradiction « ingérable ». Ou très mal gérable. Ou gérable de façon telle qu'elles ne pouvaient qu'en souffrir.

Des mères schizophrénisées

Mais l'on ne vit pas, à longueur d'années, dans une situation d'un extrême inconfort. Insensiblement, et alors même qu'on croit maintenir l'équilibre, la pratique conduit à favoriser une activité au détriment de l'autre.

À l'époque où les femmes n'exerçaient que des tâches subalternes, ou sans grand intérêt, la maternité était, assurément, le pôle le plus attractif, le plus valorisant de leur existence, et c'est lui qu'elles favorisaient.

Mais en cette fin de siècle où les professions les plus diverses et les plus prestigieuses leur sont ouvertes (même si leur accès est difficile), à une époque où toutes sortes de biens excitent leur convoitise et exigent beaucoup d'argent, comment ne seraient-elles pas tentées de favoriser leur activité de production ?

Si leur discours — convenu, obligé, mais auquel, très probablement, elles adhèrent — privilégie leur fonction maternelle (« Si je devais choisir, je choisirais mes enfants » : ce propos d'une femme ministre, bien des femmes le font leur), leur pratique privilégie l'engagement professionnel et, plus largement, leur réalisation personnelle. Mais dans certaines limites, et jusqu'à un certain point, puisqu'elles sont mères. Le bât blesse moins, mais il blesse toujours.

Rien n'est plus perturbant, en effet, qu'un clivage aussi permanent, et aussi fragile. Que le choc, constant, de deux exigences contradictoires. Que la culpabilité éprouvée dans l'accomplissement d'une tâche au détriment de l'autre :

« Au travail, je ne culpabilise pas, dit Corinne. C'est le contraire : quand je suis avec mes enfants, j'ai la culpabilité d'une journaliste qui ne produit pas assez. J'ai un "papier" à écrire, un coup de fil à passer, il faut que je sorte — et je suis là à faire une dictée... Ce qui ne veut pas dire que je n'aime pas m'occuper d'eux. Mais quand la culpabilité pointe, c'est plutôt dans ce sens-là. C'est très rare que je me dise : "Ah, les enfants..." Je sais qu'ils sont bien, que je ne leur manque pas. »

Contrairement à l'opinion reçue, c'est très souvent par rapport au travail que la culpabilité se manifeste. Et si beaucoup de mères prétendent qu'elles culpabilisent lorsqu'elles sont très prises par leurs activités professionnelles, il semble que ce discours ait surtout pour fonction de les rassurer : puisqu'elles pensent sans cesse à leurs enfants, elles sont donc de bonnes mères.

Mais lorsqu'on observe leur comportement, ou qu'on écoute parler ceux qui sont bien placés pour l'observer (pédiatres, enseignants), on s'aperçoit qu'il ne confirme pas toujours, ou nuance singulièrement, leurs propos. Et que l'enfant les gêne autant, ou plus, qu'il ne les ravit.

4

L'ENFANT, BOUC ÉMISSAIRE

Les mères n'y peuvent mais : les lois de la psychologie valent pour tous. Pour elles, comme pour les autres, toute tension, surtout si elle se prolonge, devient insupportable, toute frustration, surtout si l'individu ne l'intègre pas et si elle dure, déclenche des conduites de compensation — déni, agressivité, sublimation — et l'on s'efforce toujours, quand le fardeau est trop lourd, de s'en décharger. Totalement, ou en partie.

Déjà manifeste pendant la grossesse, l'ambivalence des mères à l'égard de leurs enfants se trouve renforcée par le comportement même de l'enfant, qui ne répond pas toujours à leur désir, comme par les contraintes contradictoires de leurs rôles et le mal-être qu'elles entraînent. Si quelques-unes parviennent à sublimer leurs conflits — en s'adonnant à une activité sportive, artistique, en s'engageant dans l'action politique —, si d'autres se vengent sur leur compagnon, beaucoup se font les griffes sur leurs enfants.

C'est dans l'imaginaire qu'elles se libèrent d'abord. Fantasmes, cauchemars, scénarios effrayants, peurs irrationnelles — autant de soupapes de sécurité, autant d'issues de secours pour leur haine de l'enfant.

Une haine, parfois, qui se déguise à peine : « Quand je prenais mon nourrisson dans les bras, dit Corinne, j'étais effrayée à l'idée du mal que, si j'étais folle, je pourrais lui faire : lui enfoncer un couteau dans le ventre, par exemple... J'en tremble encore. »

D'autres en sourient. Un pédiatre reçoit un jour une jeune fille anorexique, que sa mère accompagne. Alors qu'elle est allongée sur la table d'examen, il en redresse un des bords, pour prendre un instrument dans un tiroir. « Oh, s'écrie la mère, on dirait que tu es dans un cercueil ! » « Elle a dit ça avec un large sourire, commente le pédiatre, c'était terrible ! »

« Terrible », également, le cauchemar qu'a fait Véronique, et qu'elle raconte d'une voix émue :

« Mon mari utilise pour sa peinture de la colle de peau qu'il fait chauffer sur une plaque. Un soir, il oublie d'éteindre. Dans la nuit, je me réveille : je sens une odeur de chair brûlée. Tout de suite, je me suis précipitée dans la chambre de Jean-Baptiste, en m'imaginant qu'il brûlait. C'était idiot. Je suis remontée en pleurant : je ne me doutais pas que mon amour était si ambigu... »

Le plus souvent, l'autocensure fonctionne de

façon plus efficace, et les désirs de mort prennent un air acceptable : ils se métamorphosent en peurs. Peur de laisser tomber le bébé, peur qu'il se noie pendant le bain, peur, la nuit, qu'il n'ait cessé de respirer, peur, en traversant une rue, qu'une voiture ne renverse la poussette, peur, plus tard, s'il revient en retard de l'école, qu'il ne soit arrivé « quelque chose », peur, adolescent, qu'il n'ait un accident de moto...

Continuellement, comme en sourdine, ces désirs de mort accompagnent le discours de la mère et la travaillent, sous forme d'inquiétude ou d'anxiété. Une anxiété qui la protège, et l'enfant avec, dans la mesure où des souhaits mortifères, en s'exprimant dans le langage des fantasmes et des cauchemars, lui évitent un passage à l'acte. Mais cette protection, le plus souvent, est très relative : il est rare qu'une mère reconnaisse son ambivalence, la verbalise et, par là, retrouve une certaine paix.

« Moi, ambivalente ? s'écrie Corinne, qui s'effrayait à l'idée qu'elle pourrait éventrer son bébé... Même quand ils m'énervent, je n'ai jamais envie de les envoyer promener. Je suis heureuse de les avoir. Je les adore. » Exemple classique de déni : ce qu'on éprouve, on l'exprime « à l'envers », et l'on se persuade ainsi qu'on ne l'éprouve pas. Mais plus d'une fois, et pas seulement en rêve, Corinne a eu envie d'« envoyer promener » ses enfants : quand, par exemple, elle avait un « papier » à écrire...

Véronique elle aussi « adore » son fils, mais elle accepte son ambivalence et n'en souffre plus, ou beaucoup moins :

« Les premiers mois, j'ai eu peur, très souvent, de le laisser tomber. J'ai fini par me dire que je le souhaitais. Comme j'ai eu envie qu'il disparaisse : il me scotchait à une situation qui me pesait, parce que j'aurais aimé reprendre plus vite mon travail. Bon, mais c'est comme ça : quand on prend conscience de son ambivalence, on l'accepte, on sait que c'est normal et, mieux encore, on s'évite des comportements inutiles. À force de me répéter qu'un fantasme n'est qu'un fantasme, j'ai cessé de me lever, la nuit, pour vérifier si Jean-Baptiste respirait, et j'ai recommencé à bien dormir. »

Pour la plupart, reconnaître son ambivalence est encore tabou :

« Pour les jeunes femmes, la possibilité d'exprimer des fantasmes agressifs n'est pas très ouverte, dit Mme B., psychanalyste. Or il n'y a rien de plus banal ! Quelle mère n'a pas eu envie d'enfermer son nourrisson dans un placard ? Ou de lui mettre un oreiller sur la tête, quand il hurle trop longtemps, voire de le jeter par la fenêtre ?

C'est très rare que cela puisse être dit. Alors que ce sont des fantasmes qui font quasiment partie de l'état de jeune mère. Ce sont des réactions au sentiment d'être dévorée, au sens propre et au sens figuré, par l'enfant. Si une femme parvient à les exprimer, cela contribue à l'apaiser. On est plus sereine quand on reconnaît son ambivalence. Et c'est mieux pour l'enfant. »

Cette prise de conscience n'a-t-elle pas lieu, les fantasmes ne jouent que très partiellement leur rôle libérateur, ou protecteur. Faute d'être reconnue — verbalisée et, par là, tenue à distance et partiellement neutralisée —, l'ambivalence tend à déborder de l'imaginaire, à s'infiltrer dans la réalité des conduites quotidiennes et à les pervertir — partant, à perturber l'enfant d'une façon autrement plus forte qu'une chimère.

Lorsqu'une mère n'a pas la possibilité de prendre du champ à l'égard de ses ambiguïtés affectives ; pire, lorsqu'elle refuse d'exprimer dans le registre de l'imaginaire les désirs de mort qu'elle porte à l'enfant, ces désirs risquent de contaminer ses conduites. Les deux scènes — celle de l'imaginaire, celle du réel — se recoupent (elles se confondent totalement dans la psychose), et c'est alors par ses actes, autant, sinon plus que dans ses fantasmes, qu'elle malmène son enfant.

Ce fut le cas, par exemple, de Christelle.

Psychologue, Mme L. reçoit un jour une fillette de cinq ans dont le comportement l'étonne : priée de nommer les crayons de couleur qui traînent sur la table, elle s'en dit incapable ; mais, invitée à colorier un dessin, elle s'en sert à bon escient : « Là, je vais mettre du rouge », dit-elle, en prenant le bon crayon.

Mme L. lui demande ensuite d'introduire des animaux dans un garage en bois posé devant elle. Le toit de ce garage est incliné : les animaux n'y entrent que de biais. Christelle le comprend, mais ses efforts restent vains : au fur et à mesure qu'elle essaie d'introduire moutons et chiens dans la boîte, la boîte recule : il suffirait que d'une main elle la retienne, et elle ne le fait pas. « On aurait dit, poursuit Mme L., qu'elle était à moitié paralysée. Ou divisée. Comme si, d'un côté, elle savait faire, et de l'autre, non. Comme si elle était double. »

Priée, enfin, de dessiner une famille, elle représente vaguement un homme, et plus précisément sa mère et *Stéphanie*. « Une petite fille », dit-elle à Mme L., qui n'en obtient pas davantage.

C'est en parlant avec sa mère qu'elle apprend la suite — ou le début — de cette histoire.

Abandonnée par son mari dès qu'il apprit qu'elle était enceinte, cette femme décida d'avorter, puis, cédant aux pressions familiales, y renonça. Mais, durant sa grossesse, elle se banda le ventre, en le comprimant autant qu'elle pouvait, pour empêcher le fœtus de se développer.

Dès qu'elle eut accouché, l'infirmière lui demanda quel prénom elle avait choisi pour sa fille : « Moi, raconte-t-elle à Mme L., je devais avoir autre chose en tête... J'ai répondu : "Crie-t-elle ?" ou "Vit-elle ?", quelque chose comme ça. L'infirmière, qui n'avait aucune raison de souhaiter sa mort, entendit *Christelle*. Et l'inscrivit sous ce nom. »

Stupéfaction, puis colère dans la famille : *Chris-*

telle est le prénom d'une nièce, morte à la naissance... La mère l'avait « oublié ». Qu'à cela ne tienne : elle décide d'appeler Christelle *Stéphanie.*

À l'âge de trois ans, Stéphanie va à l'école, mais c'est Christelle, officiellement, qui prend sa place. Une Christelle qui, les premières semaines, est « dans la lune », n'entend pas quand on l'appelle, ou répond à contretemps, quand la maîtresse interroge l'une de ses camarades, qui s'appelle *Stéphanie...* Peu à peu, elle s'adapte, en apparence, ou en surface, tandis que Stéphanie, dans les coulisses, se venge : elle lui fait faire des fautes d'orthographe, la pousse parfois à bégayer, la rend brouillonne...

Quelques mois de psychothérapie permettront à Christelle d'oublier un peu plus Stéphanie.

Un abandon symbolique

Elle (lui) est un autre : ce genre de confusion — d'acte manqué — n'est pas rare. Si une femme ne prend pas conscience de son ambivalence et s'y installe, elle la projette sur l'enfant.

Par le prénom qu'elle lui donne, par exemple, et dont, tôt ou tard, il découvre la signification, elle lui rappelle constamment qu'elle ne le désirait pas, que, d'une certaine façon, il est de trop, elle le blesse au lieu le plus sensible, le plus vulnérable — dans son narcissisme, dans l'estime qu'il se porte — et, par là même, induit toutes sortes de déséquilibres, des conduites d'échec, par exemple.

Manuelle n'a compris qu'à 30 ans pourquoi

toutes ses aventures sentimentales « tournaient mal ». Pourquoi, chaque fois qu'elle s'attachait à un homme, elle faisait en sorte de le décevoir, et le quittait : « Je n'avais pas confiance en moi. J'étais convaincue que je n'étais pas aimable, et je le quittais, de peur qu'il ne me quitte. Comment aurais-je pu m'aimer ? Celle dont je porte le nom a été abandonnée. »

L'une de ses tantes, en effet, n'a pas voulu garder la petite fille qu'elle mit au monde. Enceinte à 18 ans hors mariage, elle céda aux pressions de ses parents, catholiques intégristes, et confia l'enfant, Manuelle, à une famille adoptive. Par la suite, elle refusa toujours de la revoir.

« Je porte le nom de cette petite fille. Je ne l'ai appris que récemment, par un lapsus de ma mère. Toute mon enfance, mes parents m'ont menti : ma tante, disaient-ils, avait perdu sa fille à la naissance. Mais, s'ils me mentaient en paroles, ils disaient vrai par leurs actes : préférant mes frères, ils m'ont toujours délaissée. D'une certaine façon, symbolique, ils m'ont abandonnée et, en me donnant le nom d'une fille qui, elle, a été réellement abandonnée, ils me l'ont fait savoir. Mes conduites amoureuses s'inscrivent dans la logique de leur attitude — une logique d'abandon. »

« J'ai cherché à lui faire mal. »

L'ambivalence — non reconnue, non dite, non acceptée — peut s'exprimer d'une façon beaucoup plus dramatique. Surtout quand la mère, qui la pressent — parce que ses désirs sont contradictoires, parce que ses conditions de travail et de vie aiguisent ces contradictions —, s'efforce de la nier et s'oblige à jouer les bonnes mères.

Urologue, Margaret eut, à 38 ans, un enfant qu'elle ne désirait pas. Ou trop peu, pour que l'amour l'emporte nettement sur la haine. Une haine qu'à tout prix elle voulut gommer : « Puisqu'il était là, je décidai de l'aimer. »

Plusieurs fois par jour, elle quittait son cabinet, proche de son domicile, pour vérifier que la jeune fille au pair s'en occupait bien. Le soir, épuisée, elle prenait un somnifère pour ne pas l'entendre crier. Malgré tout, elle se réveillait.

« Que cet enfant soit si présent m'était insupportable — dès le début, je l'avais installé dans une autre chambre —, mais, en même temps, je ne pouvais pas le quitter. J'avais une impression d'asphyxie totale, qui est restée très longtemps. Quand il était petit, il se réveillait toutes les deux heures, je prenais son mouton en peluche et tapais contre le mur aussi fort que je pouvais — pour ne plus l'entendre, pour décharger ma violence.

J'étais coincée entre le sentiment d'être une mauvaise mère et la nécessité d'être attentive, bienveillante. Mais, en même temps, je me disais : “Je ne vis plus, je n'en peux plus.” J'étais entre *le laisser* et *ne pas le lâcher*. Entre l'abandon et la fusion.

À dix mois, une nuit, il a été pris de convulsions. On a dû l'hospitaliser. Cela m'a absolument déchirée, parce que ça correspondait à cette ambivalence de l'enfant mort et/ou de l'enfant vivant.

Allais-je trouver le chemin qui donne la vie plutôt que le chemin qui donne la mort ? »

Margaret mit du temps à le découvrir : pendant des années, Damien, son fils, fut incapable de l'aider. Sentant ses désirs de mort, il s'y est conformé et, à sa façon, a répondu à son attente : « Comme mes parents n'ont jamais fait attention à ma souffrance, j'ai voulu faire attention à la sienne. J'ai cherché où il pouvait avoir mal. Du coup, il a cherché à souffrir. Il a bien répondu là où moi je lui demandais de répondre. Il a refusé d'aller bien. »

Ainsi, jusqu'à l'âge de dix ans, il a refusé d'être propre : « Il faisait caca partout. C'était effrayant. Insupportable. Il me rendait folle. Je hurlais. J'étais terrassée par ma violence et mon angoisse. Cela touchait à quelque chose de la mort. »

À l'école, il continua de « faire dans son froc. Façon de me faire ch..., bien sûr, façon, aussi, de me dire qu'il m'avait comprise : il se prenait pour une m... ». Ses camarades se moquaient, le maltraitaient ou le tenaient à l'écart : il n'était qu'une « boule puante ».

Il ne séduisit pas davantage ses maîtres : « Zéro sur toute la ligne. Ou presque. Comme s'il n'avait pas accès à son intelligence. Comme si elle était voilée. Comme s'il faisait systématiquement à côté. » À côté de sa mère : il réussissait assez bien dans les matières où, comme elle dit, elle « n'y connaissait rien » : « En histoire, en littérature, ça baignait. En langues, en math, où j'étais bonne, il était nul. »

Il l'est moins. Sur le conseil d'un proviseur

éclairé, Margaret l'emmena chez un psy. Qui décida de soigner et la mère et son fils. L'une va mieux, l'autre se rétablit aussi, mais plus lentement :

« Il reprend confiance en lui, dit Margaret — il est devenu propre —, mais je l'ai tellement esquinté qu'il est encore perturbé. La nuit dernière, il a fait un cauchemar : quelqu'un venait lui planter un crayon dans le ventre. J'étais à côté de lui, mais ne remarquais rien. Lui était terrorisé et me disait, paraît-il : “Maman, pourquoi tu me regardes comme ça ? Tu as voulu me tuer ?” En se réveillant, il s'est mis à sangloter. »

« On m'habillait en garçon. »

Donner à l'enfant le prénom d'un autre, mort ou abandonné — et le placer, d'emblée, dans une sorte de cercueil imaginaire. Le surprotéger, pour occulter son désir de mort et s'en absoudre : il y a bien d'autres façons de rejeter l'enfant, de le tenir à l'écart, ou de le nier dans sa singularité.

Par exemple, cette manière qu'ont certaines mères de le prendre pour ce qu'il n'est pas. En le travestissant.

La naissance de Véronique a représenté pour ses parents un double malheur. Ils venaient d'acheter une maison, ils étaient enfin à l'aise, ils s'étaient promis de voyager beaucoup — un enfant s'annonce. Catholiques, ils décident de le garder. Et espèrent que ce sera un garçon. C'est une fille. Pendant quelques années, ils « jouent » à avoir un fils :

« Ma mère ne m'a jamais considérée comme une fille. Je ne sais comment, toute petite, elle m'a traitée ; mais je me souviens très bien qu'à l'école des camarades me demandaient : "T'es un garçon ou une fille ?" Pantalon, grosses chaussettes, gros pull, chaussures plates — quand j'avais 10 ans, et même plus, elle m'habillait en garçon. On se moquait de moi, j'avais honte. Petite, je n'avais pas de poupée et, quand j'allais à la cuisine regarder ma mère préparer des gâteaux, elle me chassait : "Ce n'est pas ta place !" »

Le soir où elle était de bonne humeur, elle lui racontait des histoires... de guerre. Les exploits du grand-père à Verdun. Sa vie dans les tranchées. Ses décorations. Les hauts faits de Pétain. « Ça me faisait rêver. Pendant longtemps, j'ai voulu être un petit garçon, un vrai. Adolescente, je regrettais de n'être pas un homme. Les femmes me dégoûtaient. Surtout ma mère. Son odeur. Le contact de sa peau. Berk !... Il m'a fallu attendre 23 ans, et être enceinte, pour être sûre que j'étais bien une femme. » Avec, dans la voix, dans certaines attitudes — cette façon, décidée, de croiser les jambes — quelque chose de masculin.

Peut-être y a-t-il moins de mères, aujourd'hui, qui jouent aussi manifestement avec le genre de leur enfant : l'époque ne s'y prête plus, ou beaucoup moins, dans la mesure où filles et garçons se distinguent moins, par leur tenue, qu'il y a une trentaine d'années. La plupart portent jeans, baskets, amples chandails, blousons : la confusion (relative) des genres est à la mode.

Mais il arrive encore que, chez certains petits, elle soit si accentuée que la maîtresse se trompe :

« La première semaine, raconte Charlotte, enseignante en maternelle, j'ai cru que Gwenaelle, 5 ans, était un garçon : habillée en garçon, elle avait des attitudes de garçon, jouait à des jeux de garçon et animait des groupes de garçons. Ses copines la fuyaient. Un jour, j'ai vu sa mère : je l'ai prise pour son père... Ces cas sont assez peu fréquents, mais j'en vois quand même un ou deux par an. »

« Oh, j'ai oublié mon fils ! »

Si certaines formes d'ambivalence semblent (ou sont) minoritaires, d'autres paraissent beaucoup plus répandues. Peut-être parce qu'elles sont plus discrètes, attirent moins l'attention et peuvent plus facilement « se justifier » aux yeux d'autrui : surcharge de travail, horaires « impossibles », embouteillages — les « bonnes raisons » ne manquent pas.

Par exemple, pour excuser un retard, ou un oubli. Charlotte, en fin de journée, attend généralement une demi-heure que tous les enfants aient été récupérés :

« Plus de la moitié de mes élèves (4 et 5 ans) attendent chaque jour leur mère. Ils s'énervent, pleurent, se croient abandonnés. Or, la plupart de ces femmes ne travaillent pas, elles pourraient être à l'heure. Le plus souvent, d'ailleurs, elles ne s'excusent même pas. L'une d'elles, qui habite à cent mètres de l'école, arrive généralement la dernière. »

Quand elle y pense : parfois, comme d'autres, d'ailleurs, elle « oublie » l'enfant : « À 17 h 30, après une heure d'attente, je lui téléphone. "J'ai complètement oublié !" dit-elle, en partant d'un grand rire, et je la vois bientôt arriver, sans se presser. »

On oublie l'enfant à l'école, au supermarché, chez des voisins (l'un d'eux y est resté quarante-huit heures) : si extravagants qu'ils paraissent, ces actes manqués ne sont pas rares. Il n'est pas une enseignante, un pédiatre, une assistante sociale, une psychologue qui n'ait son lot d'exemples. Tous aussi invraisemblables, mais vrais.

« Une mère vient en consultation avec sa gamine, dit une gynécologue et, tandis que je la reçois, laisse la petite dans la salle d'attente. À 18 heures — quatre heures après — je la retrouve, à la même place, endormie : sa mère l'avait oubliée. »

En partant pour un long week-end, un couple confie son gamin de deux ans à la grand-mère : « On le reprend dans trois jours », promettent-ils. Une semaine après, ils ne l'ont toujours pas repris : « On a dit à la grand-mère qu'on était surchargés de travail, raconte Colette (32 ans, architecte). En fait, ajoute-t-elle en riant, comme si elle racontait une bonne blague, on l'avait complètement oublié ! »

« Le cas le plus triste que j'aie vu, raconte

Mme B., psychologue, c'est celui d'un petit garçon de six ans que ses parents oublient au bord de la route. Ils se promenaient en voiture dans la campagne ; à un moment donné, ils s'arrêtent pour pique-niquer. Le gamin s'éloigne. Quand il revient, la voiture n'est plus là. Ses parents n'ont remarqué son absence qu'au bout de deux heures. »

« Elles négligent leurs enfants. »

Si l'oubli, comme tel, et surtout quand il prend de pareilles proportions, est un acte isolé, il n'en est pas moins révélateur d'une attitude plus générale envers l'enfant, et s'inscrit dans une série de comportements qui, tous, d'une façon ou d'une autre, participent d'une logique de rejet. Ou de mépris. Comme si, par ces manières d'être et de faire, on signifiait à l'enfant qu'il est une quantité négligeable.

« Les mères qui arrivent en retard, ou oublient leur gamin, sont également celles qui s'en occupent à peine, poursuit Charlotte. Certains ne sont pas propres — "Maman n'a pas eu le temps de me laver", expliquent-ils —, d'autres, en hiver, viennent trop légèrement vêtus.

Quand je dis à une mère : "Il n'a pas de bonnet, pas d'écharpe, pas de manteau, pas de chaussettes", elle tombe des nues. "Ah bon ? C'est vrai, il s'habille tout seul." À 5 ans... D'autres, encore, viennent en classe sans avoir pris de petit déjeuner : leur mère n'a pas eu le temps. À 9 heures, ils bâillent : “Charlotte, j’ai faim. T’as du chocolat ?” »

Charlotte en a, mais n’en abuse pas. Et plutôt que de jouer les mères bis, elle préférerait que les mères en titre s’occupent un peu plus de leurs enfants. Il lui arrive donc, souvent, de les convoquer. Presque toujours, en vain : elles ne répondent pas. Parfois, interpellées à la sortie, elles s’éclipsent promptement : elles n’ont pas le temps, une autre fois... Une deuxième, une troisième lettre restent sans effet.

Si bien que l’institutrice, dans certains cas, demande à l’assistante sociale d’intervenir :

« L’an dernier, une gamine venait régulièrement couverte de bleus. Convoquée, sa mère ne se manifestait pas. Jusqu’au jour où, à la quatrième lettre, elle vint expliquer que sa fille passait son temps à tomber. Le médecin l’examina — et ne trouva rien. L’école déclencha une enquête : la petite tombait bien, en effet — sous les coups. »

Charlotte se garde de généraliser : toutes ces mères ne sont pas des mères fouettardes. Mais beaucoup — « beaucoup trop » — se désintéressent : l’enfant leur pèse. Elles sont jeunes, elles ont « leur vie » — leur travail, « ou leurs expos, l’esthéticienne, le club de gym, une activité bénévole » et, pour l’enfant, elles comptent avant tout sur l’école :

« L’école est devenue une garderie. Elle a pris le relais de la famille. On nous les confie pour tout : les instruire, les nourrir, les distraire, leur apprendre à se laver les mains et à ne pas se moucher dans leur chemise. Le plus triste — parce que nous sommes impuissantes à y répondre comme ils le souhaitent —, c'est l'attente de ces enfants : presque tous sont en manque d'affection, quel que soit le milieu. Ils nous appellent *maman*. Nous sommes les seules à les écouter, à leur parler. Certains ont un langage très limité. Les mêmes qui entreront en 6e sans savoir lire... Leur avenir est déjà barré. »

Il l'est d'autant plus que leur présent est chaotique : livrés à eux-mêmes, insuffisamment vêtus ou nourris n'importe comment, ils tombent souvent malades. Dès les premiers froids, les classes se dépeuplent. « Rhinopharyngites, angines, bronchites, asthme déciment les élèves, dit Charlotte. D'autres, à longueur d'année, sont couverts d'urticaire ou d'eczéma. Beaucoup présentent des troubles psychomoteurs. »

À chaque rentrée, la directrice invite un certain nombre de mères à présenter leur enfant à un psychologue, un psychomotricien, un ortophoniste. « C'est déjà fait », répondent certaines, quand, manifestement, il n'en est rien : les troubles persistent. D'autres demandent le rendez-vous conseillé — et ne l'obtiennent que trois mois plus tard : « Chez tous les spécialistes, les listes d'attente sont surchargées, dit Charlotte. C'est dire à quel point le nombre d'enfants mal élevés, maltraités, ou traités en dépit du bon sens, est considérable. »

À l'école avec 39° de fièvre

S'il est un poste d'observation privilégié, c'est, assurément, avec l'école maternelle, le cabinet du pédiatre. Deux lieux d'où l'on peut percevoir, mieux qu'ailleurs, la qualité de l'attention que les mères portent à leurs enfants : ne sont-ils pas à l'âge où, plus qu'à d'autres, ils en ont besoin ?

Pédiatre depuis plus de vingt ans, le Dr M. exerce dans l'un des arrondissements de Paris où la plupart des familles sont plus qu'aisées : le VIIe. Rue Vaneau, rue de Babylone ou boulevard Raspail, elles ne souffrent pas à l'excès, semble-t-il, des contraintes matérielles, et l'on pourrait penser que les mères y jouissent de meilleures conditions pour mieux s'occuper de leurs enfants.

Il n'en est rien, et le Dr M. est « catastrophé » par ce qu'il constate.

De nombreuses mères, dit-il, lui amènent l'enfant comme elles le feraient d'un paquet :

« À peine entrées, elles me disent qu'il va mal, et s'en détournent. Pendant que je l'examine, les unes regardent par la fenêtre, manifestement pressées que j'aie terminé, d'autres feuillettent une revue ou consultent leur agenda. Elles paraissent sereines, c'est moi qui m'inquiète. Et de l'état de l'enfant, et de l'attitude de sa mère. »

« Quotidiennement — et plus ça va, moins [il] l'accepte » — le Dr M. observe que bien des mères n'hésitent pas à déposer leur enfant à la crèche, ou à l'école, quand il a de la fièvre :

« Le soir, à la sortie de la crèche, on m'amène

des enfants fébriles, qui respirent mal. “Ce matin, quand je l’ai emmené, dit sa mère, il avait déjà 38. Je lui ai donné du Doliprane.” J’entends ça tous les jours. Ou bien, on me présente un gamin qui tousse, renifle, a les yeux rouges et le front brûlant : à l’évidence, il est malade. Il l’était déjà au réveil : on l’a envoyé à l’école. Je le mets sous traitement. En partant, la mère me demande : “Demain, je l’envoie en classe ?”

Chaque matin, le téléphone n’arrête pas de sonner. On me dit : “Il n’est pas bien, il a vomi toute la nuit, il a 38,5. Est-ce que vous pouvez le voir ? — Oui, venez à 10 heures. — Ah non, il est déjà à l’école.” Ça, c’est régulier. Et c’est de pire en pire. Si ces femmes avaient la moitié de ce qu’ont leurs gosses, elles prendraient un arrêt de travail et appelleraient d’urgence leur médecin. »

« On consulte par téléphone. »

Encore celles-là songent-elles, un peu tard, à demander un rendez-vous au pédiatre. Beaucoup d’autres s’en abstiennent et ne consultent que par téléphone : « Cela dépasse les bornes ! », dit le Dr M.

Ainsi, le jour où il me reçoit, une mère appelle à 9 heures : son fils, 10 ans, a une gastro-entérite. « Qu’est-ce que je lui donne ? » L’idée de l’amener ne l’effleure pas. À 11 heures, deuxième coup de fil : « Ça ne va toujours pas. Qu’est-ce que je fais ? » Le médecin lui fixe rendez-vous à 14 heures : « Impossible : cet après-midi, je l'envoie en classe. Je n'ai pas le temps de m'en occuper toute la journée. »

Le même matin, trois mères annulent leur rendez-vous : l'heure ne leur convient pas. Mais l'enfant ? « Ça peut attendre. Il n'a plus que 38. » Excédé, le Dr M. refuse de le « soigner » par téléphone.

Depuis vingt ans qu'il exerce dans ce quartier, il remarque que, d'année en année, « la situation se dégrade. De plus en plus de parents font tout pour se débarrasser de l'enfant. L'enfant les dérange. Après, c'est lui qui trinque : troubles du sommeil et de l'appétit, troubles du langage, carences affectives... Je reçois des jeunes couples, style cadres aisés et dynamiques, qui font un, deux, trois enfants, sans avoir rien programmé. On les fait. Pour le reste, on verra après. Ça ne va jamais. Devant toutes ces mères pressées de larguer leur môme, je me demande tous les jours : "Mais pourquoi font-elles des enfants ?" »

« Je ne vois plus les mères. »

« Pourquoi en faire, en effet, si on ne cherche qu'à s'en défaire ? » dit en écho le Dr F. Choquée, elle aussi, par l'attitude des mères, qu'elle ne rencontre presque jamais :

« Je ne les vois plus. Les unes, parce qu'elles se contentent de téléphoner. Les autres, parce qu'elles m'adressent leur enfant avec une jeune fille au pair. Exactement comme elles m'adresseraient un paquet. Accompagné d'un petit mot, où elles consignent les raisons de l'envoi. C'est de plus en plus fréquent. »

Dernièrement, elle fait savoir à une mère, par lettre remise à l'accompagnatrice, qu'elle souhaite la rencontrer : l'état de l'enfant lui pose problème. Une semaine plus tard, la mère — qui habite dans un immeuble voisin — lui renvoie la jeune fille, avec une réponse écrite : de quel problème s'agit-il ? Trop occupée, elle n'a pas le temps de venir.

« Il est vrai que la plupart travaillent, dit le Dr F. Et ce n'est pas toujours facile, pour une mère, de s'absenter. Mais la plupart des pédiatres reçoivent jusqu'à 21 heures, parfois 22 heures, justement pour que les parents puissent venir. Non, la vraie raison, ce n'est pas le manque de temps : ces femmes investissent tellement dans leur travail, elles sont si soucieuses de leur carrière, qu'elles sont moins attentives à leur enfant et s'en occupent personnellement beaucoup moins. Chaque fois qu'elles peuvent, elles délèguent. »

Elles délèguent même « l'affectif », ajoute une autre pédiatre, le Dr P. « Elles ne demandent pas seulement à la baby-sitter, ou à la nourrice, d'assurer le matériel, si je peux dire : soins, nourriture, promenades... Elles comptent sur elles, comme le déclarait l'une d'elles, pour donner à l'enfant sa "ration de tendresse". Elles n'ont plus le temps d'aimer, câliner, dorloter. Certaines partent quand l'enfant dort encore, et reviennent quand il est endormi. Apparemment, ça leur suffit. Quant à lui... »

L'enfant gêne : pédiatres, enseignantes, puéricultrices, assistantes sociales, juges — tous font le même constat.

Les mères aiment leur enfant, bien sûr, elles le disent et, quand elles sont détendues, elles prennent plaisir à le cajoler ou à jouer avec lui. Mais, dans la vie quotidienne, qu'elles restent à la maison, où elles n'en peuvent plus de l'avoir tout le temps « dans leurs jupes », ou qu'elles travaillent, il représente, pour beaucoup, un handicap. À la limite, il est de trop. Et, d'une façon ou d'une autre, dès que cela est possible, elles l'écartent, l'éloignent ou le neutralisent.

« Pour les parents, dit Charlotte, les vacances sont toujours trop longues. Ils n'ont qu'une hâte : que l'école recommence. Le mercredi, c'est souvent un jour noir, surtout lorsque la mère ne travaille pas. Quand, le jeudi, je demande aux petits ce qu'ils ont fait la veille, tous me répondent qu'ils ont regardé la télé. Longtemps ? "Toute la journée !" disent-ils, ravis. Ils aiment ça, c'est sûr. Mais que cela arrange bien des mères, c'est évident : elles ont la paix. Les mêmes s'étonneront, plus tard, que leur enfant soit incapable de se concentrer, qu'il ait des difficultés à lire, qu'il s'exprime par onomatopées... »

« Mettez-le en prison ! »

La crèche, l'école, la télé — l'enfermement à domicile —, l'internat, quand il existe — « le lycée de notre ville ne prenait pas de pensionnaires, dit Dorothée ; ma mère a préféré m'envoyer à la ville voisine, à 50 km, où l'on accueillait des internes » —, pourquoi pas, à la limite, le placement chez une nourrice, dans une famille d'accueil, un foyer — ou, comme me l'a rapporté une juge des enfants, la prison ?

Annick (enseignante, 45 ans) n'a pas été élevée par sa mère. Confiée, à 3 mois, à une nourrice, elle est restée chez elle jusqu'à son entrée en 6e, à 8 ans :

« Ma mère m'a eue le jour de ses 20 ans. Elle m'a dit plus tard que, si elle m'avait gardée, elle n'aurait pas pu vivre sa vie : elle était secrétaire, elle aimait sortir, elle changeait souvent d'amants. Je l'encombrais. » Elle la confia donc à une étrangère, et vint la voir une fois par an, « à Pâques, au printemps, quand la campagne est belle ».

De ces années d'« exil », Annick ne garde aucun souvenir. Elle revoit bien quelques lieux, mais ne se rappelle pas sa nourrice. Était-elle tendre ? distante ? Elle ne sait pas. Mais elle se souvient très bien de l'année qui précéda son retour à la maison, et des premiers mois qu'elle y vécut :

« Un an avant de me récupérer, ma mère est venue chez la nourrice, un bébé dans les bras : "C'est ton frère", m'a-t-elle dit. Il va rester avec toi quelques mois, puis vous reviendrez. »

Ils revinrent, et sa mère n'eut d'yeux que pour son fils : « Moi, elle ne m'a jamais embrassée. Elle était sèche comme une trique. J'avais beaucoup de mal à la considérer comme ma mère. Je ne l'intéressais pas. Par exemple, elle signait mon carnet de notes sans même le regarder. Une fois, je lui ai fait signer un zéro de conduite, entouré de rouge : elle n'a rien remarqué.

Quand j'étais à Normale sup, elle m'écrivait quelques mots, une fois l'an, et glissait un petit billet dans l'enveloppe. "On ne m'achète pas", lui disais-je, en lui retournant le billet... De 21 à 27 ans, j'ai refusé de la voir. »

Jean-Claude eut de meilleurs rapports avec sa mère. Il voulut bien croire, même si aujourd'hui il le croit moins, que c'est « par affection » qu'elle demanda son placement dans un foyer éducatif : là-bas, lui expliqua-t-elle en lui annonçant sa décision, il deviendrait un homme.

« Je n'étais pas un mauvais bougre, dit-il, je n'ai jamais commis de délit, même de petits larcins. Mais j'étais, paraît-il, très agité — trop vivant ? —, je "répondais", je m'échappais tout l'après-midi, quelquefois sans rien dire. Excédée, ma mère décida de me mettre dans un foyer. J'avais 8 ans. Une fois par mois, je revenais à la maison. J'aurais aimé y rester, elle ne voulut jamais céder. À 18 ans, je m'engageai dans l'armée. »

Encore acceptait-elle de le revoir. Certaines s'y refusent.

Par exemple, cette jeune femme (22 ans), qui s'occupait si peu et si mal de son enfant que le juge décida de le placer dans une famille d'accueil. À charge, pour elle, de le prendre le week-end.

« Elle ne l'a jamais pris, dit Mme L., psychologue. Lorsqu'elle acceptait de répondre à mes convocations, elle m'expliquait qu'elle avait autre chose à faire : le samedi, elle prenait des cours de danse, le dimanche, elle allait en "boîte". Elle se plaignait de l'agressivité de l'enfant : il y avait de quoi ! »

Contrairement à une idée reçue, le placement dans une famille d'accueil, ou un foyer éducatif, n'est pas toujours imposé. Plus d'une fois, c'est la mère qui le sollicite :

« Oui, des parents demandent eux-mêmes le placement, dit Mme Tardy, juge des enfants. Dans les années 80, ils parlaient de *maison de correction*. "Mettez-le dans une maison de correction", disaient-ils. Ils le disent moins. Même s'ils en ont envie, ils n'osent plus s'exprimer ainsi. C'est plus sournois, plus feutré. Par exemple, une mère déplore que son fils ne s'entende pas avec son beau-père. "C'est infernal, ils crient tout le temps. Alors, si vous pouviez... Vous voyez ce que je veux dire..." »

Quelques-uns, comme au XVIIe siècle — quand les nobles pouvaient faire emprisonner leur fils à la Bastille, les bourgeois, l'envoyer aux îles, et les pauvres, à Bicêtre —, quelques-uns demandent au juge d'écrouer leur enfant : « S'il était à l'ombre, il serait plus tranquille. »

Une mère, par exemple, se plaint que son fils, 18 ans, fréquente un transsexuel : un petit séjour à la Santé ne lui ferait pas de mal... Une autre est convaincue que son fils est homosexuel. Le lui a-t-elle demandé ? « Oh non, c'est trop intime ! » Mais ce serait bien si madame la juge décidait de le mettre sur écoute. En attendant mieux...

Quant aux mineurs incarcérés, la solitude est souvent leur lot : « En général, les pères s'abstiennent d'aller les voir. Les mères aussi, surtout les premiers temps. Après, certaines — pas toutes — leur rendent visite. »

Qui aime bien...

Exemples extrêmes ? Sans doute. Mais ces cas-là, telle une caricature, mettent en évidence l'une des composantes, négative, de l'ambivalence maternelle. D'une femme à l'autre, cette négativité est plus ou moins marquée, et il est probable que certaines réussissent à sauvegarder, globalement, l'équilibre entre l'attrait et le rejet, la tendresse et le désamour, peut-être même à mettre un *plus* du côté de l'amour.

Mais beaucoup s'en montrent incapables. Perturbées, autrefois, par leur mère, soumises à toutes sortes de contraintes matérielles et professionnelles, entravées dans leur liberté, elles supportent mal la présence de l'enfant. Si elles l'aiment, c'est beaucoup plus dans l'imaginaire, comme mythe ou représentation, que dans sa réalité d'être concret, qui s'individualise, aspire à être libre, prend ses distances, s'oppose et s'affirme.

Elles l'acceptent si mal, ou si douloureusement, qu'à un moment ou à un autre elles explosent.

Les plus saines, ou les moins perturbées, l'admettent volontiers et ne cherchent pas d'excuses à leurs éclats. Elles sont « à bout », « il faut que ça sorte », « c'est comme ça », aux gosses de faire avec, eux-mêmes ont bien leurs crises :

« Mes gamins me reprochent de m'énerver vite, de crier, dit Françoise. Mais j'ai le droit d'avoir mes humeurs, mes colères, je suis vraie — et je sais qu'au fond ils l'apprécient. Je ne leur mens pas, je leur dis qu'ils m'em... et ils comprennent très bien. Ils attendent que ça passe.

Ils le comprennent d'autant mieux que je ne les frappe jamais. Je hurle, je lâche une bordée d'injures, les traite de tous les noms et, quand je suis vraiment hors de moi, je donne des coups de pied dans les portes, balance des assiettes à travers la pièce. Un jour, j'ai fait tomber un lampadaire, cassé un carreau. Mais eux, je ne les agresse jamais, je ne m'attaque qu'aux objets. »

Certaines n'ont pas cette délicatesse et s'en prennent à l'enfant. Sans en avoir conscience, et même en se donnant bonne conscience, elles lui font payer, plus ou moins cher, d'être là.

L'éducation a bon dos : elle justifie souvent les misères, grandes ou petites, qu'elles infligent à leurs enfants :

« Quand je suis à bout, parce que, au cinquième appel, il n'est pas venu à table, tout occupé à pianoter sur son ordinateur, je n'hésite pas, dit Claudette : je fonce dans sa chambre et, selon mon humeur, lui flanque une paire de claques ou le tire par les cheveux vers la salle à manger. Plus tard, il faudra bien qu'il obéisse à son patron ! On ne fait pas ce qu'on veut dans la vie ! C'est pour son bien que je le corrige. »

Gifles, fessées, torsion du nez, s'il s'est mouché salement ou maladroitement, et pour lui « apprendre », tiraillement de l'oreille (façon symbolique de la lui arracher), coups — « les petits qui viennent avec des bleus le matin, c'est fréquent », dit Charlotte —, c'est la menue monnaie de l'amour maternel au quotidien.

« Même les meilleures sont parfois très méchantes, dit Mme B., assistante sociale. Tout à coup, elles craquent : c'est la gifle, qui claque sec, le bras qu'on tord, le gosse qu'on secoue comme un prunier, à croire qu'elles ont envie de le casser, ou bien elles brandissent l'épouvantail du père fouettard : "Tu verras, ce soir, quand papa saura", à moins qu'elles n'agitent la menace d'une punition effrayante : "Si tu continues, disait l'une d'elles à un gamin de 5 ans, je t'enferme dans la poubelle, et les éboueurs te jetteront dans la benne à ordures. Tu seras broyé !" Le gosse hurlait de plus belle, évidemment. »

Le seul souvenir que Katy ait de son enfance, ce sont les coups :

« Ma mère confondait *éducation* et *dressage*. Mon père assumait le beau rôle — il nous récompensait, mon frère et moi, quand nous avions de bonnes notes —, elle, elle se chargeait du mauvais. Et, pour que nous ayons de bonnes notes, elle nous battait. À la moindre contrariété. Pour tout et rien. Elle ne se plaisait pas en Hongrie, où j'ai passé mon enfance, et comme elle n'osait pas se plaindre — mon père était heureux de vivre à

Budapest — elle se libérait sur nous. En nous tabassant. Elle ne venait nous embrasser que si elle croyait que nous étions endormis. Le jour, elle était d'une dureté sans faille. Elle ne l'a jamais regretté. »

Couverts de bleus

Ces mauvais traitements sont plus répandus qu'on ne croit. Médecins, puéricultrices le constatent chaque jour :

« Je vois de tout, dit le Dr L., qui exerce dans un grand hôpital parisien : des fractures, alors que l'enfant ne marche pas encore, des bleus de toutes sortes, des cheveux arrachés, des brûlures de cigarettes, des lésions dans la bouche, provoquées par un forcing alimentaire. Sans parler des enfants hypotrophiques, de ceux qui se développent mal, qui ont des troubles du comportement...

C'est d'autant plus bouleversant que ces petits n'ont aucun moyen de défense. Vous connaissez les chiffres officiels ? 80 % des enfants maltraités ont moins de 3 ans, 50 % d'entre eux ont moins d'un an. »

Des bourreaux, ces mères ? Des femmes paumées, d'abord, que les praticiens s'efforcent de comprendre et d'éclairer, pour qu'elles modifient elles-mêmes leur comportement — avant, s'il y a récidive, de saisir les autorités.

« Quand je vois un bébé couvert de bleus, dit le Dr L., je n'accuse pas d'emblée la mère. Je lui suggère que l'enfant a peut-être des troubles de la coagulation, et que je vais vérifier. J'ajoute que, si l'examen ne donne rien, c'est qu'il reçoit des coups. »

Le plus souvent, ces femmes sont soulagées que le médecin ait compris. Elles ne nient pas, elles s'accusent — et l'enfant avec : “Il est insupportable, et je n'ai pas la force de le supporter, disent-elles très souvent. J'attendais un petit bébé tout rose, tout sage, pour me faire plaisir et me réparer. Et voilà que j'ai un gamin qui ne répond pas à mon attente.” C'est donc sa faute, et elles se vengent... »

Cruauté mentale

La violence des mères s'exprime également d'une autre façon, plus pernicieuse et moins voyante : en surface, elle ne laisse pas de traces. Mais en profondeur...

Bien qu'il soit arbitraire de distinguer maltraitance physique et maltraitance psychologique, il est beaucoup de mères qui, sans frapper leur enfant, le blessent plus durement peut-être : celles qui pratiquent à son endroit les mille et une formes de la cruauté mentale. C'est surtout dans les milieux aisés, observe le Dr L., que cette « maltraitance à bas bruit » sévit.

Pour punir son gamin de 3 ans d'avoir laissé tomber son assiette de soupe et taché la moquette, sa mère le prévient qu'elle ne l'emmènera pas en vacances. « Si, je veux ! » Le gosse hurle, trépigne. Soit ! Qu'il vienne à la gare, si ça l'amuse, mais il ne montera pas dans le train.

Arrivée sur le quai, la mère s'installe dans le wagon et, par la fenêtre, fait *non* de la main à l'enfant, qui pleure à chaudes larmes en la regardant. Mais, au moment où l'on annonce la fermeture des portes, elle bondit, le saisit et le jette dans le wagon, en lui donnant une paire de claques : « Tu as compris, maintenant ? Tu seras sage ? »

« Cette femme n'éprouvait pas le moindre remords, commente le Dr R. C'est elle-même qui m'a raconté la scène. Ce genre de mères, qu'on rencontre assez souvent, est incapable d'empathie. Elles ne sentent pas leur enfant. Elles ne sentent pas qu'elles lui font du mal. Elles sont même convaincues qu'elles lui font du bien : elles l'éduquent, disent-elles. »

À chacune son style. Un garçon de 7 ans a un gros chagrin : il a perdu son chat, il pleure. Mais pleure-t-on un chat ? Il faut l'endurcir, ce gamin ! Le lendemain, sa mère fait cuire un lapin : « Tiens, dit-elle à son fils en lui tendant une assiette bien garnie, ne pleure pas : le voilà, ton chat ! »

La même lui dit, en juin, qu'il doit redoubler le CM2 : ses résultats ne sont pas bons. S'il n'est pas au niveau en septembre, il risque de tripler ! Tout l'été, le gamin travaille d'arrache-pied. À la rentrée, il découvre qu'au mois de juin il a été admis sans difficulté en 6e.

Ces formes de maltraitance sont rares ? Pas tellement. Mais il n'est nul besoin de raffinements sadiques, ni de cruauté savamment calculée, pour maltraiter son enfant. Ne pas répondre, entre autres, à son besoin de tendresse, c'est la forme la plus fréquente de la maltraitance affective.

« Ma mère ne m'a jamais câlinée, elle n'était pas démonstrative » : d'un(e) interviewé(e) à l'autre, la plainte revient, lancinante. Non que ces hommes et ces femmes accusent leur mère de ne pas les avoir aimés, mais elle les aimait, disent-ils gentiment, à sa façon. Sèche, froide, distante.

Peut-être ont-ils été cajolés, quand ils étaient bébés : ils n'en ont gardé, évidemment, aucun souvenir. Mais il semble, à les entendre, qu'en grandissant ils aient reçu très peu d'affection. En tout cas, qu'ils ne l'ont pas sentie. À un âge où elle leur était nécessaire : le toucher, les caresses, même légères, le contact avec le corps de sa mère sont indispensables au jeune enfant. Ils lui prouvent qu'il est aimé, ils lui disent qu'il est beau, gentil, appétissant. Ils le sécurisent et le valorisent. Ils lui permettent, plus tard, d'aimer et d'être tendre.

Beaucoup regrettent d'avoir si peu reçu : « Je n'ai pas de souvenirs de contacts physiques avec ma mère, dit Béatrice, et je n'ai jamais eu envie de la toucher. Je me noyais dans mon vide affectif. » « Ma mère ne m'embrassait jamais, jamais, jamais, se plaint Sabine, qui, jeune femme, n'a jamais pu dire à son ami : *je t'aime*. Je lui disais : "*Je l'aime toi.*" »

Sophie se souvient de la méchanceté de sa mère :

« J'avais tellement envie qu'elle me chouchoute que je me vendais : j'allais lui cueillir des fleurs dans les champs, ou je lui offrais des bonbons. Les fleurs, elle les jetait à la poubelle — "Elles sentent mauvais, tu n'as aucun goût", les bonbons, elle les donnait à mon petit frère. Et comme, de dépit ou de rage, je fondais en larmes, elle me lançait : "Mais quel mauvais caractère tu as !" »

Emmanuelle assistait, meurtrie, aux câlins qu'échangeaient sa mère et son petit frère. Elle, n'y avait pas droit. Adulte, elle ne fut pas plus gâtée : « Quand ma fille est née, ma mère a été très déçue : "J'espérais tant que ce serait un garçon ! Une fille, ce n'est vraiment pas intéressant ! — Comment peux-tu dire ça à ta fille ?" répliquai-je. Et elle, sans la moindre honte : "Tu préfères donc le mensonge à la vérité. Mais tu n'as aucune morale !" »

Mal aimées dans leur enfance, ces mères ont-elles pu aimer leurs enfants autant qu'elles le prétendent ? Ou se trompent-elles elles-mêmes, quand elles l'affirment ? On ne donne jamais que ce qu'on a reçu, et Laurence en fait la douloureuse expérience.

Harcelée par son père, négligée par sa mère, elle s'est réfugiée, avec l'homme qu'elle aime, dans une sorte de bulle, où il n'y a guère de place pour son fils : « C'est mon drame. Il est de trop. Je le traite aussi bien que je peux, je suis attentive à ses progrès, mais les câlins, non : c'est pour son père. Et c'est malgré moi : j'aurais aimé le dorloter, j'en suis incapable, ça ne vient pas. Je ne suis pas une mère, mais une éducatrice, je me conduis en technicienne. »

L'enfant ? Un objet

Peu de mères sont aussi lucides. Aussi honnêtes. Il est vrai que la maltraitance affective est plus difficile à percevoir, ou à admettre, tant la plupart des femmes sont convaincues qu'elles aiment leur enfant. Ce peut être vrai. Mais elles l'aiment d'une façon si ambivalente qu'il se sent souvent plus rejeté qu'apprécié.

Une analyste s'étonnait, bizarrement, que la majorité de ses patients se plaignent de leur mère. « Comme s'ils n'avaient que de mauvais souvenirs. » C'est oublier un peu vite que les mauvais souvenirs émergent plus facilement que les autres, et, surtout, qu'il suffit d'un acte de cruauté, ou d'un acte perçu comme tel par l'enfant, pour que l'image qu'il a de sa mère (ou de son père) change totalement.

Et de la même façon qu'il suffit à un adulte de percevoir chez un(e) ami(e) un « petit détail » pour que se modifie radicalement la représentation qu'il en a, il suffit à un enfant d'une remarque particulièrement blessante, d'un silence incompréhensible, d'une moquerie, inoffensive aux yeux de l'adulte, mais qui le touche profondément, pour éprouver une émotion trop forte qu'il ne peut intégrer ou dépasser — et qui le traumatise.

À voir comment se comportent de nombreuses mères, il n'est pas nécessaire, comme cette analyste, de douter a priori des mauvais souvenirs d'un adulte : s'ils lui reviennent spontanément en mémoire, s'il les ressasse, c'est parce que la blessure est toujours ouverte ou mal cicatrisée, et qu'il est toujours dans la plainte.

Combien ne le sont pas ? Par-delà les cas flagrants — et minoritaires — de maltraitance avérée, il est peu d'enfants, s'il y en a, qui soient réellement bien traités : traités comme des sujets. Comme des personnes en devenir, certes, mais des personnes. Et qui, comme telles, méritent exactement le même respect que n'importe quel adulte.

Trop souvent, qu'ils les frappent ou les cajolent, leur consacrent du temps ou les négligent, les couvrent de coups ou de caresses, les parents les considèrent comme des objets. Ils se permettent avec eux, ou devant eux, ce qu'ils n'oseraient jamais dire ou faire avec ou devant un étranger. Comme si la familiarité les dispensait de toute politesse, de toute délicatesse. Comme si, devant lui, ou avec lui, et parce que c'est un enfant, ils pouvaient se conduire n'importe comment.

Cet irrespect est multiforme. Katy se souvient qu'en allant aux toilettes sa mère ne fermait jamais la porte — « Oui, ça me choquait, ce n'était pas ragoûtant, je voyais tout, j'entendais tout » —, Pierre, qu'elle entrait sans frapper dans la salle de bains ou dans sa chambre — « Ah, tu fais ta petite gymnastique », lui lança-t-elle, en s'apercevant qu'il se masturbait —, Julia, qu'elle n'avait pas le droit, à 13 ans, d'ouvrir les lettres de ses camarades (sa mère avait la priorité), Dominique, qu'elle fouillait dans le panier de linge sale et examinait de près ses culottes, Roger, qu'elle demandait toujours, quand un copain l'appelait au téléphone, « de la part de qui ? », Victor, que sa mère et son futur beau-père se caressaient sans gêne devant lui :

« Quand il nous emmenait en vacances, il me mettait à l'arrière de la voiture. Soit ! Il faisait un effort — s'il avait pu, il m'aurait mis dans le coffre. Mais, tout le long du voyage, je devais assister à leurs mamours. J'avais 10 ans, et ça m'était insupportable. Par exemple, il se penchait souvent vers elle et, en l'embrassant dans le cou, lui disait : “Ça va, poulette ?” Ma mère, une poulette ! Ravie, elle se blottissait contre lui : “Mais oui, mon cœur, je suis bien près de toi”, disait-elle en lui caressant la moustache.

Quand, vraiment, cela m'était trop insupportable, je prétextais un besoin urgent, ou une envie de vomir : ma mère se rappelait alors que j'existais. Est-ce d'avoir souffert du spectacle de cette intimité qui m'a rendu si réservé ? En public, je suis incapable du moindre geste de tendresse. »

« C'est comme ça, et pas autrement ! »

Plus grave, peut-être, que toutes ces atteintes à la sensibilité de l'enfant — mais y a-t-il une échelle de gravité ? —, le droit que s'arrogent certaines mères de ne pas l'informer sur ses origines. Ou sur l'identité de son père. Ou sur leur part de responsabilité dans le divorce.

Jusqu'à l'âge de 6 ans, Victor entendit parler de son père comme d'un être infâme, qui avait abandonné sa mère alors qu'elle était enceinte — « et pour "s'amuser" avec une autre, tu te rends compte ? ». Plus tard, elle reprocha à son fils de ne pas vouloir le fréquenter : « Vraiment, tu lui ressembles ! Tu as son sale caractère ! »

Laetitia, elle, n'entendit jamais parler de son père. Elle mit vingt ans à le retrouver.

Elle vécut seule, d'abord, avec sa mère. À 4 ans, alors qu'elle passait le week-end chez sa grand-mère, elle la vit arriver, accompagnée d'un inconnu : « "Voilà ton papa", me dit-elle. D'où il venait, pourquoi il ne s'était pas montré plus tôt, elle ne l'expliqua pas. Je ne sais pas si je la crus vraiment. Mais quelque chose m'intriguait : maman avait la peau blanche, moi, café au lait, et ce papa était blanc. »

Régulièrement, elle demande à sa mère de lui expliquer ce mystère : « C'est comme ça parce que c'est comme ça ! », lui répond-elle. Jusqu'au jour où — « Tu mens, maman, tu mens ! Mes copines m'ont tout expliqué » — sa fille l'oblige, par ses pleurs et ses suppliques, à lui dire la vérité. Mais en cachant l'essentiel... Oui, son père est antillais, oui, il l'a quittée pour une autre — « un sale type, tu sais » —, non, elle ne sait pas où il est, non, c'est inutile de le chercher.

Laetitia cherche. Interroge sa grand-mère, une tante, des nièces : tous font silence. Par chance, elle a, en 1re, une excellente amie — une Antillaise — que sa mère apprécie également. Elle lui permet donc, un été, de partir avec elle pour la

Guadeloupe. Et, par crainte qu'elle ne tombe amoureuse d'un frère ou d'un cousin, elle lui donne, à regret, le nom de son père.

« Après, dit Laetitia, ce fut un jeu de retrouver ma famille paternelle. On m'accueillit avec beaucoup d'affection. » Et on lui donna sans hésiter l'adresse de son père : il habitait à Paris — à quelques rues de l'immeuble où habitait Laetitia.

« Je l'ai certainement croisé, toutes ces années où je l'ai cherché... J'en ai atrocement voulu à ma mère, qui n'a jamais compris à quel point son silence m'a fait souffrir. Et qui m'en veut, aujourd'hui, d'être plus souvent chez lui que chez elle. Comme elle n'a pas supporté que mon premier amant soit... antillais. »

La bonne mère, celle du voisin ?

Mensonges, non-dits, secrets, quand l'identité même de l'enfant est en question, cachotteries stupides, fables absurdes, refus d'explication — « C'est comme ça, et pas autrement ! » —, refus d'intelligence — « Tu comprendras plus tard ! » — (d'où, plus tard, « ce contraste attristant entre l'intelligence rayonnante d'un enfant bien portant et la faiblesse mentale d'un adulte moyen », Freud) —, comment s'étonner que tant d'hommes, tant de femmes soient affectivement et/ou intellectuellement estropiés ?

Il n'est probablement pas d'enfant qui, d'une façon ou d'une autre, et dans tous les milieux, ne soit pas maltraité. La mère de Laetitia n'a rien d'une demeurée, elle n'est ni bornée ni « réac » : étudiante en 68, elle était sur les barricades, enseignante, elle joua les profs-copains et, jusqu'à la révolte de sa fille, qui la quitta à 17 ans, elle se crut une mère très libérale : « Mes camarades m'enviaient d'en avoir une pareille. »

N'y a-t-il de bonne mère que celle du voisin, comme dit Laetitia ? On est tenté de le croire. Car si elles ne se conduisent pas toutes comme si l'enfant les gênait, si beaucoup l'aiment réellement et sont prêtes à tous les sacrifices, elles ont toutes en commun un trait, plus ou moins appuyé, qui corrompt leurs meilleures dispositions et les empêche de devenir « assez bonnes » : sèches ou affectueuses, distantes ou fusionnelles, égocentriques ou généreuses, elles sont toujours dans *l'emprise*, et, par cette « violence primaire » qu'elles exercent sur lui, elles compromettent toujours, plus ou moins, le devenir-adulte de leur enfant.

d'une demeurée ; elle n'est ni bornée ni « rétro », étudiante en 68, elle était sur les barricades ; quinquagénaire elle joue les mères-copains et, jusqu'à la révolte de sa fille, qui la quitte à 17 ans, elle se dit une mère très libérale : « Mes camarades m'enviaient d'en avoir une pareille ».

N'y a-t-il de bonne mère que celle du voisin, comme dit Laetitia ? On est tenté de le croire. Car si elles ne se conduisent pas toujours comme si l'enfant les gênait, si beaucoup l'aiment réellement et sont prêtes à tous les sacrifices, elles ont toutes en commun un point, plus ou moins appuyé, qui corrompt leurs meilleures dispositions et les empêche de devenir « assez bonnes » : sèches ou affectueuses, distantes ou fusionnelles, égoïstes ou généreuses, elles sont toujours dans l'emprise, et, par cette « violence primaire » qu'elles exercent sur lui, elles compromettent toujours, plus ou moins, le devenir-adulte de leur enfant.

IV

« C'EST POUR MIEUX TE MANGER, MON ENFANT ! »

« Plus on comprend les mécanismes de la manipulation inconsciente et involontaire des enfants par leurs parents, moins on garde d'illusions quant à la possibilité de changer le monde ou de prévenir les névroses. »

Alice MILLER

1

DOMINER

« Il *me* fait une grippe, dit une mère, en poussant son garçon dans le cabinet du pédiatre. Il pourrait quand même penser aux soucis qu'il *me* donne ! »

Une autre accompagne sa fille chez la gynéco — qui l'a priée, en vain, de rester dans la salle d'attente : « Vous vous rendez compte, elle a tout juste 22 ans, elle vient de terminer HEC, elle n'a pas encore de travail, et elle *me* fait un bébé ! Vous allez *me* le faire partir ! »

Fabienne se dit plus respectueuse de l'autonomie de son fils : « J'aimerais qu'il devienne lui-même. Je ne lui imposerai rien. » Sans doute, mais c'est déjà fait : elle s'appelle *Montluc*, elle l'a prénommé *Luc*. « *Mon Luc*, dit-elle en souriant : il portera toujours ma marque. » Comme le fils de Françoise, qui s'appelle *François*...

Le langage n'est jamais innocent. Celui des mères, d'une façon légère ou appuyée, dit presque toujours à quel point elles sont incapables de concevoir, et plus encore de supporter, l'autonomie de leur enfant, à quelle profondeur elles tiennent à lui (comme une moule « tient » à son rocher), avec quelle force elles s'y cramponnent et s'y accrochent.

« Je les couve. »

Possessives ? On le dit, et l'on dit juste : les premiers mois, le mot convient. La mère ne fait qu'un avec son bébé, il est sa « chose », et c'est tant mieux pour lui : agressé (traumatisé) par le monde ambiant, les impressions pénibles ou douloureuses qu'il en reçoit, il a besoin de cette intimité — de cette fusion — que sa mère, qui en jouit, ne lui refuse pas.

Mais lorsqu'il grandit et commence à s'individualiser, il contrarie peu à peu le désir de sa mère de ne faire qu'un avec lui. Il risque de lui échapper, d'où ses manœuvres pour le garder : ce n'est plus totalement, ce sera de moins en moins son « bien ».

Les termes de *possession*, de *possessivité* ne conviennent donc guère, malgré l'usage qui en est fait, pour caractériser l'attitude maternelle : on ne possède pas ce qui se détache, et il ne suffit pas d'être possessive pour posséder. Encore faut-il tout mettre en œuvre pour y parvenir et constamment contrarier, parfois bloquer, le processus de séparation. C'est un effort de tous les instants. Sur tous les plans. C'est un combat.

Ce que suggère, très précisément, le terme d'emprise : cet effort inconscient de toute mère pour s'opposer à l'autonomisation de son enfant, le modeler selon son propre désir, en faire sa copie conforme, son double.

Quelques femmes l'admettent. Mais elles parlent moins d'*emprise*, évidemment, que d'« éducation », de « protection », de « bien de l'enfant » :

« Je suis extrêmement possessive. Oui, oui, oui, dit Christine, que la question agace, mais la seule à y répondre aussi franchement. Oui, je suis une vraie tigresse. Je les protège énormément. Je leur retire tous les cailloux du chemin... “Tu as pris ton écharpe ?” : tous les matins, je vérifie. Surtout le garçon (il a 15 ans). Si je le laissais faire, il sortirait en tee-shirt en plein hiver... Je dirige leurs lectures, subtilement : “Ce livre n’est pas mal.” Je les embrasse beaucoup. Le dimanche matin, Jacques et Lucette (13 ans) nous rejoignent au lit, nous chahutons, nous lisons.

Non, je ne les force pas à être autonomes. Si je le faisais, ils s’imagineraient que je suis indifférente et veux me débarrasser d’eux. Ils ont bien le temps de se retrouver seuls, au milieu des loups, dans la jungle. Je les couve au maximum, je les gave de tendresse, je leur donne plein de provisions d’amour. Comme ça, ils supporteront mieux l’adversité. » À moins qu’au premier choc ils ne vacillent.

« Je ne suis pas bien quand il n’est pas là. »

Hormis Christine, presque toutes les mères ont fait l’impasse sur la question. L’air étonné, parfois choqué, la plupart ont nié ce qu’elles prenaient pour une accusation, ou un reproche — et qui, pourtant, est la caractéristique la plus commune de leur condition, comme sa souffrance la plus vive, quand l’enfant grandit et s’affirme.

Mais qu’elles dénient toute emprise montre

avec quelle force cette pulsion les possède et les anime : fondement même de l'être-maternel, elle rend très difficile toute distanciation.

De toutes les interviewées, seule Margaret, aidée, il est vrai, par un psy, a pris conscience qu'elle « dévorait » son fils, qu'elle l'obligeait à vivre dans son désir (d'où sa résistance : son incapacité à contrôler ses sphincters, ses échecs scolaires) et qu'il y avait urgence, pour leur équilibre commun, à assouplir leur relation.

Soutenu, lui aussi, par un thérapeute, Damien y parvient — il part volontiers en vacances sans sa mère —, mais Margaret, qui se félicite de sa toute nouvelle (et très relative) indépendance, en souffre quand même :

« L'an dernier, il a voulu aller tout seul en Angleterre... Je le vis bien. Je vois avec grand plaisir naître son désir. Il s'émancipe. Enfin, je m'y efforce... J'ai voulu l'accompagner à la gare quand il est parti à Londres : on a quitté la maison un peu trop tard, et il a failli manquer son train... Je ne suis pas bien quand il n'est pas là. Il m'a demandé de ne pas l'appeler tous les jours. J'ai obéi. Ou presque : le deuxième soir, j'ai téléphoné. “Écoute, m'a-t-il dit, ne commence pas à m'em... Fiche-moi la paix ! Je t'appellerai moi-même dans cinq, six jours”... Il me soigne. C'est pathétique : ce n'est pas sa fonction. »

« Elles les bouffent ! »

Y a-t-il beaucoup d'enfants qui soignent leur mère et parviennent à la guérir ? À faire en sorte qu'elle les aime un peu moins, ou un peu mieux ? La plupart, semble-t-il, « réparent » moins qu'ils ne bricolent, si grande est la résistance de ces femmes à reconnaître leur droit à l'autonomie.

Loin d'être plus généreux que l'amour érotique, comme certains le prétendent, l'amour maternel est aussi égoïste — aussi tourné vers la gratification de l'ego maternel —, aussi vorace et dévastateur. La condition même de mère y incite : comment renoncer au cadeau qu'on s'est fait ? Concevoir l'altérité de celui qui fut sien, qu'on a porté et qu'on a « fait » ? Et, si on le conçoit — théoriquement, abstraitement —, comment l'admettre affectivement ? Comment accepter de mourir à soi-même, ou de s'amputer d'une partie essentielle de soi ?

L'attitude des mères, ici, est beaucoup plus fonction de leur position que de leur propre histoire. Si cette histoire intervient, c'est dans leur façon — douce, insidieuse, brutale, plus ou moins habile — d'être dans l'emprise, mais la pulsion d'emprise est commune à toutes.

Il n'est d'ailleurs pas de psychologues, pédiatres, analystes qui ne le constatent, et qui ne tentent d'en corriger les effets parfois dévastateurs :

« Toutes les mères sont dans l'emprise, dit le psychologue André Hagard. C'est la cause principale des difficultés scolaires : l'échec d'un enfant, ce n'est pas, sauf exception, une histoire de QI, mais d'autonomie. Elles ne le lâchent pas, elles le bouffent. »

Et l'enfant se venge — marque sa différence — en rapportant de mauvaises notes :

« Ma mère m'a tellement "poussée", dit Valérie, qu'à l'école j'étais toujours première et terminais les exercices avant les autres, qui me tenaient à l'écart. Pour ne pas être exclue, j'ai décidé de mal travailler. C'était aussi une façon — bien maladroite, puisqu'elle me fit donner des cours de rattrapage — de punir ma mère, qui me faisait faire des maths à longueur de jeudis et de dimanches. » Plus tard, elle se conduisit de la même manière avec son petit-fils.

« Les mères restent toujours dans l'emprise, constate Catherine Serrurier. On dirait qu'il y a chez elles, même quand elles sont intelligentes, une impossibilité de comprendre, ou d'admettre, que l'équilibre d'un enfant doit passer par une séparation. » « Peu de mères comprennent que l'enfant ne leur appartient pas. Qu'il faut l'aider à être lui », dit en écho la gynécologue Catherine Roux.

Les filles sont plus exposées

Cette emprise, filles et garçons, tous la subissent. Les filles, plus durement peut-être : petites, elles gratifient moins leur mère — elles ne la complètent pas — et, socialement, elles ne la valorisent pas. Jeunes femmes, elles la « déclassent », ou la « rétrogradent » parmi les « vieilles ». Parfois, elles lui volent son amant. « Haine et destructivité sont plus grandes à l'égard des filles, dit une analyste. À cause de cette rivalité qui, tôt ou tard, surgit entre elles et leur mère. »

« Oui, ajoute le psychologue André Hagard, les mères sont plus dangereuses pour leurs filles. Les filles n'ont pas le droit d'être différentes, d'être autres. Elles sont sur un modèle en miroir. Regardez-les : elles sont pathétiques à toujours vouloir plaire, être bonnes élèves, à chercher constamment à faire plaisir à leur mère, à la maîtresse, à l'entourage. Un garçon peut souffrir. Mais il n'a pas de doute sur sa valeur. Chez les femmes, le narcissisme est sans fond. » Sans butoir. Sans limites. D'où cette insatisfaction qu'elles éprouvent, par exemple, à l'endroit de leur corps, ou de l'image qu'elles en ont, et qu'elles arrivent si difficilement, à force de maquillage et de ruses vestimentaires, à rendre pour elles plus plaisante.

« C'est pour son bien. »

Puéricultrices, assistantes sociales constatent chaque jour, comme les psy, l'omniprésence de l'emprise maternelle :

« Quand une mère est dans un lieu public, dit une gynécologue, Mme B., on dirait qu'elle veut absolument montrer qu'elle tient bien son enfant. Ici, à l'hôpital, je vois énormément de mères qui affirment ostensiblement leur pouvoir. Vouloir dominer l'enfant, c'est leur obsession.

Il y a quelques jours, l'une d'elles entre avec son gosse de 3 ans dans la salle d'attente : elle veut l'obliger à dire bonjour à tout le monde. Intimidé, il refuse. Elle insiste. Il se met à pleurer. Elle le gifle et le fait attendre dans le couloir. Aucune des femmes présentes ne lui a suggéré qu'elle aurait pu agir autrement... Par discrétion ? Mais non ! Elles font pareil. L'échec de cette femme, elles l'ont vécu comme leur propre échec. Un échec par procuration. C'est pourquoi elles ont baissé le nez et se sont absorbées dans la lecture d'un magazine. »

Quelques jours plus tard, Mme B. aperçoit cette mère dans un supermarché. Près de la caisse, sur un présentoir, des bonbons, des sucettes, du chocolat. Le gamin veut un chewing-gum et tend la main. La mère refuse et lui donne une tape. Il se met à pleurnicher. Des clients s'impatientent. Elle cède — à sa façon : elle lui achète de gros caramels. « Au moins, dit-elle à la vendeuse, pendant qu'il les mâchouillera, il se taira. »

Lors d'une autre rencontre à l'hôpital, Mme B. voulut l'inciter à réfléchir sur sa façon d'être. En vain : « Elle était convaincue qu'elle agissait bien... Elles le sont presque toutes, d'ailleurs. "Mais c'est pour son bien !", objectent-elles. L'argument est irréfutable ! »

2

LA GESTION DES APPARENCES

Emprise tous azimuts. Multiforme. Chaque mère a son style, mais, de l'une à l'autre, quelques constantes apparaissent.

Quasiment toutes, par exemple, s'efforcent de donner au corps de l'enfant l'apparence qui leur convient, que cela lui plaise ou non. C'est sur les filles, le plus souvent, qu'elles s'acharnent (le mot n'a rien d'excessif). En particulier — et ce n'est pas un hasard — sur leur coiffure.

« Coupe tes cheveux ! »

Quoi de plus « féminin », de plus séduisant, de plus sensuel, qu'une belle chevelure ? À la Libération, on a tondu les femmes qui avaient aimé un Allemand. Les mères ne tondent pas, elles coupent. À leur façon, elles castrent — ou nient, symboliquement, la féminité naissante, et pour elles menaçante, de leur fille.

Si aucun interviewé ne s'est plaint d'avoir été coiffé, gamin, selon les goûts de sa mère, toutes les femmes ont évoqué l'acharnement de la leur : « Je portais des cheveux très courts, c'était l'horreur ! Ma mère l'exigeait », dit Bernadette. Et Béatrice : « Elle m'imposait des cheveux courts. L'horreur ! J'ai dû attendre 16 ans pour qu'elle tolère — mal — que je les aie longs. »

« Toute petite, je les avais longs et bouclés, dit Joëlle, beaucoup de photos me montrent ainsi. Mais à 6, 7 ans, ma mère m'a envoyée chez le coiffeur, qui les a coupés très court : en revenant à la maison, je pleurais. Je me souviens d'avoir tenu la porte à une vieille femme qui me connaissait bien : "Merci, mon petit garçon", m'a-t-elle dit... Toute mon enfance, j'ai vécu ce calvaire. »

Judith n'allait pas chez le coiffeur : sa mère se chargeait elle-même de la « débarrasser de [sa] tignasse » : « Elle m'installait sur un tabouret, me mettait une grande serviette autour du cou, saisissait des mèches entières, et coupait. Je voyais mes cheveux tomber, s'éparpiller sur le sol. C'était un vrai supplice. Elle n'était même pas capable de les couper droit : ma frange montait, descendait, c'était affreux. »

Plus tard, sans doute, ces jeunes femmes se sont coiffées comme elles l'entendaient. Mais parfois, un peu gênées de leur audace, toujours en conflit avec leur mère, et cherchant souvent à la ménager quand elles lui rendent visite :

« Je me fais toujours un chignon, dit Brigitte. D'autant plus que maman perd ses cheveux : je ne veux pas la provoquer. N'empêche, elle trouve toujours quelque chose à redire : le chignon est mal fait, des mèches dépassent, le coloris ne convient pas... La chevelure, c'est vraiment une fixation ! »

Mais de le comprendre, et d'en avoir souffert, n'empêche pas toujours ces femmes d'exercer un droit de regard sur la coiffure de leur fille. Avec, comme leur mère, d'excellentes « raisons » : « C'est tellement sale partout, dit Judith, qu'il vaut mieux les avoir courts. À l'école, à la piscine, dans le métro, on risque d'attraper des poux. Je fais des tresses à ma fille, je crois qu'elle aime ça. » Joëlle, Béatrice, Margaret jouent aussi, de temps à autre, du ciseau.

« Elle m'habillait à son goût. »

Un enfant ne sait évidemment pas comment s'habiller. Par chance, les mères veillent : elles lui évitent toute extravagance — et lui imposent la leur.

Quelques hommes — une minorité — se plaignent de leurs lubies :

« À 12 ans — c'était en 1986 — ma mère m'a obligé à porter un nœud papillon, dit Pierre. "Au moins, déclarait-elle, tu auras l'air distingué." J'avais beau être élève à Jeanson-de-Sailly, c'était d'un grotesque ! Tous les copains se payaient ma tête. »

Jacques aurait aimé porter des chaussures aux semelles légères, en crêpe, en caoutchouc : « Chaque fois, elle m'imposait du cuir. Avec, à chaque bout, des fers. Je ne passais pas inaperçu. "Tiens, voilà la troupe qui défile", disaient mes copains. J'avais 14 ans. Pour elle, je n'étais qu'un bambin. »

À 16 ans, Michel portait encore la croix en or que sa mère, dévote, lui avait accrochée au cou dix ans plus tôt : « Je n'étais plus croyant, je lisais Marx et m'étais inscrit aux Jeunesses communistes. Cette croix, c'était ma honte ! Mais impossible de m'en défaire : tous les soirs, sous prétexte que je ne savais pas me laver le dos, ma mère, qui s'en chargeait, me voyait torse nu. À 19 ans, j'ai enfin osé l'enlever. J'ai eu droit à une crise d'hystérie. "C'est comme si tu m'avais jetée !" hurlait-elle. »

Vladimir ne sait pas trop ce qu'il représentait pour sa mère : une poupée, un mannequin, un chien de cirque ?

« Elle adorait m'habiller : elle jouait. Le dimanche, elle m'obligeait, une heure ou deux, à des séances d'essayage. Je me souviens du jour — j'avais 8 ans — où elle m'a affublé d'un pantalon en daim, d'une veste marron sur une chemise blanche, d'une cravate écossaise et coiffé d'un petit chapeau melon. "Tu es beau comme un lord !" disait-elle. Je n'en étais pas très sûr ; et, quand elle m'a sorti pour me montrer au voisinage, je suis resté à la traîne : je n'avais aucune envie que mes copains m'aperçoivent avec ce déguisement. Pourtant, elle n'a pas hésité à m'exhiber ainsi dans tout le quartier. Les passants souriaient. J'étais rouge de honte. »

Des filles ou des poupées ?

Si les garçons n'y échappent pas, les filles subissent sur ce plan-là encore plus durement, et plus systématiquement, l'emprise maternelle.

« Question vêtements, dit Béatrice, ma mère nous imposait ses goûts. Ma sœur et moi, nous étions habillées pareil, sans élégance. Ça m'agaçait. »

La mère de Valérie lui renouvelait sans compter sa garde-robe :

« C'était gentil, elle aimait que je change souvent de tenue. Mais j'avais beau avoir 10 ans, jamais elle ne m'emmenait avec elle dans les magasins. Puisque son choix lui plaisait, il devait me plaire. Le plus souvent, j'étais horrifiée : des jupes très strictes, droites, des vestes flottantes, des chaussures trop larges. J'ai eu des envies de meurtre ! Une fois, j'ai arraché les grosses boucles dorées qui ornaient mes petites chaussures noires. Ma mère s'en est aperçue. J'ai raconté qu'un garçon les avait arrachées. "Tiens, quand tu le verras, tu lui transmettras ça !", a-t-elle crié, en m'envoyant une gifle. »

« Déguisée comme pour un carnaval », Mireille avait honte d'aller à l'école :

« Maman ne voulait pas que je ressemble aux autres. Avec des jupes orange, étroites, des chemisiers verts, des souliers à talons fins, je ne risquais pas ! J'avais du mal à marcher, je ne pouvais pas courir. À 13 ans, un copain de classe m'a dit : "Mais t'as tout ce qu'il faut pour faire le trottoir !"

Quand j'ai raconté ça à maman, parce que je n'avais pas compris l'allusion, elle est allée faire une scène à la directrice.

L'année suivante, j'étais si mal vue qu'elle m'a changée de lycée. À 18 ans, c'était en 1984, j'ai pris ma revanche : jeans crasseux, troués, sabots... Elle m'a supportée quinze jours, puis m'a confiée à une tante. Aujourd'hui, je me demande si, à travers moi, elle n'a pas joué avec des rêves de putain. »

Celle de Myriam, à l'inverse, aimait que sa fille ressemble à une image pieuse. Très catholique et, pour remercier la Vierge d'avoir exaucé ses prières (elle avait été longtemps inféconde), elle décida de l'habiller en bleu et blanc jusqu'à l'âge de 7 ans, comme les enfants de Marie. Puis elle l'inscrivit dans une école religieuse, où elle dut porter un uniforme bleu : « Toute mon enfance, j'ai rêvé d'une robe rouge. Ma mère s'y est toujours opposée : "On te prendrait pour une communiste !" Pour me venger, je lui disais qu'avec mon prénom on me prenait souvent pour une juive. Ça la rendait furieuse ! »

À 7, 8 ans, on prenait Zoé pour un garçon : « J'étais toujours en salopette, mes copines avaient de jolies robes... Je détestais les vêtements que mes parents m'imposaient. Mais je ne le montrais pas : ils regrettaient de n'avoir pas de garçon. Pour qu'ils ne me rejettent pas complètement, et m'aiment un peu, je jouais leur jeu et faisais semblant d'être *content*... Vous voyez à quel point ils m'ont conditionnée ! Le temps d'un souvenir, je me prends pour un garçon ! »

Marine, qui a souffert, elle aussi, des choix vestimentaires de sa mère, s'efforce pourtant d'imposer les siens à ses enfants. Ou, plus habilement, de faire en sorte qu'ils aient envie de porter ce qui lui agrée. Elle ne les contraint pas, elle suggère. Écarte, par exemple, ces vestes, jeans, chemises qui sont, leur explique-t-elle, de mauvaise qualité ou de mauvais goût ; les entraîne, de rayon en rayon, vers les vêtements qui lui plaisent et, à l'intérieur du cercle étroit qu'elle a tracé, les laisse libres de choisir.

Le plus souvent, ils se laissent faire. S'ils renâclent, ils peuvent, assurément, acheter ce qui les tente. Mais avec leur argent de poche... qui ne suffit jamais. Ils se rallient donc au choix maternel.

3

SEXE SOUS SURVEILLANCE

Coiffure, allure, style vestimentaire : s'appropriant le corps de l'enfant, la plupart des mères s'efforcent de régenter sa vie sexuelle. Son sexe aussi — surtout ! — leur appartient.

D'une époque à l'autre, les différences d'attitudes sont peu sensibles. Peut-être, mais c'est loin d'être la règle, les plus libérales d'aujourd'hui renoncent-elles plus tôt à gérer la sexualité de leurs enfants. Mais, aussi longtemps qu'ils sont en leur pouvoir, elles interviennent. La libéralisation des mœurs n'a guère ébranlé l'ordre traditionnel dans les familles, elle n'a pas radicalement modifié les relations des mères avec leurs filles et leurs fils.

La plupart des interviewées — qui avaient 13, 15 ans en 1975/1978, et dont bien des mères ont « fait » Mai 68 — n'ont reçu aucune éducation sexuelle. Tacitement, comme si cela allait de soi, leurs mères ont décidé qu'elles n'avaient pas de sexe.

Quelques-unes, pourtant, s'en sont doutées et ont fait un effort. Celle de Nadège, par exemple. Comme elle avait « une volonté de modernité et d'ouverture », elle a essayé malgré sa gêne de donner à sa fille quelques notions d'anatomie et de physiologie :

« À 11 ans (c'était en 1979), je savais tout sur la procréation. Utérus, ovaires, menstruation, hymen, sans oublier "les choses des hommes", comme disait ma mère, et sur lesquelles elle passa très vite — tout cela m'était connu, en gros. Mais sur le désir, les relations amoureuses, et la manière même dont un homme et une femme s'unissent, sur le plaisir, maman ne m'a rien dit. Elle m'a livré, en vrac, des savoirs isolés. À l'adolescence, ils ne m'ont évidemment servi à rien. »

« Choisis bien tes copains ! »

Si maladroite qu'elle ait été, la mère de Nadège est une exception. La plupart des autres désexualisent ou asexualisent leurs enfants. C'est heureux si elles ne les culpabilisent pas.

La mère de Sandrine est kinésithérapeute. Le corps, elle connaît. Le sexe, elle ignore. Elle n'en parle donc pas à sa fille, que ses premières règles effraient :

« J'avais très mal au ventre. J'ai vu que je saignais. J'ai paniqué. En sortant des toilettes, j'ai dit à ma mère : "Je vais mourir. — Mais non, ce n'est rien. Maintenant, tu peux être enceinte." C'est tout ce qu'elle m'a répondu. Après, j'ai demandé à mes copines. »

Bien des mères n'expliquent rien, mais elles observent, surveillent, contrôlent, jugent :

« Je recevais beaucoup de copains à la maison,

dit Brigitte. Maman se débrouillait toujours pour les apercevoir — elle entrait à l'improviste dans la chambre, ou leur adressait quelques mots. Quand ils étaient partis, elle les exécutait : l'un avait l'air idiot, l'autre était laid, un troisième sentait mauvais... Sa libéralité n'était qu'un piège : elle voulait faire le vide autour de moi. »

Jalousie ? Rivalité ? Peur de la sexualité, blocage à l'égard de tout ce qui l'évoque ? « Il y a des mères, dit Isabelle Denys, qui ne supportent pas les seins de leur fille. Et qui les font opérer, pour en réduire le volume. C'est fréquent. » D'autres ne supportent pas qu'elles se maquillent, portent des jupes qui les moulent, ou qu'elles jugent trop courtes : « Tout ce qui peut rendre une fille désirable fait horreur à ma mère, dit Catherine. Quand j'habitais chez mes parents, je devais dissimuler mes formes. »

Emprise sur le corps. Sur le sexe, ici comme ailleurs (cf. l'excision, l'infibulation, la circoncision) c'est la règle. Même si, d'une société à l'autre, d'une mère à l'autre, l'emprise est plus ou moins forte, le contrôle plus ou moins strict, la gestion des sexes est affaire collective (sociale, familiale). Comme est générale la volonté de soumettre à ses propres normes la sexualité de l'enfant.

« Avorte ! »

Emprise brutale, à l'état nu, ou pur, chez certaines femmes. Apprennent-elles que leur fille est enceinte, elles vont parfois jusqu'à la contraindre à avorter :

« Quand j'ai annoncé à ma mère que j'attendais un enfant, dit Angèle — j'avais 19 ans, j'étais en 1re année de fac —, j'ai eu droit à un torrent d'injures : "Salope ! Garce ! Ingrate ! criait-elle entre deux sanglots. Toi qui étais si bien élevée !" "Je ne savais pas que ma fille était une putain", a dit mon père.

Le soir même, ils décidaient que j'avorterais. J'aurais aimé garder l'enfant, mais je n'avais aucun travail, mon ami m'avait plaquée, j'ai eu peur de me retrouver dans le foyer où ils s'apprêtaient à m'envoyer, si je m'obstinais. J'ai cédé. Le lendemain, c'était en septembre 1984, ma mère m'a emmenée dans une clinique. »

Emprise moins radicale, mais emprise toujours, chez celles qui préfèrent prévenir que « guérir ».

Le Dr D. reçoit un jour une femme et sa fille de 17 ans. « Je viens d'apprendre que la petite n'est plus vierge, dit-elle d'un air dégoûté. Prescrivez-lui la pilule... » « Manifestement, poursuit le Dr D., la sexualité de sa fille lui était insupportable. Pendant que je l'examinais, elle y allait de ses commentaires : "Maintenant qu'ils ont la pilule, ils font n'importe quoi. Moi, j'aurais voulu qu'elle arrive vierge à son mariage. Après tout ce que j'ai fait pour elle, quelle ingratitude ! Me faire ça !" En sortant, la fille me fit un clin d'œil complice. Au moins une, me dis-je, qui ne s'en laisse pas conter. »

« Tu as pris ta pilule ? »

Beaucoup subissent. Assez libres hors de chez elles, elles ploient sous le joug maternel et culpabilisent facilement :

« Le nombre de mères qui m'amènent leur fille pour que je leur prescrive la pilule est impressionnant, dit le Dr L. Très souvent, la jeune fille ne dit rien, sa mère parle et décide pour elle. Je n'obtiens pas toujours facilement qu'elle me laisse seul avec elle. "Mais c'est ma fille, docteur, nous n'avons pas de secrets !" Il n'est pas rare non plus qu'elle prenne elle-même l'ordonnance et aille seule chez le pharmacien. »

Il arrive aussi qu'elle y retourne régulièrement :

« De 17 à 19 ans, dit Christelle, c'est maman qui m'achetait les pilules. Pire : chaque soir, avant de se coucher, elle m'en apportait une. Quand je passais la nuit chez mon ami, elle me téléphonait : "Tu n'as rien oublié ?" Elle avait sans doute peur de ma distraction, du moins, c'est ce qu'elle prétendait. Mais ça la réjouissait — je n'ose pas dire : ça la faisait jouir — de partager quelque chose de la sexualité de sa fille. "Tu as bien dormi ?" demandait-elle, quand, le dimanche matin, je revenais de chez mon ami. Elle mourait d'envie d'avoir des confidences. »

Emprise sur le corps de la fille (du fils, mais

c'est plus difficilement contrôlable). Emprise, encore, sur ceux qui l'approchent, surtout quand la relation paraît solide, et qu'elle risque de « s'échapper ».

« Cache »-t-elle son ami, on s'informe, par la bande.

En terminale, Madeleine fréquentait depuis trois ans un garçon qu'elle ne souhaitait pas présenter : « Maman l'aurait peut-être accepté, je ne sais pas, mais c'était ma vie, et ça ne la regardait pas. » Obstinée, la mère demanda un entretien au proviseur : qui était ce jeune homme ? de quel milieu ? était-il sérieux ? À demi rassurée — c'était un excellent élève, *mais* d'origine maghrébine —, elle entreprit d'inviter les amis de son fils : sa fille aurait un plus grand choix...

« Jamais tu ne l'épouseras ! »

D'autres sont plus directes et jugent, dès la première rencontre, que le garçon ne fait pas l'affaire :

« Quand j'ai présenté Pierre à maman, dit Joëlle, j'ai tout de suite compris qu'il ne lui plaisait pas. Le soir même, elle m'ordonnait de le quitter : "Jamais tu ne l'épouseras ! Il n'est pas de notre milieu, il fera ton malheur." » Joëlle ne céda pas : sa mère lui intima l'ordre de quitter la maison. « C'était en 1979. J'avais 18 ans. J'ai loué une chambre de bonne et me suis installée avec mon ami. Pour vivre et payer nos études, je gardais des enfants, il lavait les vitrines des magasins et des cafés. »

Certaines mères sont plus habiles. Loin de disqualifier l'ami de leur fille, et de prendre le risque de la voir partir sur un coup de tête, elles tentent de le séduire. Soit pour en faire leur amant, soit pour lui faire comprendre qu'il s'est trompé et l'amener à renoncer à ses « vues ».

Jalouse de Catherine, sa mère n'en montrait rien. Chaque fois que sa fille lui présentait un nouvel ami, elle commençait par en dire du bien et désarmer sa méfiance. Puis, insensiblement, elle tentait de s'imposer. Quand le garçon venait à la maison, elle l'accueillait affectueusement, l'interrogeait sur ses études, le complimentait, lui offrait une tarte qu'elle avait, disait-elle, préparée pour lui. Elle jouait les mères parfaites.

L'ami, généralement, était impressionné. « Elle les séduisait par son langage, sa vivacité, son côté protecteur. "Ce qu'elle est bien, ta mère !" disaient-ils. À la fin, ils se considéraient un peu comme ses fils. Du coup, je devenais... leur sœur. Elle exerçait sur eux, insidieusement, un pouvoir coercitif qui leur interdisait d'aller loin avec moi. Elle se posait en interdit. Ils n'osaient plus me toucher. »

Sûre de les avoir neutralisés, cette femme, qui n'avait de cesse de les flatter, commençait alors à se plaindre de sa fille : elle était ingrate, dure, égoïste... Elle aurait été heureuse d'avoir un fils qui leur ressemble :

« Peu à peu, mon copain me voyait autrement : à travers l'image que ma mère lui tendait. Et là, j'étais piégée : quand, furieuse, je leur expliquais qu'elle avait agi par jalousie, ils ne me croyaient pas. Mes réactions ne faisaient que confirmer le jugement de ma mère : j'étais "insupportable". Très vite, notre relation se brisait. Ravie, ma mère essayait alors de me consoler. »

Catherine n'a compris qu'assez tard les manigances dont elle avait été victime : « J'étais jeune, j'avais des moments de révolte, mais je ne pouvais pas imaginer que ma mère était aussi perverse et prête à tout pour me garder. »

Comment échapper à ses pièges, enfin, quand cette mère déborde de tendresse et ne sait plus quoi faire pour faciliter la vie de sa fille — comme la sienne ?

Paule (19 ans) a toute liberté de recevoir son ami chez elle. Il vient, d'ailleurs, tous les week-ends. Il pourrait venir plus souvent et, pourquoi pas ?, s'installer à demeure : l'appartement est grand. Parfois, celle qui se croit déjà leur future belle-mère rêve à voix haute à la façon dont elle installera « ses » enfants, des meubles qu'elle leur achètera.

Paule la laisse dire, mais cherche, en douce, un studio : « Ce qui est terrible, avec ma mère, c'est qu'elle est gentille. Ça me complique la tâche : ce n'est pas facile de repousser quelqu'un qui s'accroche "gentiment", sans en avoir l'air. Quand je lui ai dit qu'un jour ou l'autre je partirai, elle a éclaté en sanglots. Ça promet ! »

« Tu ne seras pas homosexuel ! »

Que les mères soient souvent moins tracassières avec leur fils, qu'elles contrôlent moins, ou de plus loin, leur vie sexuelle ne signifie pas qu'elles respectent davantage leur autonomie.

Convaincues que la sexualité des garçons est plus exigeante que celle des filles, elles admettent plus facilement que leur fils ait des aventures. À condition, justement, que ce soit avec des filles.

L'homosexualité n'a toujours pas droit de cité dans la plupart des familles. Même si, « théoriquement », les parents « n'ont rien contre », très rares sont ceux qui l'acceptent s'il s'agit de leur enfant : « Je sais que l'homosexualité n'est ni une tare ni une anomalie, dit une analyste, mais je ne sais pas très bien comment je réagirais si j'apprenais que mon fils a un petit ami. Je crois que je serais blessée... et que je l'enverrais chez un confrère ! »

Les jeunes homosexuels pressentent si bien les réactions de leur entourage qu'ils se dissimulent, ou tentent de donner le change : « Quand j'ai découvert mes tendances, dit Gilbert, j'ai invité des copines à la maison. Quelques-unes, averties, poussaient la gentillesse jusqu'à me faire des petits câlins en présence de ma mère : un bisou, une caresse sur les cheveux. Le samedi, quand je voulais passer la nuit avec mon amant, je téléphonais ostensiblement à Juliette et rejoignais tranquillement Martin. »

« Tu ne seras pas homosexuel ! Tu feras bon usage de ton sexe. L'usage qui convient à mes convictions, mes goûts, mes pulsions » : emprise sur le choix d'objet. Elle est quasi générale. Et ne s'arrête pas là : si bien des mères acceptent plus facilement que pour leur fille les liaisons sexuelles ou, comme elles disent, les « amourettes, les flirts » de leur fils, elles sont souvent avides de confidences. Comme si, à travers leur fils, elles prolongeaient (ou renouvelaient) leur vie sexuelle, fût-ce dans l'imaginaire. Comme si leur narcissisme était flatté de la multiplicité (éventuelle) de ses liaisons. Et comme si, par cette complicité, elles conservaient un certain pouvoir de contrôle.

« Garde-la, elle me plaît ! »

Très « libérale », la mère de Jean-Marie s'est chargée, quand il avait 9, 10 ans, de son éducation sexuelle : « "Le plus tôt sera le mieux", disait-elle. À la maison, d'ailleurs, on parlait ouvertement de tout, le sexe n'était pas tabou, ni pour ma mère ni pour mon père. À table, on plaisantait sur la vie sexuelle des voisins, des oncles et des tantes, du curé, un fieffé coureur. À 14 ans, j'ai demandé à mes parents s'ils faisaient encore l'amour. Ils ont ri. »

Quand Jean-Marie, dès 15 ans, se constitue un harem, sa mère se réjouit : « Elle était fière de mes succès. Ils la flattaient : ils lui confirmaient que j'étais séduisant. Un garçon hors du commun. »

Elle était toujours curieuse de les connaître : si elles lui plaisaient, « elles étaient bien reçues ». Mais si elle sentait qu'« elles voulaient [lui] mettre le grappin dessus, elle leur faisait la gueule. » Pour ne pas l'incommoder, Jean-Marie n'hésitait pas à congédier la mal venue : un ou deux jours plus tard, elle était remplacée. « Ma mère n'était pas possessive, dit-il curieusement : elle n'imaginait pas que je puisse quitter la maison. Que j'aie un grand nombre de copines me laissait disponible pour elle. Elle n'avait rien à craindre. »

Mais elle se méfiait et n'éprouvait aucun scrupule à intercepter le courrier.

« Elle voulait savoir où j'en étais avec telle ou telle. Elle vivait mes histoires. Un jour, elle apprit, en parcourant une lettre, qu'une ex voulait "reprendre". Mais l'ex lui déplaisait : elle déchira sa lettre. À l'époque, j'étais avec une fille qu'elle appréciait : elle ne voulait pas d'élément perturbateur. »

Cette femme ne vécut pas trop mal le départ de son fils pour les États-Unis : ce n'est pas elle qu'il fuyait. Père d'un enfant qu'il n'avait pas voulu, détaché de la « copine » qu'il avait épousée « par correction », il prenait le large pour quelques mois. Sa mère s'occupa du bébé, mais, privée des jeux amoureux de son fils et de l'excitation qu'ils lui procuraient, elle ne tarda pas à s'étioler.

Pas de « jardin secret »

Il n'y a d'emprise efficace qu'éclairée. Rien n'est plus pénible à une mère que le secret dont, à l'adolescence, et parfois bien avant, tant de jeunes s'entourent pour se protéger. Rien n'est moins supportable, surtout si leur conduite respecte les normes familiales, que leur silence, leurs dérobades, cette obstination à en dire le moins possible. Comme s'ils pressentaient qu'il n'y a pas d'égalité possible dans la relation parents/enfants, que toute confidence les expose et risque de se retourner contre eux, qu'à avancer à visage découvert, à cœur ouvert, tôt ou tard, ils seront piégés. Ils avancent donc masqués.

Bien des mères s'en offusquent et s'efforcent de faire tomber le masque. Ou de lire au travers. Les plus maladroites, ou les plus cruelles, par des regards insistants, des questions répétées, ou déplacées :

« Ma mère voulait lire au fond de moi, dit Valérie. Je sentais son regard vissé dans le mien. Si je refusais de répondre, il me taraudait. Un jour, elle a explosé : "Mais enfin, tu es qui ? le diable ? Je ne te connais pas. C'est pire que si je vivais avec une étrangère." »

Maryse, qui a de petits yeux noirs et vifs, joue de toutes les ressources de son regard :

« Quand mon fils revient de l'école, ou quand je veux savoir où il en est, s'il me cache quelque chose, je n'ai pas besoin de poser des questions. Il suffit que je le regarde. Le fixe. Le scrute. Le vrille. Sans le moindre sourire. Et aussi longtemps qu'il se tait. J'observe comment, peu à peu, il perd pied, se trouble, tente de résister, puis craque. Oui, il a eu une mauvaise note en maths, oui, il a cassé sa montre ou s'est battu avec un copain. Un jour, j'ai remarqué qu'il manquait 20 F dans le portemonnaie que j'avais oublié à la cuisine ; je l'ai appelé, lui ai dit simplement : “Regarde-moi... Non, ne détourne pas les yeux.” Un instant après, il sortait de sa poche les pièces volées... Je lis en lui comme dans un livre ouvert. »

Une fouille systématique

À quinze ans, le livre, d’ordinaire, s’est refermé. Si les questions restent sans réponse, si les regards ne percent aucun mystère, bien des mères ne se découragent pas et, comme celle de Jean-Marie, contournent l’obstacle en allant tout droit aux sources d’information : poches, sacs, classeurs, tiroirs, placards — elles fouillent. Ouvrent les lettres, et les recollent. Ou les referment. Défroissent de vieux papiers. Cherchent dans les pages des livres.

Sur leur indiscrétion, sur leur obsession de savoir, pour garder ou accroître leur pouvoir, les témoignages abondent. Presque tous les interviewés, pendant leur adolescence, ont eu à subir une douane tatillonne.

« Ma mère fouillait dans ma corbeille à papier, dit Valérie. J’étais désordonnée, mais je savais bien dans quel état je l’avais laissée. Au retour du lycée, je constatais qu’elle avait été inspectée. » « Ma mère fouillait dans les poches de mes vestes, dit Catherine ; parfois, je laissais exprès un prospectus chiffonné, le lendemain, il avait disparu. »

« Jusqu’à mon mariage, dit Béatrice, ma mère me remettait ouvertes les lettres que je recevais. Et elle ne se gênait pas pour les commenter. C’était un viol. Je n’osais pas protester. »

Quand Noëlle (23 ans) reçoit sa mère, elle prend soin de faire le vide sur son bureau : « Un jour, de la cuisine où je préparais le thé, je l'ai vue déplacer des papiers, s'attarder sur la lettre d'un ami. À un moment, elle a senti que je m'en rendais compte. Par chance pour elle, une facture de France Télécom traînait sur la table : "Je vois que tes notes de téléphone sont élevées, dit-elle. Si tu as besoin d'une aide, ne te gêne pas : je suis là." »

Jean-Claude cachait dans un dictionnaire grec quelques préservatifs : « J'avais choisi ce dico parce qu'il n'y avait aucune raison que ma mère le prenne : elle ne s'intéresse qu'à l'anglais. » Un jour, elle voulut sans doute enrichir ses connaissances : quand son fils (18 ans) revint du lycée, il trouva sur sa table, coupés en petits morceaux, une dizaine de préservatifs. « J'ai eu droit à une vraie scène de jalousie : "Comment, tu me fais ça, à moi ?" Elle criait, sanglotait. "Moi qui croyais que tu étais pur !" » Excédé par ces scènes, Jean-Claude s'installa chez un copain.

Sonder les reins et les cœurs : la tentation est si forte que, très souvent, une femme qui a souffert de la curiosité malsaine de sa mère ne parvient pas à maîtriser la sienne :

« Philippe (19 ans) conserve toutes ses lettres dans un étui à violon, dit Mme C. Une fois, en faisant le ménage, je l'ai fait tomber. Il s'est ouvert, les lettres se sont répandues sur la moquette. Je les ai rangées. Mais l'une d'elles dépassait de l'enveloppe. Je n'ai pas pu m'empêcher de parcourir les premières lignes... *Phiphi chéri*... J'ai eu très mal... Je sais que j'ai été indiscrète. Mais avec les jeunes d'aujourd'hui — la drogue, le sida — on peut tout craindre. Et comme ils ne se livrent pas... » Consciente de sa mauvaise foi, elle se reprend : « C'est vrai, je n'aurais pas dû... »

La « petite dernière »

Totale, ou s'efforçant de l'être, quand l'enfant est unique, l'emprise maternelle n'est pas moins pesante, quand ils sont nombreux. Ou bien, frères et sœurs sont également soumis à un contrôle très strict, ou bien, et cette tactique paraît plus fréquente, parce que la plus payante (les enfants ne risquent pas de former un front uni), ils subissent un régime différent. Plus souple, plus tendre pour les uns, plus rigide, parfois brutal pour les autres. Diviser pour régner : la politique familiale est souvent à l'image de l'autre.

Il arrive fréquemment qu'une mère, à son insu — elle n'est pas machiavélique, elle est humaine, simplement —, investisse davantage dans l'un de ses enfants. Ou, plus exactement, qu'elle maîtrise l'un, ou le désarme, par sa tendresse, et tienne l'autre en respect par son indifférence, sa sécheresse ou moins d'amour.

C'est souvent le sort d'une fille, quand elle a des frères. Pour peu qu'elle soit née après eux, elle ne compte guère. Ou beaucoup moins.

« Je suis la petite dernière, dit Mina. Toute mon enfance, il n'y en a eu que pour mes deux frères.

Ma mère les admirait, les donnait en exemple. Moi, elle m'ignorait. À table, je devais me taire. Quand je rentrais de l'école, elle me demandait mon carnet de notes sur le même ton qu'un flic facho demande ses papiers à un immigré.

Le dimanche, je restais dans ma chambre, je lisais. Les autres occupaient bruyamment le salon, parlaient fort, ou regardaient un match à la télé, qu'ils "mettaient" au maximum. Je n'avais pas le droit de protester. D'ailleurs, j'avais tellement peur de me faire rembarrer que l'idée ne m'en venait pas. »

Adolescente, Mina ne se révolte pas. Ou à peine, en sourdine. Chargée de promener les enfants du frère aîné, elle renâcle, ou s'exécute à contrecœur. Comme elle proteste à peine, quand sa mère la charge, à la fin d'un repas dominical auquel elle n'a pas pris part, de laver la vaisselle. « Peut-être serais-je devenue une parfaite Cendrillon, si un jour... »

Feuilletant le livret de famille de ses parents, elle s'aperçoit qu'elle ne porte pas exactement le même nom. Ou plutôt qu'il manque, sur ses papiers, une partie de leur nom : « D'origine espagnole, mon père s'appelait José Marti de Gonzalès. Moi, Mina Marti. *Gonzalès* avait sauté. Quand j'ai demandé pourquoi, ma mère m'a répondu qu'en me déclarant mon père avait dû l'oublier. Ou que l'employé de mairie n'avait pas compris. Et que ce n'était pas grave. »

Mina en juge autrement. Et exige de récupérer la totalité de son nom. Furieuse, sa mère prend sa carte d'identité, un feutre noir, et écrit, en grosses lettres, GONZALÈS.

« Le lendemain, j'ai pris mes affaires et je me suis installée chez une tante. Il m'a fallu deux ans de démarches administratives pour retrouver mon nom. Contente de s'être débarrassée de moi, ma mère ne m'a pas réclamée : “À 19 ans, me dit-elle au téléphone, on se débrouille toute seule.” Le peu d'affection qu'elle avait investie en moi, elle le reporta sur mes frères. Le jour où le cadet lui annonça son mariage, elle fut désespérée. Il lui promit de s'installer dans le même quartier : il habite l'immeuble voisin... »

Deux poids, deux mesures

Il semble très difficile — impossible ? — de donner à tous ses enfants une égale tendresse. Même quand ils ne sont que deux. Et même si ce sont des filles.

Zoé eut la chance d'être la première. Sa mère crut qu'elle était la dernière, et elle l'aima. Deux ans plus tard, une seconde s'annonça : catholique pratiquante, elle refusa d'avorter. Mais ne poussa pas la charité jusqu'à l'aimer : elle la confia trois ans à une nourrice, puis la reprit. Et chargea Zoé de s'en occuper.

« Je chérissais ma petite sœur. Mais sentait-elle que maman la tolérait tout juste, ou même l'ignorait ? Elle faisait tout pour qu'on la remarque : elle pleurait très fort à la moindre réprimande, se réveillait la nuit, appelait sa mère et la “braquait” davantage : elle voulait des câlins, elle recevait des coups. C'est la grande blessure de mon enfance. Je vois encore ma mère lever le bras et lui flanquer une paire de gifles magistrales, parce qu'elle séchait sur un problème de robinet. Je ne supportais pas cette violence, je suppliais maman d'arrêter. Mes larmes la touchaient, elle essayait de me consoler. Puis c'était moi — pas elle — qui consolais ma sœur. »

Corinne s'émeut encore, quand elle se rappelle l'injuste traitement dont elle fut longtemps victime. Non que sa mère ne l'aimât pas : elle l'aimait moins que sa sœur. Brune, maigre, introvertie, elle ne la gratifiait pas : « Suzanne était blonde, elle avait les yeux bleus, c'était la jolie, la mignonne. Moi, j'étais le vilain petit canard, on m'appelait *la Sauvage*. “T'as intérêt à bien travailler, me disait ma mère, sinon personne ne voudra de toi.” Et à Suzanne : “Si tu rates l'école, ça ne fait rien. Jolie comme tu es, tu trouveras toujours un homme pour s'occuper de toi.”

À l'adolescence, quand des garçons ont commencé à me draguer, je les ai envoyés promener. Ou ils sont aveugles, me disais-je, ou ils sont prêts à sauter la première venue. Il n'y a qu'un nul pour s'intéresser à moi. »

Il fallut à Corinne quelques années, et une psychothérapie, pour reprendre confiance en elle.

Qu'elles décident du look de leurs enfants et tiennent davantage compte de leurs propres goûts que des leurs, qu'elles s'immiscent dans leurs fréquentations, jouent les censeurs, interviennent, insidieusement ou brutalement, dans leur vie amoureuse, il n'est pas de mères qui, d'une façon ou d'une autre, n'abusent de leur pouvoir et, sous les prétextes les plus « respectables », ne confondent souvent *éducation*, *dressage*, *flicage*.

Mais si aucune n'échappe à la pulsion d'emprise, elles ne s'y abandonnent pas toutes de la même manière. Chacune a son style. De la sécheresse adjudantesque à la tendresse asphyxiante, en passant par un dirigisme mou et parfois honteux, il y a place pour les profils les plus variés.

V

D'UNE MÈRE L'AUTRE

1

UN AUTORITARISME AVEUGLE

Il est des mères discrètes : l'enfant ne les voit pas, ou presque. Elles partent tôt, rentrent tard. Pourtant, leur emprise n'en est pas moins redoutable.

Partagé entre la tristesse (maman n'est pas là), le désir de lui plaire davantage (si je suis gentil, elle sera peut-être plus présente), et la peur de la punition s'il déroge à l'ordre imposé, l'enfant se conduit « bien ». À quoi bon le tarabuster ?

Yvette, ou la mère-adjudant

Ainsi, la mère de Blandine pouvait-elle vaquer tranquillement à ses affaires. Elle gérait, avec son mari (qui lui était totalement soumis), une entreprise de menuiserie, et son travail la passionnait : il n'était pas question que « la petite » l'en détournât.

« Maman, c'était la reine des neiges, dit Blandine. Je ne la voyais presque jamais. Quand je pense à mon enfance, c'est cela qui me revient : un sentiment d'absence, d'abandon. À la sortie des classes, mes copines retrouvaient leur mère ; moi, je rentrais seule. Parfois, le matin, maman me disait qu'elle viendrait. Toute la journée, j'y pensais avec plaisir, mais quand je sortais elle n'était jamais là. Elle arrivait toujours très en retard et me disait, sans jamais m'embrasser : "Ma pauvre petite, je t'ai complètement oubliée !" Sur le chemin du retour, j'avais faim. Mes copines, elles, avaient droit à un pain au chocolat. Ma mère ne préparait rien : elle n'y pensait pas. »

Pour forcer son attention, Blandine travaillait très bien. Quand elle lui montrait son carnet, rempli de bonnes notes et d'éloges, elle y jetait à peine un œil, disait « oui, oui, ce n'est pas mal », le signait, et retournait à ses livres de comptes, ses factures, ses dossiers.

Les maladies de sa fille l'agaçaient : elles perturbaient son emploi du temps. « Je faisais des rhino-pharyngites à répétition. C'était ma façon de me plaindre. De dire mon abandon. Et de tirer maman par la manche pour lui dire : "Je suis là." » Peine perdue : froide d'ordinaire, sa mère s'énervait et l'accablait de reproches. L'emmener chez le médecin lui faisait perdre du temps : son cabinet se trouvait pourtant à dix minutes de la maison.

Enfant sage, Blandine fut une adolescente soumise et solitaire. Il n'était pas question qu'elle invite chez elle des copines, et encore moins des copains : ils auraient dérangé. « Et puis, la maison était froide. Sans âme. Ça ne donnait pas envie de recevoir. » D'ailleurs sa mère lui avait rappelé que « ce n'était pas un hôtel ». Qu'elle ne supporterait pas un défilé de garçons. Qu'à la rigueur elle accepterait d'en voir un : celui qu'elle épouserait.

À 18 ans, Blandine quitte sa province, et sa famille, pour entrer en khâgne à Henri-IV. « Mon départ ne fut vraiment pas un drame ! Je crois que maman était très soulagée. »

Malgré tout, elle n'en continue pas moins, tous les deux ou trois mois, de rendre visite à ses parents, toujours aussi lointains, aussi froids, aussi indifférents : son succès à l'agrégation est passé inaperçu.

« C'est absurde, mais si je ne vais pas les voir, je me sens coupable. Et quand je les vois, je me demande pourquoi je suis venue : au bout d'une demi-heure, on s'est tout dit. Comme autrefois, ma mère ne me pose jamais de questions sur ma vie, mes projets, mes états d'âme. On parle du temps, de l'entreprise, des voisins. De moi, jamais.

Par exemple, elle ne m'a jamais demandé si j'avais un ami. Si je comptais un jour me marier et avoir des enfants. Et j'ai déjà 31 ans. Parfois je me dis qu'ils ne savent pas qui je suis.

Ça ne les intéresse pas. Ils ont eu des enfants, comme tout le monde, parce qu'il faut en avoir : ça fait partie de la vie. Matériellement, je n'ai rien à leur reprocher. Mais l'autoritarisme glacial de ma mère, ce pouvoir qu'elle a exercé sur moi, sans qu'aucune marque d'affection ne l'adoucisse, cela m'a profondément marquée. Et handicapée. »

S'imaginant qu'elle était « nulle », « pas aimable » (ses liaisons ne duraient guère) et en souffrant, Blandine a commencé, il y a trois ans, une psychothérapie. Certes, elle réussit bien dans son travail, mais justement... « Je me dis : je fais comme ma mère, j'investis tout dans mon boulot.

Ça effraie mes copines. "T'es dans le trip de la femme parfaite", disent-elles. Ça, c'est insupportable, et je déprime. »

Comme elle déprime de ne pas pouvoir combler, pour l'instant, les manques de son enfance : « Par moments, j'ai l'angoisse du vide. Plus rien n'a de sens. Quand je m'attache à un garçon, j'ai tellement peur qu'il ne m'aime pas que j'aime pour deux : j'ai tendance à l'étouffer. Ma mère est une cérébrale, moi, je suis une sentimentale, et cela fait peur aux hommes. J'essaie donc d'être plus réservée, j'extériorise moins, à la limite je parais froide ou détachée. Comme ma mère. Elle m'a complètement piégée. »

Pour être moins perceptible, cette forme d'emprise est peut-être plus redoutable que les autres car elle ne laisse guère de place à la révolte. L'enfant n'a rien à reprocher à sa mère : elle ne crie pas outre mesure, ne frappe pas, ou à peine, ne fouille pas (« Elle n'avait pas le temps », dit Blandine), elle n'est pas là à répéter ce qu'il faut faire ou ne pas faire : elle l'a dit, une fois pour toutes.

Elle est merveilleusement absente. Et, en même temps, terriblement présente : l'enfant vit sous son regard, sous sa loi. Souvent convaincu qu'il n'est pas assez aimable, puisqu'il ne se sent pas assez aimé, il tend encore plus à se conformer à son désir. Il ne désobéit pas, ou à peine (« Je suis rarement sortie en cachette, dit Blandine, j'avais trop peur de déplaire »), et s'efforce de ressembler au modèle qu'on lui propose. Et comme il constate que, quoi qu'il fasse, il n'est pas plus aimé, il souffre d'une culpabilité qui risque de le ronger longtemps.

À voir le nombre impressionnant d'hommes et de femmes qui ont peur de leur ombre, se taisent quand ils ne sont pas d'accord et s'abritent derrière un *chacun a ses opinions*, plient l'échine, on se dit que, pour avoir si peu confiance en eux, ils ont dû être bien peu aimés.

Contrairement au discours convenu sur la quasi-universalité de l'amour maternel, sa générosité, ses débordements, cet amour paraît souvent très chichement mesuré. Avaricieusement accordé. Parcimonieusement distribué. Comme si beaucoup de femmes avaient mieux à faire : impatientes, vite énervées, elles « fonctionnent » plus au diktat qu'à la tendresse. À la dureté qu'à la douceur. Et sont moins à l'écoute de l'enfant qu'il n'est à l'affût de leurs désirs.

« Ma mère était autoritaire » : cent fois, au cours de cette enquête, ce propos est revenu comme un refrain. L'autoritarisme sans tendresse, ou à peine mâtiné de tendresse, c'est la façon la plus simple, en effet, de tenir l'enfant à distance, de restreindre la gêne que provoque sa présence, c'est la façon la plus économique de le neutraliser. Ainsi procède-t-on dans l'armée, dont la discipline, comme on sait, est la force principale. Elle fait aussi celle des familles, dont plus d'une est à l'enfant ce que la caserne est au soldat.

Clémence, ou l'œil de la patronne

Comment ne pas songer à l'ordre militaire en écoutant Mircillc évoqucr son enfance ?

La mère de Mireille, Clémence, montait la garde au fond de sa boutique. Haut perchée sur un tabouret, elle tenait la caisse — et bien plus : au-delà des clients, son regard embrassait la rue et, par les glaces encastrées de chaque côté de l'entrée, il balayait quelques centaines de mètres, sur la gauche et sur la droite. C'était assez pour remarquer si Mireille, en sortant du lycée, se hâtait de regagner la maison, ou si elle traînait encore avec des copines et des copains.

« Maman en garde-chiourme, c'est quasiment le seul souvenir que j'aie gardé de mon enfance. Malgré une analyse de cinq ans, presque rien n'est "remonté". Quelques bribes sans plus, des souvenirs d'odeurs, de lieux. De moi petite avec mes parents, rien. Peut-être le rappel aurait-il été trop douloureux. Reste cette image de maman, qui me guette... »

Sitôt les cours terminés, Mireille devait rentrer sans s'attarder. Impossible de tricher : sa mère avait demandé au censeur l'emploi du temps. Elle l'avait sous les yeux, en permanence.

« Pour gagner l'appartement, je devais passer devant la caisse. Même quand j'étais à l'heure, j'avais peur. Maman avait une façon de me scruter qui me glaçait. Sans rien dire, elle avançait la main : je devais chaque jour lui présenter mon carnet de notes. Quand elles étaient bonnes, elle les lisait à voix haute devant les clients : j'étais terriblement gênée. Sinon, j'avais droit, après la fermeture, à des reproches et des menaces : "Je me lève à 5 heures, prépare les fromages, nettoie les étals, je trime quinze heures par jour, et voilà ce que tu me rapportes ? Tu n'as pas honte ? Si tu ne changes pas, fini le lycée, adieu la fac, je te mets en apprentissage, tu seras coiffeuse !" »

Interdite de sortie jusqu'à ses 18 ans, Mireille, pour s'aérer, s'inscrit à des cours du soir :

« Quand il s'agissait d'études, ma mère était d'accord. Je lui en suis reconnaissante. Mais était-il nécessaire qu'elle vérifie que ce n'était pas un prétexte, que j'étais bien inscrite et assidue ? Était-il indispensable qu'elle attende mon retour, à 22 heures ? Cette surveillance me pesait horriblement. La seule liberté que je m'octroyais, c'était la nuit, quand enfin elle dormait : je lisais jusqu'à 2 heures du matin, je me sentais seule au monde, hors contrôle, c'était merveilleux. »

En 1992, à 19 ans, Mireille, qui préparait Sciences po, a quitté sa famille.

Aujourd'hui, elle rend parfois visite à sa mère, qui n'a pas changé : « "Et ton travail ?" C'est la seule question qu'elle me pose. Le reste ne l'intéresse pas. Et l'âge ne l'a pas rendue plus tendre : un petit baiser sec, à l'arrivée et au départ, c'est tout.

En la regardant, un jour, toute cassée, les mains abîmées par un demi-siècle de labeur, j'ai été émue et me suis approchée pour la serrer dans mes bras : "Mais qu'est-ce qui te prend ? Tu ne vas pas donner dans la mièvrerie, maintenant ?" Et, pour m'ôter toute envie de m'attendrir, elle se mit à feuilleter un magazine. "Tu veux le journal ?" me demanda-t-elle, tandis que je retenais mes larmes à grand-peine. »

Armande, une femme d'ordre

Quel étourdi, ou quel mystificateur, a prétendu que dans un malheur extrême on appelle toujours sa mère ? « Celle de ses rêves, peut-être, dit Odette. La mienne, c'est bien la dernière personne que je solliciterais. »

Pourtant, Armande n'a rien de « monstrueux », elle est même « très ordinaire, très banale » : femme au foyer, elle s'est toujours occupée de son intérieur, qui mobilise toute son énergie. Mieux : sa passion. « Maman est excessivement maniaque. C'est une obsédée de l'ordre et du ménage. Chez elle, tout doit être propre, réglo, à sa place. Les objets, bien sûr, qu'elle astique, frotte, époussette du matin au soir. Et, autrefois, ses enfants. »

Odette et son frère (de deux ans son cadet) allaient à l'école bien habillés, toujours très soignés. Ils se sentaient bien en classe : « C'était notre seule distraction. » En rentrant, ils regagnaient leur chambre. Ils se seraient volontiers installés au salon ou au jardin. Il n'en était pas question : le salon, ils l'auraient mis en désordre, avec leurs jouets, leurs albums, leurs crayons de couleur, et du jardin, ils seraient rentrés les chaussures sales, pleines de terre ou de sable. Ils attendaient donc dans leur chambre l'heure du dîner, puis, sagement, allaient se coucher.

Le dimanche, ils auraient bien aimé recevoir quelques camarades : c'était exclu. On ne sait jamais qui on introduit chez soi, et puis, deux ou trois gamins, ça crée du désordre, ça salit, ça change les choses de place. « Et maman avait le culte des objets : y toucher était un sacrilège. Même mon père, qui passait son temps à bricoler au garage, quand il ne "courait" pas, n'avait pas le droit de les approcher : "Fais attention, criait ma mère, tu vas tout casser !" »

La maison restait donc close : aucun étranger n'y pénétrait. « D'ailleurs, on aurait hésité à inviter des copains. Chez nous, tout était trop froid, trop figé. Un cimetière. Ou, plutôt, un musée. De ses voyages — il avait été capitaine dans la marine marchande — mon père avait rapporté toutes sortes d'objets : masques africains, statuettes chinoises, poteries du Maghreb, un bouddha, des poupées, qui décoraient les murs. La maison baignait dans le passé, elle somnolait dans les souvenirs. La vie en était quasiment absente. Je suis sûre qu'un étranger aurait été mal à l'aise.

Même aujourd'hui, une visite poserait problème. Un inconnu, ce serait une affaire d'État pour mes parents : ils seraient inquiets, aux aguets, sur le qui-vive. Par principe, tout ce qui vient de l'extérieur est suspect. Pollue. »

Bien traitée matériellement, « brossée, peignée, soignée comme une poupée japonaise », Odette n'avait apparemment aucune raison de se plaindre : à sa place à l'école et dans sa chambre, comme les bibelots sur les guéridons et les plantes vertes sur le rebord des fenêtres, elle se conformait au désir de sa mère, qui, somme toute, l'aimait bien. Ou comme elle pouvait : « Elle était contente d'avoir des enfants. Ils faisaient partie de son plan de vie. Mais justement, elle les *avait*, comme elle avait des meubles. Qu'ils aient d'autres besoins qu'un buffet ou un service de table ne lui venait guère à l'esprit. »

Elle ne s'intéressait qu'à leur travail. Ou, plutôt, à leurs notes. Elles étaient bonnes. Il n'y avait rien à redire, et elle ne disait rien. Elle ne les grondait pas, elle ne les frappait pas. Il ne leur manquait rien : elle en était convaincue. De la tendresse, un mot gentil, un compliment, un peu de curiosité pour ce qu'ils pensaient, ressentaient ? C'était, pour cette femme, hors sujet.

« Maman n'était pas méchante : elle était sèche. Quand j'étais petite, elle avait horreur que je monte sur ses genoux. Aussitôt, elle me posait à terre : "Tu vas me salir." Quand je l'embrassais, elle s'essuyait la bouche. Elle-même ne m'embrassait que sur le front. Le plus légèrement qu'elle pouvait... Non, elle ne m'a donné aucune éducation sexuelle : elle devait compter sur mes copines. Tout ce qui touchait au sexe était tabou. Et tout ce qui relevait de la psychologie, ou de la "vie intérieure", inexistant. Ou complètement "barré". Elle avait une amie qui, de temps à autre, lui téléphonait pour s'épancher : "Si elle s'occupait un peu plus de son ménage, disait-elle, elle n'aurait pas ces idées noires." »

Odette en avait. De plus en plus souvent : dans cet univers lisse comme un parquet ciré, qu'aucun éclat de joie, ou de colère, n'animait, elle étouffait.

« Jusqu'à 17 ans, j'ai vécu dans les livres. C'étaient mes amis, mes confidents. À 18 ans, j'ai eu envie de connaître le monde. »

Sa mère n'y trouva rien à redire. Au contraire : les études étaient au programme. Elle approuva donc qu'Odette partît à Lyon, à 150 km de leur village, et suivît les cours de la fac. « Cela aussi, c'était dans l'ordre : de nos jours, une fille fait des études, comme autrefois elle faisait de la broderie — après quoi, elle devient fonctionnaire, se marie, a des enfants. Ainsi raisonnait ma mère. Convaincue que j'exécuterais son plan, elle me laissa tranquille. » Ni coups de fil ni visites surprises : « la petite » était bien partie.

Mais, en cours de route, elle change de direction. À Lyon, elle se fait des ami(e)s, fréquente les théâtres et les cinémas, a son premier amour et, au lieu de s'inscrire en droit, comme cela allait de soi pour sa mère, suit des cours de marketing : « La communication, la publicité m'intéressaient. J'avais besoin de sortir de moi, d'être en contact avec les autres. » Prudente, elle ne prévient pas sa mère et attend d'avoir son premier emploi pour l'informer du cours nouveau de sa vie.

« Si je lui avais dit que je faisais le trottoir au bord du Rhône, sa réaction n'aurait pas été pire. Cette femme si calme, à la voix neutre, parfois à peine audible, explosa. Elle cria que j'étais ingrate, que j'avais tout gâché, que je ruinais tous ses espoirs. J'étais sortie de la case où elle m'avait placée, elle ne le supportait pas. Comme elle n'aurait pas supporté que le bouddha, qui trône dans le salon, se retrouvât, par quelque facétie, sur une étagère des toilettes. »

Dix ans plus tard, elle s'est à peine remise du « cataclysme » qui a bouleversé sa vie. Sans doute, elle ne reproche plus à sa fille de travailler, comme responsable du service de presse dans une grande maison d'édition, ni de s'être installée à Paris : elle s'est résignée à son malheur. Mais, à demi :

« Chaque fois que je vais la voir — pour les fêtes, son anniversaire —, elle me fait des remarques désobligeantes : On n'a pas idée de porter une minijupe et de montrer ses cuisses, pourquoi pas ses fesses ? Ou bien, est-on un homme pour se promener en pantalon ? Et qu'est-ce que cette coiffure ? Ce maquillage ? »

Sachant que sa fille, comme toute femme qui n'a plus 20 ans, est sensible à son âge, elle la « titille » à son point sensible. Sans élever la voix, et comme si, très sincèrement, elle avait à cœur son bonheur, elle fait mine de s'inquiéter : « Tu ne songes pas à te marier ? À 37 ans, il serait temps. Tu es presque trop vieille pour avoir un enfant... Mais la question se pose-t-elle ? Tu as si mauvais caractère qu'il te sera difficile de retenir un homme. Sais-tu seulement faire la cuisine ? »

Se marier ? Odette n'y songe pas. Même une liaison qui dure « un peu trop » lui fait peur : elle craint de se retrouver prisonnière. Comme autrefois. Elle a envie d'être aimée, et le redoute : « La plupart des hommes ont une mentalité de propriétaires. » Ou bien est-elle incapable de se détacher du modèle maternel et de s'attacher à des hommes qui ne le rappellent pas ? « Ceux que j'ai connus n'étaient pas très affectueux, pas très aimants, assez égoïstes. Comme maman. Je m'efforçais donc d'être très gentille, très appliquée, pour qu'on m'aime. Exactement comme lorsque j'étais petite fille. »

Lucide, un peu amère, mais décidément « très gentille », Odette n'adresse aucun reproche à sa mère : elle constate simplement que, sur bien des points, elle l'a « piégée », ou tellement marquée, qu'il lui est quasiment impossible de s'en libérer totalement.

Elle ne regrette pas le goût du travail qu'elle lui a donné, mais elle déplore d'avoir hérité de sa manie de l'ordre — en s'installant au café, elle a soigneusement disposé, sur la table, son paquet de cigarettes, son briquet, son sac, exactement comme elle disposait, sur son petit bureau, ses cahiers et ses crayons — et elle se plaint, surtout, de son incapacité à *dire*.

N'ayant jamais parlé d'elle-même, de ses angoisses, de ses peines, elle ne sait pas : « Quand ça ne va plus avec un amant, je suis incapable de m'expliquer. Je lui dis : "Voilà, je m'en vais, c'est fini." C'est pareil avec des amis : tout à coup, je disparais. Me sauver, je sais. C'est une espèce de sauvegarde. »

Mais elle ne sait pas, ou ne peut pas, refuser à ses parents de s'installer chez elle quand, une ou deux fois l'an, ils viennent à Paris. Si son père ne la gêne pas trop (à 70 ans, il « galope » encore), la présence de sa mère lui est insupportable : elle se croit chez elle et, comme chez elle, passe ses journées à s'occuper des meubles :

« Un soir, en rentrant du travail, j'ai été effarée :

elle les avait tous changés de place. J'ai fait une telle scène qu'elle n'ose plus. Mais, au téléphone, elle n'est pas avare de commentaires : telle lampe est affreuse, je devrais remplacer la baignoire, "un sabot, ce n'est pas confortable"... Ma résistance ne l'ébranle pas : elle ne se critique jamais. "J'ai été trop gentille avec vous", dit-elle en soupirant. Elle est restée ce qu'elle était. Et je suis devenue, en partie, ce qu'elle est. N'est-ce pas dans l'ordre des choses ? »

Sans doute. Mais cet ordre est plus ou moins rigide, ses victimes, plus ou moins armées pour y résister. Si Odette a pu en partie s'y soustraire — elle a quitté ses parents, elle a « sa vie » —, son frère, lui, le subit intégralement : ses tentatives d'émancipation, jusqu'à présent, ont échoué.

Après le départ d'Odette, il resta encore trois ans chez ses parents. Privé de sa sœur, avec laquelle, gamin, il formait presque un couple, il essaya de secouer le joug maternel et fit quelques fugues. Puis prépara un BTS dans un lycée voisin et, à 21 ans, crut se libérer en se mariant :

« Mais avec quelle femme ! dit Odette. Un vrai démon. Pire que maman. Il ne peut faire un pas sans elle, elle s'accroche à lui comme une moule à son rocher, le surveille, lui demande sans cesse des comptes : "Où vas-tu ? Pourquoi es-tu en retard ?" Elle jalouse ceux qui l'approchent, et il est rare que nous puissions dîner ensemble. Elle me déteste, mais l'accompagne. "Je vais la quitter", dit-il régulièrement. Et il reste. Maman l'a castré. C'est fréquent, non ? »

Des mères comme celles de Blandine, d'Odette et de Mireille n'ont rien d'exceptionnel : elles sont légion.

Aiment-elles leurs enfants ? Peut-être, mais à leur façon : elles ne le montrent pas. Ou elles le montrent autrement : par le dirigisme dur qu'elles leur imposent. Un dirigisme sans tendresse, sec comme un oued en plein été. Un dirigisme qui ne tient aucun compte des attentes de l'enfant, de son besoin de chaleur et d'intimité. Qui ne lui laisse aucune initiative, entrave son ouverture à l'autre, ne permet aucune fantaisie. Ne laisse pas respirer.

Elles ne se désintéressent pas, loin de là : elles sont lourdement présentes. Elles tiennent à ce qu'il « réussisse » mais, loin de procéder de façon telle qu'il ait envie de réussir, elles lui imposent, clés en main, leur projet. Comme le FMI impose ses normes à l'Afrique : l'enfant est leur tiers-monde.

Mais leurs normes sont plus vagues que celles des bailleurs de fonds : les méthodes de développement, les lieux d'investissement ne les préoccupent guère — elles ne s'attachent qu'aux résultats : aux notes. Elles ne coopèrent pas, elles jugent. Affectivement, intellectuellement, elles restent extérieures à l'enfant et le tiennent à distance. Elles l'élèvent, finalement, comme on dresse un chiot. À cette différence près que, si le chiot reçoit une caresse lorsqu'il réagit correctement, elles s'abstiennent, le plus souvent, de le récompenser : ce n'est jamais assez bien.

Il arrive que l'enfant, même s'il en souffre,

accepte ces règles du jeu, quitte, plus tard, à le payer très cher. Mais il arrive aussi qu'il s'y plie mal, ou pas assez. Ou bien que sa mère, qui ne parvient décidément pas à l'accepter, et culpabilise, « en rajoute » et s'acharne. L'autoritarisme dégénère, aux ordres succèdent les coups, au régime militaire, le régime pénitentiaire, à la caserne, la maison de correction.

Présente/absente, la mère de Blandine, qui supervisait rigoureusement, mais de loin (de son bureau de chef d'entreprise), l'éducation de sa fille, jouait le rôle, en quelque sorte, d'un général. Celle de Mireille, du haut de sa tour d'observation (sa caisse), celui d'une sentinelle. Celle d'Odette — « le règlement, c'est le règlement » —, celui d'un adjudant.

Raymonde, ou la passion du devoir

Plus rigide encore, on trouve Raymonde. Ce n'est ni un monstre ni une exception : elle n'aime pas ses enfants, elle les aime *bien*, et qui aime bien, comme on sait, châtie bien. Elle regrette un peu que la « passion du devoir » l'ait dévorée, et que ses enfants l'aient fuie. Mais quand elle évoque les années où elle les avait à charge, son sourire fait place à un rictus de haine.

Il est vrai qu'on ne commande pas à ses sentiments. Quand, à 26 ans, elle épouse Michel, qui en a 52, elle l'épouse par amour. Mais Michel, qui est veuf, a deux enfants en bas âge (3 et 4 ans). Convaincue d'avoir le cœur assez large, elle les

« prend aussi » et décide de les aimer. Comme elle a l'esprit de famille, et « très envie d'être enceinte », elle leur donne, un an après, une petite sœur.

L'année suivante, son mari meurt brutalement d'une leucémie. À 28 ans, elle se retrouve seule, avec ses trois enfants. Cessant de se jouer la comédie de la mère au grand cœur, elle découvre qu'elle en a deux de trop. C'est le début de son « calvaire » — et du leur.

« Je ne savais pas comment faire avec des enfants de 4 ans. Si on les lavait. Les embrassait. Je n'ai pas regardé dans les livres, mais je voulais faire les choses très bien. J'avais envie. C'était une affaire de devoir. Je les aimais par devoir. Au début, je croyais que ce serait simple. Mais mes tripes n'y étaient pas.

J'ai à peine fait les gestes d'une mère. À peine. Je me souviens d'un jour où je les baignais dans une bassine : en sortant, il fallait qu'ils se sèchent immédiatement et s'habillent. Ma mère, qui était près de moi, me dit alors : “Si c'était moi, je les *bigerais*” (en Anjou, *biger* veut dire *embrasser*). J'étais stupéfaite : ah bon, ça s'embrasse, quand c'est si petit que ça ? Je savais, bien sûr, mais je n'avais pas eu la genèse de ces enfants. Ils avaient été dans un autre ventre, dans d'autres bras, avec une autre mère... J'ai fait plutôt la monitrice de colonie de vacances. »

Elle n'était mère qu'avec sa fille : « Oui, avec elle, je savais les gestes, ça sortait du cœur. » Mais elle la cajolait en cachette, à l'insu des deux garçons, pour ne pas les blesser. Pourtant, ils n'étaient pas jaloux de leur sœur, « très gentils au contraire, très attachés ». Ils jouaient avec elle, lui apprenaient à marcher, à parler : « Finalement, je les retrouvais dans l'amour que tous les trois nous lui portions. Comme cela, ils récupéraient quelques miettes de la tendresse que j'avais pour elle. »

Les premières années sont assez calmes. Correctrice de manuscrits pour quelques éditeurs, Raymonde travaille chez elle et garde sa fille. À 3 ans, elle la met à la maternelle, et cette séparation, qu'elle juge nécessaire — « Il fallait bien qu'elle ait des petits camarades » —, la bouleverse : elle trouve les journées trop longues, s'impatiente, s'irrite, et comme Adèle, sa fille, revient joyeuse de l'école, elle a l'impression qu'elle lui échappe.

Elle supporte mal, également, qu'Adrien et Robert, ses « fils », se dissipent, insistent, le mercredi, pour rejoindre des camarades, reviennent parfois les habits déchirés. Complètement « désemparée » et persuadée, si elle leur laisse « la bride sur le cou », qu'ils vont « compromettre leur avenir », elle décide de « reprendre les choses en main ». S'accusant de négligence, elle se jure d'être « une mère parfaite, telle qu'[elle] l'imagine » et d'imposer à ses enfants — aux garçons surtout — la discipline la plus stricte.

C'est le début des « années noires » : « Tout fonctionnait au devoir : il fallait que, le goûter terminé, ils fassent leurs exercices, qu'ils travaillent bien, mangent à l'heure, lisent après dîner... J'ai fait preuve, avec les garçons, d'une sévérité extrême : s'ils avaient 18, ce n'était pas bien, ils auraient pu avoir 19. Ou encore : “Vous ne lisez pas seulement ce livre, vous lisez aussi celui-là. Et surtout, pas de BD !... Non, on ne regarde pas la télé. Non, on ne mange pas de chocolat maintenant, il n’est que 16 h 30, attendez 17 heures. Non, je n’achète pas de yaourts aux fruits, c’est trop cher”... J’avais été élevée pauvrement, durement : tout cela ressortait. » Et ressortait d’autant plus qu’elle n’avait pas de raison particulière d’être tendre...

Ce n’était donc pas la « fête ». Les jours de congé, on travaillait, on lisait, on n’invitait pas de petits camarades, « il n’y avait pas de place pour l’amusement ». Adèle, sans doute, avait la permission de recevoir une ou deux copines — « les filles, c’est plus sage » — mais elle n’en profitait pas. Solidaire de ses frères, elle se soumettait volontairement à la discipline imposée et tenait à partager leurs corvées, comme les réprimandes :

« Je n’étais pas exigeante avec elle, mais c’était tout comme. Quand je disais aux garçons de se laver, de mettre la table ou leur serviette autour du cou, elle faisait comme eux. Quand je les grondais, elle se sentait grondée, pleurait, boudait. Ça me désolait. »

Du coup, Raymonde était encore plus agressive avec ses beaux-fils. Perdant patience, et toute retenue, elle criait. Hurlait. « Gueulait » — « si, si, c’est le mot ». Pendant des années, répète-t-elle, « j’ai crié jusqu’à en perdre la voix. J’ai même fait pire. » Des fessées ? « Oui — mais Adèle n’en a jamais reçu — et plus que des fessées : des coups. Parfois, les traces ne partaient pas tout de suite.

J'avais peur qu'à l'école on ne les remarque. Ces jours-là, s'ils avaient gymnastique, je leur interdisais de se mettre en short, et leur donnais un mot d'excuse. »

Raymonde évoque calmement ses « excès ». Si elle les regrette, c'est « avec la tête, intellectuellement : je sais bien que ce n'était pas de la bonne pédagogie », mais son cœur ne suit pas : « Ma haine pour les hommes est telle... À 10 ans, j'ai été violée par mon père. Inconsciemment, j'ai dû me venger sur ces garçons. Ils n'y sont pour rien, les pauvres. Encore que... »

Nullement brisés par la violence de leur « mère », ils s'affirmaient. Et de plus en plus : gamins, ils profitaient d'une visite pour s'échapper, quitte, en rentrant, à recevoir une rouste. À 14 ans, ils insistaient pour passer des week-ends, parfois une semaine de vacances, dans la famille de leur père, chez un oncle ou une tante : « Quand ils revenaient, c'étaient de vrais sauvages. Ils jouaient au ballon dans la salle à manger ! »

Sentant qu'elle ne maîtrise plus la situation, Raymonde les place dans une institution religieuse : ils y restent deux ans, jusqu'au bac. Puis elle décide de s'en séparer définitivement : elle leur loue un studio et, pour qu'ils ne l'accusent pas de les avoir jetés à la rue, leur fait signer une décharge : y figure la mensualité qu'elle s'engage à leur verser pendant deux ans :

« Je les ai fait partir. C'était devenu impossible : ils n'en faisaient qu'à leur tête, rentraient tard, répondaient à mes cris par des injures. J'avais peur qu'ils ne me frappent. Leur départ m'a soulagée. »

Il les a aussi partiellement réconciliés. À l'un des garçons, qui est devenu musicien, Raymonde a offert, quelques années plus tard, un piano. À son frère, étudiant en informatique, un ordinateur. Ils se voient de temps à autre, et bavardent « gentiment ». L'un d'eux aura bientôt un fils : « Ah non, s'écrie-t-elle, je ne m'en occuperai pas ! Je leur ai sacrifié ma jeunesse, j'ai assez donné. Maintenant, j'ai envie de vivre. »

Pour l'instant, quoi qu'elle dise, elle ne peut pas : elle n'a pas encore fait le deuil d'Adèle.

Privée de ses frères, seule avec sa mère, l'ex-petite fille sage s'est révoltée :

« Un soir, elle m'a fait une scène épouvantable. Hors d'elle, simplement parce que je lui demandais à quelle heure elle rentrait, elle a vidé son sac : elle en avait marre d'être fliquée. Marre de mes exigences. Marre de ma sévérité. Je n'étais pas une mère, j'étais un éteignoir. Je l'étouffais. Tôt ou tard, elle me plaquerait... Désespérée, je me suis jetée à ses pieds, lui ai demandé pardon, lui ai promis, si elle restait, qu'elle pourrait vivre comme elle l'entendait. Elle s'est dégagée brutalement et, en claquant la porte, m'a crié : "Adieu, Folcoche !" »

Le lendemain, sa mère la trouva inanimée : elle avait avalé la moitié d'un tube de somnifères. Juste ce qu'il fallait pour ne pas mourir... En quittant l'hôpital, deux jours plus tard, elle s'installa chez une amie. Et menaça sa mère, si elle se manifestait, d'avaler un tube entier. Elle avait 17 ans.

Pendant quatre ans, elle refusa de la revoir. Certifiée d'anglais, mariée — elle ne l'a pas invitée à son mariage et ne lui a pas présenté son mari —, elle passe quelquefois à la maison :

« Je me demande pourquoi, dit sa mère. Elle me parle de son travail, des élèves, parfois de politique. Jamais d'elle-même. Ni de son mari. Encore moins de moi. Ce sont des rencontres totalement impersonnelles, ça me fait énormément souffrir. D'ailleurs, je suis convaincue qu'elle vient exprès. Pour me faire mal. Me bousiller. Quand elle part, je suis brisée. Et me promets, en vain, de ne plus la voir. Mais qu'est-ce que je lui ai fait ? »

Raymonde ne comprend pas. Possessive, elle ? Mais elle ne l'a jamais forcée à quoi que ce soit, les garçons devaient faire leur lit, elle non, ils ciraient leurs chaussures, elle non, ils recevaient des coups, elle, des caresses et « plein de cadeaux ». « C'est cela qu'elle me reproche : cette différence de traitement, ces pâtisseries qu'en cachette je déposais près de son lit, ces belles petites robes que je lui achetais. Elle n'a pas supporté d'être la préférée. C'est aberrant. » Qu'elle n'ait pas supporté d'être couvée, et mise sous cloche, qu'il lui ait fallu briser cette cloche pour se libérer, qu'elle soit encore blessée par ce combat, sa mère ne le conçoit pas.

Elle le conçoit d'autant moins qu'elle a voulu lui donner ce qu'elle n'a pas reçu. À l'opposé de sa mère — « très dure, acariâtre, jalouse, méchante » —, elle l'a gavée de tendresse. D'une famille pauvre, où l'on se nourrissait surtout de pommes de terre, elle l'a bourrée de gâteaux. Seule de ses frères et sœurs à n'avoir pas fait d'études, elle l'a « poussée », comme un automobiliste inconscient

« pousse » son moteur. Et le moteur a craqué... « J'ai fait tout le contraire de ma mère, avec laquelle j'ai rompu à vingt ans, et j'arrive au même résultat ! C'est vraiment injuste ! »

Indignes, ces mères ? Elles veulent le bien de leurs enfants, elles en sont convaincues. Mais elles décident seules de ce bien — qui est généralement l'antithèse de ce qu'elles ont subi. En l'imposant, c'est elles-mêmes qu'elles tentent de réparer, c'est une autre vie qu'elles veulent se donner par procuration.

Elles y tiennent tellement que tout ce qui paraît extérieur à cette reconstruction de soi, elles le négligent, ou en donnent trop, et mal à propos, ce qui revient au même : Blandine, Mireille, Odette ont manqué de tendresse, Adèle, surnourrie, n'a pas assimilé celle de sa mère, et l'a rejetée.

L'enfant comme tel, avec ses besoins, ses capacités, ses aspirations, n'est jamais pris en compte. S'il relève la tête, s'il n'exécute pas comme prévu la mission dont il est investi, on le rappelle à l'ordre, brutalement.

Il existe ainsi toute une catégorie de mères pour qui une sévérité sans nuances ou une dureté sans failles constituent la meilleure méthode d'éducation. Mais il arrive souvent que les moyens se substituent aux fins : plus l'enfant grandit et tente de s'individualiser, plus la répression s'accroît et l'emporte sur toute autre considération. L'enfant est doublement pénalisé : il n'a pas réparé sa mère, il ne s'est pas, ou mal, construit.

2

UNE OBLIGATION DE RÉSULTAT

Donner à l'enfant toutes les chances de réussir, faire en sorte qu'il se distingue et, quoi qu'il fasse, accède à la première place, c'est la préoccupation majeure d'autres parents.

On est ici, apparemment, dans un autre cas de figure. L'enfant n'est pas condamné à la portion congrue, on ne lui demande pas de se taire et de travailler, on veut absolument qu'il « s'épanouisse », brille, surpasse ses camarades, décroche l'agreg, entre à l'ENA, gagne des médailles sur les stades et sur les pistes. On ne le tient pas à l'écart, il est au centre de toutes les sollicitudes. Il ne fonctionne pas à la peur, mais à la performance. « Toujours plus, toujours mieux » est son mot d'ordre. Ou celui de ses parents. Pourquoi se révolterait-il ? Il est toujours agréable de recevoir des lauriers.

L'ennui est qu'il ne peut en jouir. À peine en a-t-il gagné qu'on le remet en piste. Si par malheur — par fatigue ou par ennui — il rechigne, veut se détendre, suivre ses goûts et, plutôt que de s'initier au tennis, jouer au foot, il se heurte à un refus. Sa mère veille. D'elle-même, ou mandatée par son mari, elle fait en sorte, usant de séduction ou de contrainte, parfois de chantage (« Regarde tout ce qu'on fait pour toi »), qu'il s'exécute.

Car l'affaire est d'importance. Pour les parents, s'entend. L'enfant a pour mission de les gratifier. De flatter leur ego. De réaliser, à leur place, les prouesses dont ils rêvaient. D'accroître leur visibilité sociale — leur surface. L'« épanouissement » du gamin n'est qu'un leurre, ou un moyen : ce n'est pas lui qui compte.

« La performance, c'est la maltraitance. »

Qu'importe ses désirs : ceux de ses parents suffisent. Il fera de l'anglais, des maths, du judo, du cheval, de la musique... — et il aimera. L'appétit, comme on sait, vient en mangeant, et le désir, en faisant. C'est donc sans la moindre culpabilité, et en toute inconscience, qu'on lui porte préjudice. Sacrifie ses aspirations. Le surmène et le malmène. Lui impose un carcan éducatif très strict, qui ne laisse généralement pas de place au jeu, au rêve, à la fantaisie, à la gratuité. Il doit être rentable. Productif. Compétitif. Il a une obligation de résultat.

C'est la forme policée de la maltraitance. Elle sévit surtout dans les milieux aisés. Où l'on a du bien, de l'instruction et des ambitions. Où l'on forme, pour ses rejetons, les plus beaux rêves. Sans comprendre pourquoi, un jour, ces rêves tournent au cauchemar.

« La performance, c'est la maltraitance, affirme le docteur Sophie Lemerle. Il y a des gens pleins de bonnes intentions qui ne réalisent pas que leurs exigences n'ont rien à voir avec la satisfaction des besoins de l'enfant. C'est fréquent. Un père polytechnicien a du mal à accepter que son fils ne fasse pas maths spé. Une mère énarque, que Sciences po ne l'attire pas. » On fait donc en sorte que cela l'attire. Et l'on s'y prend tôt : dès la maternelle.

Infirmière puéricultrice, Mme B. reçoit tous les jours de jeunes enfants qui paient, déjà, le prix de leurs performances :

« Une mère me présente hier son gamin de 2 ans et demi : il a un problème de respiration. Lors de l'entretien, j'apprends qu'elle est anglaise, le père, français, et qu'ils l'ont inscrit — à 2 ans ! — dans une école bilingue. Quand il s'endort, ils lui mettent sous l'oreiller un petit magnétophone : "Comme cela, il apprendra encore plus vite", dit-elle. Je l'ai mise en garde contre un pareil forcing. Pendant que je parlais, l'enfant s'est détendu et a commencé à mieux respirer. Elle est revenue sur sa décision. »

D'autres forcent sur l'apprentissage de la lecture et de l'écriture. « Je vois cela tous les jours, dit le Dr Rosemonde Poinsot. Les mères leur apprennent à lire dès la maternelle. Exigent, souvent, qu'il saute une classe. Les maths ? Elles hésitent, c'est plus difficile. Le frère aîné ou le père s'en chargent, s'ils ont le temps. On est très loin du laxisme des années 70 : ce qui prédomine, aujourd'hui, c'est le désir de performance. »

« Tu aimeras les maths ! »

Déjà manifeste à la maternelle, il s'accentue à l'école primaire, au collège, au lycée. À chaque étape, la pression se fait plus forte :

« Oui, les mères *poussent*, dit Mme B. Elles ont toutes ce travers. L'une d'elles, ce matin, amène son fils de 8 ans pour des troubles du sommeil. De toute évidence, il travaille trop : deux heures le soir après dîner — il se couche à 22 h 30 et n'est qu'au CMI —, quatre heures le dimanche matin. Je lui conseille de dormir plus, travailler moins et faire du sport. "Travailler moins ? C'est exclu !" objecte la mère. Le sport ? Elle y a pensé, "c'est bon pour la santé". Elle s'est donc adressée à un club de judo, mais les horaires empiétaient sur le temps de travail — celui que l'enfant accomplit à la maison. Elle a donc renoncé. Le gamin n'a pas insisté : il était déjà tellement dans le désir de sa mère qu'il semblait incapable de s'en déprendre. Ou d'y introduire un peu de jeu. »

Victor se souvient, quarante ans plus tard, des souffrances que sa mère lui fit subir, « dans [son] intérêt », quand il était au lycée :

« J'adorais la littérature. Je ne lisais pas seulement des extraits, comme c'est l'usage, je lisais intégralement les œuvres dont on parlait en classe. J'avais d'excellentes notes en dissertation, je faisais de brillants exposés. Mais ça ne suffisait pas :

ma mère, qui avait une licence de maths, voulait que j'excelle aussi dans cette matière. Or, je détestais les maths et n'y comprenais rien : comment pouvait-on additionner des X et des Y ? Pour moi, ça faisait Z. Pire, j'étais fier de ma nullité. Les bons en maths me paraissaient étriqués, bornés, sans aucune sensibilité. Du haut de mes 18 en dissert, je les snobais. Et je n'avais aucune sympathie pour mes profs de maths, qui me le rendaient bien.

Horrifiée par ma nullité, blessée que chaque trimestre le conseil de classe s'oppose aux "félicitations", ma mère décida, en 2nde, que j'aimerais les maths : le jeudi après-midi, le samedi matin, j'en faisais quatre heures d'affilée avec un répétiteur — un étudiant à petites lunettes métalliques, presque chauve, malingre, qui ne souriait jamais. Sécher à ses côtés pendant des heures, l'irriter et m'énerver, ne recevoir que des critiques et, surtout, avoir le sentiment que je perdais mon temps, c'était un vrai supplice. »

Des singes savants

Si l'excellence scolaire est, pour la plupart des mères, une priorité, il convient, pour l'« épanouissement » de l'enfant, et leur propre standing, d'ajouter quelques cordes à son arc : deuxième ou troisième langue vivante, stages d'informatique, sport, musique, théâtre — autant d'atouts qu'il ne convient pas de négliger.

Ainsi, l'une des belles-sœurs de Mme R. (gynécologue), maître de recherches au CNRS et éprise de musique — mais elle ne joue d'aucun instrument —, a-t-elle décidé que son garçon deviendrait un brillant élève et un musicien remarqué.

Ce garçon, qui a 8 ans, est déjà en 5e et du niveau d'un élève de 4e. Dopé dès la maternelle, et même avant — « à deux ans, il n'avait pas le droit de jouer tant qu'il n'avait pas assemblé les deux cents pièces d'un puzzle » —, il excelle dans toutes les matières, mais s'ennuie : les autres, se plaint-il, ne suivent pas.

En attendant qu'ils le rattrapent, il peut donc se consacrer au piano et au violon. Où, paraît-il, il se distingue aussi : « Il se produit dans les maisons de retraite, dit Mme R. Il joue en soliste et se prend pour une vedette. »

En bonne voie, donc ? Mme R. en doute :

« Ce n'est pas un surdoué, c'est une victime de sa mère. Il fonctionne selon ses goûts et n'a pas la possibilité d'exprimer les siens, que sans doute il ignore. D'où, probablement, cette agressivité qu'il manifeste de plus en plus souvent, ces cachotteries, de plus en plus fréquentes. Sa mère l'a surpris un jour sur un terrain de foot, elle le croyait avec son maître de musique.

Cet enfant vit faux. Il est obligé de donner en permanence une image parfaite. Il est en représentation. Sa "vraie" vie, il la vit par-derrière. Le jour où il se révoltera, sa mère ne comprendra pas : "Mais je t'ai tout donné !" lui dira-t-elle. Alors qu'elle s'est donné ce garçon pour réaliser ses fantasmes.

Pas mal de mères, poursuit Mme R., se conduisent ainsi : elles croient qu'elles éduquent, elles fabriquent des singes savants. Mais elles sont plus habiles que les pères. Eux, ils comptent généralement sur leur autorité, ils en abusent et le gosse s'y soumet, par peur. Elles, elles jouent de la séduction. Et ça marche. »

« À cheval ! »

Ça marche très bien, dans l'immédiat, pour l'une de ses amies.

À 20 ans, elle faisait du cheval, puis, surchargée de travail, elle a dû arrêter. Elle ne s'en est pas remise et le regrette encore. Par chance (pour elle), elle a un gamin de 10 ans, qu'une partie de cheval amuse. Il ne demandait rien, sans doute, et, comme ses copains, s'intéressait surtout aux voitures et aux motos.

Mais quand sa mère, un jour, lui annonce qu'elle lui a acheté un poney de 60 000 F — l'un de ces poneys qu'on exhibe dans les championnats — et que chaque après-midi, après la classe, il ira s'entraîner, il a l'air content : pourquoi pas ? Ça vaut bien les autos tamponneuses de ses copains.

Tous les jours, accompagné de sa mère, il va donc au manège. Parfois, il traîne un peu les pieds ou, au bout d'une demi-heure, se prétend fatigué : manifestement, le jeu l'ennuie. Mais il aime bien sa mère, il ne veut pas lui faire de peine, et, quand elle lui dit, avec son sourire le plus tendre, « ça me ferait tellement plaisir, si tu devenais un bon cavalier », il oublie sa fatigue, éperonne le poney et fait encore quelques tours.

« C'est très valorisant pour une mère de se dire que ce gamin qui saute des barres avec son poney, c'est *son* gamin, dit Mme R. Mais, pour lui, c'est très dangereux. Ses parents ont tellement investi (financièrement, affectivement) dans cette activité qu'il se sent obligé d'être à la hauteur. Très souvent, c'est une charge beaucoup trop lourde. Un jour ou l'autre, il craque et finit chez un psy. Énormément de femmes ne comprennent pas que l'enfant ne leur appartient pas. Qu'il faut l'aider à être lui, au lieu de s'en servir pour être soi. »

Carole, ou la vertu sur ordre

Il se peut aussi qu'une mère soit tellement satisfaite d'elle-même qu'elle se serve de l'enfant comme d'un miroir : pour se contempler et s'admirer. Elle ne le charge pas de réussir ce qu'elle n'a pas pu réaliser, elle lui demande d'être son reflet. Elle attend moins une performance intellectuelle qu'une perfection morale.

Ou plutôt, si les succès scolaires sont importants — généralement, ils vont de soi, tant l'enfant est suivi (parents, institution privée) —, l'acquisition d'une éthique l'est tout autant. Il est donc mis dans un double carcan, intellectuel et moral : il doit se distinguer par l'excellence de ses résultats scolaires et l'irréprochabilité de sa conduite.

« Du savoir et des vertus : que puis-je donner

de plus à mes enfants ? demande Carole. C'est le plus beau cadeau que ma mère m'ait fait. Mon devoir est de le transmettre. »

39 ans, Carole a la suffisance discrète : elle se dit moins contente d'elle-même qu'heureuse de ce que sa mère a fait d'elle.

Une mère « très sévère, très stricte », qui avait « des idées très arrêtées » et, surtout, « une très grande rigueur morale » : elle savait « se tenir ». Et tenir ses enfants. Moins par la contrainte physique — elle ne frappait pas — que par la force du regard, la fermeté du ton, la dureté de certaines remarques, et la douceur, aussi, de son sourire — sa « reconnaissance » — quand ses enfants avaient exactement répondu à son attente.

« Subjuguée », Carole ne s'opposa jamais à sa volonté. Elle attendait même qu'elle se manifestât pour savoir comment se conduire : « À 17 ans, je n'osais pas sortir. Il a fallu que maman me pousse. Elle sélectionnait les amis chez qui je pouvais aller ou qui venaient à la maison. Une maison très ouverte — ce qui lui permettait de les connaître. Elle me donnait souvent son avis : “Voilà ce que j'en pense. Maintenant, tu fais ce que tu veux.” C'était très efficace. » « Éclairée », sa fille se gardait, en effet, de lui déplaire : elle agissait selon son désir. Celui de sa mère, naturellement.

L'emprise était si forte, si totale, que cette femme n'avait nul besoin de donner des ordres : sa fille les devançait. Les devinait. Les reprenait à son compte. Et fonctionnait, comme elle dit, « à la confiance ».

Quand elle partait en week-end avec un groupe

d'amis, par exemple, elle savait qu'elle ne devait pas trahir cette confiance : « Sois prudente, lui disait sa mère avant chaque sortie. Ne tente pas le diable. » Elle ne le tenta pas. Éprouvant « un faible » pour l'un de ses camarades, elle n'en fit rien paraître : « Chez nous, on ne couche pas avant le mariage. Je n'ai pas couché. Et je ne le regrette pas. »

À 21 ans, en 1980, Carole se marie. Vierge, donc — « pure », dit-elle. Son époux, un riche notaire de 35 ans, honorablement connu de sa famille (les parents étaient amis de longue date), lui demanda de ne pas travailler. Pourtant, elle préparait une maîtrise d'espagnol et aurait aimé enseigner. Sa mère appuya cette demande. Sa fille se hâta de la satisfaire. Depuis dix ans, elle se consacre « avec joie » à l'éducation de ses trois enfants (9, 7 et 5 ans).

« Quand je vois mes copines se débattre dans toutes sortes de difficultés et ne pas savoir comment s'y prendre avec leurs mouflets, je me dis que j'ai beaucoup de chance. Ma mère m'a si bien éduquée que je ne me pose pas de questions : elle me sert d'exemple. C'est vrai — pourquoi m'en cacherais-je ? —, je suis heureuse d'être ce que je suis, comme je suis. Et je ne peux mieux faire que de traiter mes enfants comme ma mère m'a traitée. Je leur inculque donc tout ce à quoi je tiens. Ce n'est pas forcément bien en soi, mais ce n'est pas mon problème : c'est ce que je souhaite, moi. »

Comme sa mère, elle se montre donc « très exigeante ». Sur le travail, d'abord. Si elle n'a aucun problème avec les deux derniers, des garçons — Armand, 7 ans, écrit déjà de « très belles rédactions » et joue de l'ordinateur comme d'autres du piano, Gontran, 5 ans, « lit à merveille et à voix basse » —, elle se heurte, du côté d'Audrey, sa fille, à une certaine résistance : « Elle a un tempérament de *je-m'en-foutiste.* » Mais que ce « je-m'en-foutisme » soit peut-être une réponse à une demande excessive, elle n'en a cure.

Il est vrai, admet-elle, qu'on lui demande beaucoup à l'école — « une école religieuse, où l'on enseigne aussi les bonnes manières, ce que l'école publique ne fait pas. Mais je l'aide dans ses devoirs, quelquefois jusqu'à 21 heures : de quoi se plaint-elle ? Elle n'aime pas non plus l'uniforme — jupe bleue, veste bleue — que l'établissement impose aux élèves. Ce n'est pas sérieux ! Elle n'apprécie pas davantage que j'aie l'œil sur ses fréquentations. Comme si elle était déjà capable de faire le bon choix ! »

Face à ces « ronchonnements » et ces « caprices d'enfant gâté », Carole répugne à utiliser la violence. Elle ne frappe jamais ses enfants, assure-t-elle — « même pas de gifles ». Non que l'envie lui manque, mais « c'est déshonorant, ça montre qu'on ne se contrôle plus. Comment, dès lors, exiger de l'autre qu'il se contrôle ? »

Elle s'efforce donc de rester calme. Et d'expliquer : que le travail est un devoir et peut être un plaisir ; que bien des enfants seraient heureux d'aller à l'école et, au lieu de guenilles, de porter un uniforme ; que leur père leur donne l'exemple : il rentre chaque soir avec des dossiers et ne se repose que le dimanche après-midi, quand il va à la chasse... Après le dîner, elle leur lit quelquefois une page de l'Évangile ou la vie « exemplaire » d'un saint, le samedi, elle les conduit à confesse — « On a toujours quelque chose à se reprocher » — et, le dimanche, à la communion.

Consciente que ses bonnes paroles, comme les exercices de dévotion, peuvent être sans grand effet, Carole, qui a quelques notions de psychologie comportementaliste, s'efforce d'agir sur la conduite de ses enfants — de la « moraliser » — non pas, ou pas seulement, en leur imposant de faire, mais en agissant de telle sorte sur leur environnement qu'ils réagissent comme elle le désire.

Ainsi, pour développer leur sens de l'honnêteté, elle « oublie » son porte-monnaie dans un endroit visible. Si elle constate, le soir, qu'on ne lui a rien pris, elle leur donne un chocolat. Une fois, il manquait une pièce de 10 F. « Je ne pensais pas que j'étais entourée de voleurs », dit-elle. Et fit semblant de pleurer. Le coupable, les larmes aux yeux (des vraies), se dénonça.

À chacun son dû. Et aux pauvres, la charité. Régulièrement, Carole, qui habite près de l'Étoile, emmène ses enfants, par la ligne 2 du métro, vers Barbès et Belleville. À chaque voyage, lors de chaque promenade, ils sont sollicités par un ou deux SDF. Systématiquement, ils sortent une pièce de leur porte-monnaie — « Je leur donne chaque mois un peu d'argent de poche » — et la remettent au « pauvre ».

« Je sais très bien que, parmi ces mendiants, il y a des tire-au-flanc. Peu importe : je ne veux pas faire de mes enfants de petits égoïstes. » Une fois par mois, ils portent un paquet de vêtements à la Croix-Rouge : « Au début, ils se débrouillaient pour se débarrasser des plus usagés. Je veille maintenant à ce qu'ils donnent aussi des habits en bon état, et auxquels ils tiennent. »

Carole ne confond-elle pas, comme tant d'autres, *éducation* et *conditionnement* ? Ne craint-elle pas qu'un jour, poussés à bout, ses enfants ne rejettent violemment bonnes manières, principes — et elle avec ?

« Bien sûr que je les conditionne ! C'est maintenant ou jamais : ils sont encore malléables. Il se peut qu'à l'adolescence ils se révoltent. Mais ces révoltes passent, et il reste toujours quelque chose de ce qu'on a acquis dans ses jeunes années. Moi aussi, j'en ai parfois voulu à ma mère. Sottement. Mais, aujourd'hui, je reconnais le bien qu'elle m'a fait. J'espère réussir mes enfants comme elle m'a réussie. Et que, plus tard, ils me seront aussi attachés que je le suis à elle. »

Sa mère, encore et toujours. C'est à elle qu'à la fin de l'entretien elle revient. Et pour cause : elle ne l'a jamais quittée. Ou, plutôt, sa mère ne l'a jamais lâchée : elle l'a aidée, par exemple, à trouver son appartement, à le meubler. Sa fille était consentante. Dressée comme elle l'était, elle ne pouvait pas ne pas l'être. Mais, « conditionnée » jusqu'au tréfonds de son être, elle voit dans cette aliénation la manifestation d'un libre choix :

« Je pars du principe que, même si j'ai 39 ans, c'est ma mère et qu'on a une intimité. Pourquoi la casser ? Maman vient quand elle veut, sans prévenir. Ma porte est toujours ouverte. Je n'ai pas besoin de me préserver. Et je ne vois pas pourquoi, demain, mes enfants se protégeraient d'une mère qui ne veut que leur bien. »

Condamnés à souffrir

Mais justement : dans la mesure où c'est elle qui décide de ce bien et l'impose, elle a toutes les chances de mal faire. Un bien imposé n'est pas un bien, c'est une contrainte — une blessure narcissique —, le déni même du désir de l'autre.

Car un enfant n'est pas un morceau de glaise, où l'on taille et coupe à merci : il a son tempérament, son caractère, ses aspirations, ses goûts. Interdit d'expression, d'initiative, condamné à être « sage » et à ne jamais manifester, entre autres, son agressivité, il est inévitable que, tôt ou tard, il tente de secouer le joug : on ne réprime pas impunément des affects. Faute d'avoir appris à les gérer, il les subit et, quand il leur donne enfin libre cours, il est incapable d'en faire bon usage.

Chacun, sans doute, les traite comme il peut, mais, chez ces adultes qui ont souffert, dans leur enfance, d'une maltraitance « intellectuelle » (le culte de la performance) ou « morale » (le culte de la perfection), on observe généralement deux types de réactions : la haine de soi, la haine de l'autre :

« L'adulte risque de décharger les haines accumulées en méconnaissant la souffrance des autres ou en la retournant contre lui-même dans des conduites agressives ou auto-agressives comme la toxicomanie, le suicide ou la délinquance », écrivent les psychologues Michèle Rouyer et Marie Drouet[18]. Masochisme, sadisme sont les conséquences les plus fréquentes d'une « bonne éducation ».

Masochisme — quand l'adulte, bloqué (inhibé) par un conditionnement trop rigide, est incapable d'utiliser positivement son agressivité (de la sublimer) et la retourne contre lui-même. Culpabilisé de n'être pas aussi « bon », « pur » ou « altruiste » qu'il devrait, il se traite comme sa mère elle-même le traitait autrefois : il se punit.

Ces punitions sont multiformes : accidents à répétition (chutes, coupures, fractures), maladies chroniques (asthme, rhino-pharyngites, troubles digestifs, migraines), actes manqués — telle cette femme, qui s'achète une robe très chère, découvre, revenue chez elle, qu'elle ne lui va pas et s'en débarrasse.

Ce peut être aussi la crainte permanente de mal faire ou de blesser autrui, la passivité (baptisée « bonté », « compréhension ») devant la grossièreté, l'outrage, l'injure, l'obsession du sacrifice : on se prive, on se refuse un plaisir, on s'interdit d'être heureux. Et l'on se rend — maigre consolation — insupportable à son entourage. De quoi, naturellement, on se punit aussi. Pris dans la glu de l'amour maternel, comme une mouche dans une toile d'araignée, l'adulte, sa vie durant, se condamne à souffrir. Sans jamais reconnaître, évidemment, qu'il en tire la plus grande jouissance. Celle de la « belle âme ».

Mais, il peut aussi « choisir » de maltraiter. Et faire payer à l'autre (enfants, conjoint, amis, collègues) ce qu'une « bonne », trop bonne éducation lui a interdit d'exprimer dans son enfance : ses rancœurs, ses colères, ses haines.

C'est le cas, entre autres, de ces mères qui emprisonnent leurs enfants dans un carcan moral. Carole en est une parfaite illustration : petite fille modèle, jeune fille très sage, elle n'a jamais élevé la voix, crié, trépigné, désobéi. Adulte, elle se venge et, sous couvert de bons principes, soumet ses enfants à une discipline qui les meurtrit. Les « vertus » qu'elle leur inculque de force sont autant de coups qu'elle leur assène, et sa façon de ne tenir aucun compte de leurs désirs est l'équivalent symbolique d'une mise à mort : c'est le sujet qu'elle tue en eux.

Indifférence à l'autre, sécheresse, absence totale d'empathie, dureté, coups bas, interventionnisme obsessionnel, scènes de ménage continues — autant de formes de ce sadisme ordinaire auquel tant de mères, elles-mêmes sadisées, condamnent leurs enfants au nom de la morale et de leur « amour ».

Il va de soi — il suffit de lire la rubrique des faits divers — que ce sadisme peut prendre des formes beaucoup plus violentes (coups, brûlures de cigarette) et qu'il peut, dans la famille comme au-dehors, « conduire au meurtre et au terrorisme ». Alice Miller l'explique remarquablement dans sa brillante analyse des fausses bonnes éducations, *C'est pour ton bien*[19].

Un sujet, explique-t-elle, qui a pu, dans son enfance, réagir de façon adéquate — par la colère — à une agression (vexation, souffrance) intègre cette colère dans le registre de ses conduites. « Mais il n'éprouve pas pour autant le besoin de sauter à la gorge des autres. »

S'il l'a exclue, au contraire, des comportements normaux, il est incapable, plus tard, de la comprendre et de la dominer : « Il n'éprouve le besoin de frapper l'autre que dans la mesure où précisément il ne peut pas comprendre sa fureur, parce qu'il n'a pas pu se familiariser avec ce sentiment dans sa petite enfance, qu'il n'a jamais pu la vivre comme faisant partie de lui-même, parce que c'était totalement impensable dans son environnement. »

Ainsi fabrique-t-on, entre autres... des terroristes : « 60 % des terroristes allemands de ces dernières années sont issus de familles de pasteurs. » Élevés d'une façon très rigoureuse, soumis, par force, à la force de leurs parents, « qu'ont-ils fait d'autre, en prenant en otages femmes et enfants, que ce qu'on leur a jadis fait subir à eux-mêmes[20] ? ».

3

UN AMOUR ÉTOUFFANT

Si les mères trop autoritaires produisent, croyant bien faire, des adultes « mal dans leur peau » — abandonniques, insatisfaits dans leurs amours, aigris avant l'âge, masochistes ou sadiques —, les mères superaimantes et hyperaffectueuses ne construisent pas pour autant des enfants équilibrés. On pourrait le penser : de quoi vit un nourrisson, sinon de lait frais et d'amour ? De quoi manquent tant d'enfants, sinon de caresses et de tendresse ?

« La meilleure et la pire des choses. »

Mais l'amour maternel, comme la langue d'Ésope, est « la meilleure et la pire des choses » : s'il permet à l'enfant de s'épanouir, il peut aussi l'étouffer. C'est une question de mesure. Bien des mères ne la connaissent pas. Parce qu'elles sont avides de compenser leurs manques ? Sans doute. Mais aussi, comme le rappelle Vladimir Jankélévitch, « parce que le mot *excès* n'a pas de sens quand il s'agit d'aimer[21] ». Ou, comme le dit saint Augustin, parce que « la seule mesure de l'amour est d'aimer sans mesure ».

La tendresse, l'affection ont leurs limites. Plus intellectualisées, plus socialisées que l'amour, plus sensibles aux valeurs, également, elles se contrôlent mieux, respectent davantage la liberté de l'autre, éventuellement s'estompent et disparaissent.

Rien de tel dans l'amour maternel : il ne pèse ni ne soupèse les mérites, il se situe au-delà du bien et du mal, il les ignore. Si l'inconduite de l'amant peut scandaliser ou horrifier l'amante (« Je ne croyais pas qu'il était ainsi »), celle d'un fils (d'une fille) ne décourage pas une mère aimante. Si abominables soient ses méfaits, elle continue de l'aimer. Son amour est sans condition, il n'exige aucune contrepartie.

Mais ce qui fait sa force, et le distingue radicalement de tout autre attachement, fait aussi sa faiblesse. Sans limites, sans mesure, il ne donne jamais assez : toujours insatisfait, il n'a de cesse de se manifester. Rien de ce qui touche l'enfant ne lui est étranger — ni sa santé, bien sûr, ni son travail, ni ses amis, ni ses sentiments, ni ses projets, ni ses espoirs et ses peines —, il est toujours en éveil, toujours aux aguets, jamais comblé ni en repos. S'infiltrant, comme l'eau d'un fleuve en crue, dans tous les interstices de l'âme enfantine, il l'inonde, il la submerge.

Peu à peu, il change de sens et ses effets s'inversent : il prend plus qu'il ne donne, impose plus qu'il n'autorise, emprisonne plus qu'il ne libère, mutile ou castre plus qu'il ne construit.

Finalement, cet amour-là est peut-être plus dangereux, pour l'individuation de l'enfant, que l'autoritarisme sans fioritures sentimentales de bien des mères : comment se révolter contre l'amour ? Comment ne pas culpabiliser, si l'on se révolte ou tente, même légèrement, de secouer le joug ?

« Comment se plaindre d'être aimé ? »

Il fallut longtemps à Nadège — près de douze ans d'analyse — pour « comprendre le problème » et, peu à peu, s'émanciper :

« Si j'avais eu une mère autoritaire, sadique, impossible, cela aurait été plus facile de me mettre à distance. De me plaindre. Or, je ne pouvais pas me plaindre de ma mère : c'était une mère parfaite. Une mère idéale. C'est-à-dire qui avait toutes les apparences de la mère idéale, attentive, aux petits soins... Je ne voyais pas qu'elle m'étouffait, je pensais qu'elle m'aimait énormément. Comment se plaindre d'être aimée ? Comment se plaindre de l'amour ? »

Tel est le paradoxe de cet amour, à la fois généreux et possessif, désintéressé et revendicatif, discret et intrusif, prêt à tous les sacrifices et furieusement égocentrique. Lieu de toutes les contradictions, lourd de conflits potentiels, il perturbe autant, sinon plus, qu'il n'équilibre. Si bien des adultes souffrent de n'avoir pas été assez aimés, d'autres souffrent de l'avoir été trop. Par ses excès comme par ses carences, l'amour maternel est sans doute le composé le plus dangereux — le plus explosif — que la chimie des affects ait jamais inventé.

Cet amour découvre généralement son autre face — grimaçante — lorsque, à l'adolescence, garçons et filles, sans nécessairement se révolter, veulent simplement s'affirmer. Toutes les mères, sans doute, ne s'y opposent pas, mais presque toutes, quand elles sont aimantes, manifestent, plus ou moins lourdement, qu'elles existent.

Ce peut être, par exemple, par l'inquiétude, sans cesse répétée, qu'elles affichent, la peur constante qu'il n'arrive « quelque chose », le besoin permanent de savoir, les conseils, les demandes, les suppliques. Même si elles savent que leurs peurs sont excessives et leurs exigences inconsidérées, elles ne peuvent s'empêcher de les exprimer. Et, par là, de faire pression sur leurs enfants.

Agathe en est parfaitement consciente. Psychologue en entreprise, elle sait très bien qu'il n'est pas bon de s'imposer à un adolescent, et que, si une « bonne » mère doit être vigilante, elle doit l'être avec discrétion. Elle le sait comme psychologue mais, comme mère, elle l'« oublie ».

« Je suis une mère inquiète. Tout le temps. À propos de tout. Par exemple, la bouffe. Quand j'étais gamine, ma mère ne me faisait pas à manger. Moi, je les surnourris, je leur fais tous les jours des gâteaux : quand ils les refusent, ou en prennent trop peu, j'ai une angoisse terrible : et si, pour s'affirmer, l'idée leur venait de faire une grève de la faim ? Quand ils partent au lycée — Yvon, 16 ans, est en 2nde, Lise, 17, en 1re —

je glisse en cachette quelques gâteaux dans leur sacoche. Ils protestent — leurs cahiers sont pleins de miettes — mais j'insiste. »

Elle insiste également pour qu'ils se couvrent, inspecte chaque matin leur tenue — « As-tu pris tes gants ? Mets l'autre veste, elle est plus chaude » — et guette, le cœur battant, leur retour : elle consulte sa montre, marche de long en large dans l'appartement et si, une demi-heure après l'heure prévue, ils ne sont pas rentrés, elle téléphone au lycée : « J'admets très bien qu'ils aient envie de s'attarder, mais dans ces cas-là qu'ils m'appellent ! Je leur achète chaque semaine une télécarte, je ne sais pas à qui ils téléphonent, en tout cas, ce n'est jamais à moi. »

Incapable de s'endormir quand, le samedi soir, ils vont « en boîte » ou chez des copains, elle n'hésite pas, passé minuit, à aller les chercher : « Avant, je leur donnais l'argent du taxi. Ils l'oubliaient dans leur poche. Ou le dépensaient à autre chose. J'ai donc décidé de les ramener moi-même. »

Ne craint-elle pas que, dans un an ou deux, lassés de tant de sollicitude, ses enfants ne se cabrent ? « Peut-être. Mais pourquoi ? Je les laisse libres, je veux seulement savoir où ils vont, ce qu'ils font, à quelle heure ils reviennent. Jusqu'à présent, ils acceptent assez bien la règle du jeu. »

Ils l'acceptent d'autant mieux que leur mère, qui sait très bien qu'elle les importune, essaie de « se racheter » en les comblant de cadeaux : « Je les tiens par la séduction. Je souris plus que je ne gronde, j'explique, je fais appel à leurs sentiments.

Et puis, il ne se passe pas de semaine sans que l'un ou l'autre ne trouve dans sa chambre un petit "quelque chose" qui lui fait plaisir : foulard, sac à main, cravate, raquette de tennis. »

Bonne psychologue, et mère un tantinet sadique, Agathe, qui sait d'expérience à quelle dépendance l'inquiétude peut conduire, joue également de cette corde-là.

Divorcée, elle a depuis peu un ami que son fils n'apprécie pas, et qu'il redoute de voir s'installer chez eux. Elle l'assure que non, il ne la croit qu'à demi et intercepte parfois une lettre, qu'il ne décachette pas mais garde dans sa sacoche, avant de la remettre dans la boîte.

Loin de protester, sa mère fait mine de n'avoir rien remarqué et laisse parfois traîner, sur la table de nuit, une lettre ouverte de son ami. Son fils la lit, en éprouve de la jalousie, boude, puis se précipite dans ses bras et l'assure de son amour : « La jalousie peut avoir du bon, dit-elle. Je suis certaine qu'Yvon n'est pas pressé de laisser la place à l'*autre*, comme il dit, et que je le garderai longtemps. »

Marie-Jeanne, ou la séparation impossible

Le (la) garder, c'est le désir têtu, obstiné, de toutes ces mères aimantes, parfois conscientes de leur pulsion d'emprise, luttant contre et incapables de s'en dégager, même si elles croient y être parvenues.

De tous les témoignages recueillis au cours de

cette enquête, le plus vrai, le plus éclairant, aussi, sur les ambiguïtés et les pièges de l'amour maternel, est celui de Marie-Jeanne.

48 ans, journaliste, elle essaie d'établir de nouveaux rapports avec sa fille, Estelle, 18 ans — une fille qu'elle a « passionnément désirée », élevée avec amour, mais qui n'a nullement répondu à ses attentes et qu'elle s'efforce, aujourd'hui, d'accepter telle qu'elle est. Avec l'espoir, qu'elle nie, mais qui paraît évident, de maintenir sur elle un certain pouvoir.

Petite, Estelle fut « une enfant adorable » : « Elle ne nous donnait que du plaisir. Je l'ai laissée pousser comme *je* voulais, dit-elle, en commettant un beau lapsus. À 3 ans, elle faisait de l'anglais, à 6 ans, du piano et de la danse, elle était première en classe, mignonne, belle, c'était l'enfant idéale, porteuse de tous mes espoirs. Exactement comme je l'avais rêvée. » Elle la voyait déjà à Normale sup, agrégée de lettres, peut-être titulaire d'une chaire à la Sorbonne, ou rédactrice en chef d'un grand journal.

Le réveil fut rude. Et inattendu. Bercée par ses rêveries, Marie-Jeanne avait à peine remarqué que sa fille grandissait, que sa personnalité s'affirmait et qu'elle avait besoin, pour se parfaire, de liberté.

Il y a cinq ans, elle va la chercher dans la colonie de vacances où elle passe quelques jours avec un « petit ami ». Une villa les attend en Bretagne, juste au bord de la mer. « Je croyais qu'elle allait me sauter au cou. Mais, en me voyant arriver, elle m'a fait la gueule : "Tu es déjà là ?" m'a-t-elle dit. Ce fut le début d'une longue crise. »

Loin de combler les attentes de sa mère, Estelle s'ingénie à les contrarier, et prend à rebours le programme qu'elle lui a préparé. Elle la voyait à Henri-IV, elle se retrouve dans un lycée « très moyen ». Elle lui fait donner des cours particuliers, elle ne s'améliore pas. Elle la supplie de veiller à son orthographe, ses fautes redoublent.

« J'espérais qu'elle se ressaisirait. Ce fut tout le contraire : elle s'est mise à négliger son travail et à fumer du hasch, elle a eu des fréquentations douteuses et a fait une fugue. J'ai essayé de discuter : impossible. “Je ne suis pas ton produit, me lançait-elle, je suis moi d'abord ! Laisse-moi tranquille !” Hors de moi, un jour, je l'ai giflée, elle m'a rendu ma claque, nous nous sommes battues, puis nous nous sommes réconciliées en pleurant. Finalement, nous avons conclu un compromis : après le bac, elle ferait Arts déco — elle dessine très bien. Jusque-là, elle acceptait ma discipline. »

Acceptation forcée : cette année fut la plus dure. Toujours « rebelle », Estelle se mit « en stratégie d'échec » et fit ce qu'elle pouvait pour redoubler. Comme si elle avait peur de cette liberté qu'elle revendiquait. Sa mère fut forte pour deux : n'exploitant pas ses faiblesses — « elle avait aussi envie de rester » —, elle la stimula, contrôla de près son travail — « Je lui serinais à longueur de journée : “Passe ton bac ! Passe ton bac !” — et, trois mois avant l'examen, lui promit, en cas de succès, de l'installer dans un studio. L'argument fut décisif : elle travailla dur et obtint la mention « bien ».

Trois semaines plus tard, elle emménageait dans

un « charmant petit deux-pièces » que ses parents lui louaient dans le Marais, à un quart d'heure de métro de leur quartier. Elle suit actuellement des cours aux Arts déco, et, bien qu'elle n'en ait pas besoin — sa mère, chaque mois, alimente « substantiellement » son compte —, fait du baby-sitting.

Elle est « heureuse », dit Marie-Jeanne, mais elle a beaucoup maigri et s'en inquiète. « "Pourquoi ?" m'a-t-elle demandé. "Parce que tu t'es séparée de ta mère", lui ai-je répondu. "Ce doit être ça", a-t-elle répliqué, en me caressant doucement la joue. Depuis, elle déjeune plus souvent à la maison. »

Sa mère aussi a maigri : elle se remet à peine d'une séparation qu'elle savait nécessaire pour l'équilibre de sa fille et qu'intellectuellement elle acceptait, mais que « [ses] tripes refusaient » :

« Quand elle est partie, il y a un mois, je l'ai aidée à déménager, en faisant mine d'être décontractée. Mais le lendemain matin, quand je me suis réveillée seule dans notre grand appartement, j'ai senti comme un arrachement physique. Comme si j'accouchais une deuxième fois, mais que le bébé m'était retiré. Comme si j'allais être privée à jamais de ce contact physique. Peu à peu, j'ai retrouvé une certaine sérénité. Peut-être parce que j'y vois plus clair. »

Réfléchissant sur les années difficiles qu'elle vient de vivre, et où elle a eu tant de mal, dit-elle, à ne pas « sombrer », Marie-Jeanne, qui suit depuis peu une psychothérapie — « Toutes les mères devraient en suivre une ! » —, comprend mieux la rébellion de sa fille, comme sa propre attitude à son endroit.

« En analyse, j'ai compris que j'étais en train de réparer ma propre enfance », explique-t-elle. Une enfance sans tendresse où seul mon frère, « très brillant », intéressait ses parents, où elle était « la cinquième roue du carrosse » : « Ils n'ont investi en moi aucun projet, aucune ambition. »

Avec sa fille, elle fait le contraire, la traite comme « une petite reine », la dorlote, la pousse au maximum à l'école, intervient dans tous les actes de sa vie — et lui pèse tant qu'à la fin elle se révolte :

« J'étais derrière elle tout le temps, je la harcelais : "Tu perds ton temps devant la télé, va travailler"... Travail scolaire, nourriture, vêtements, coiffure, distractions — j'ai dû être très "chiante", je crois que je l'ai asphyxiée. J'avais tellement peur de ne pas être une bonne mère ! Je voulais trop bien faire. »

Il est rare qu'une mère montre autant de lucidité et se critique sans complaisance. Mais parce qu'elle est toujours mère — une mère aimante et possessive —, sa lucidité a des limites : celles que lui imposent sa condition et l'attachement, toujours très fort, qu'elle porte à sa fille.

Elle se réjouit d'avoir établi avec elle de nouvelles relations. C'est vrai, jusqu'à un certain point : Estelle ne vit plus chez ses parents, elle a son territoire, une distance existe entre elle et sa mère.

Mais sa mère, sans trop s'en rendre compte, multiplie les occasions de la réduire et maintient sur elle — avec sa complicité — un contrôle qui s'appelle désormais « aide », « assistance », « sorties communes ». L'emprise s'est assouplie, mais elle perdure. Ou, plutôt, elle a changé de style et, dans la mesure où, douce et bienveillante, elle désamorce tout désir de contestation, elle n'en est que plus pernicieuse — plus aliénante.

Chaque jour, par exemple, Marie-Jeanne téléphone à sa fille, s'informe : comment va-t-elle ? N'a-t-elle besoin de rien ? Estelle — encore très jeune, très peu affirmée dans son autonomie — a pris goût à ces appels : « Si je ne téléphone pas, elle m'engueule : “Tu ne t'occupes pas de moi !” »

Comme elle apprécie, le mercredi, de déjeuner avec sa mère, le samedi, d'aller avec elle au théâtre ou au cinéma, et de passer presque tous les dimanches à la maison. Où, très souvent, elle lui emprunte des « fringues » : « J'aime bien, dit Marie-Jeanne, après, elles ont son odeur. »

Sortie par la porte, Estelle rentre par la fenêtre : trois jours par semaine, elle retrouve sa mère. Les autres jours, c'est sa mère qui la retrouve : elle va régulièrement chez elle. Non pas pour prendre une tasse de thé, ce qui donnerait à ces visites un caractère un peu formel, ou aléatoire, quand elle les souhaite fréquentes, et comme inscrites dans un programme. Vœu exaucé : elle s'occupe de son ménage.

« C'est le linge qui fait le lien. C'est très important, j'y tiens. Je vais le chercher, le lave, le repasse, le rapporte. Je fais un peu de ménage, je nettoie, je range. Elle me laisse faire. Elle apprécie : “Ça fait du bien quand tu passes, c’est plus propre.” Et moi, ça me fait plaisir : j’avais besoin d’avoir encore une fonction. Matériellement, je continue d’être mère. »

Matériellement seulement ? Évidemment pas, car tout se tient. Patiemment, Marie-Jeanne renoue les fils rompus et reconstitue d’une autre façon la toile d’araignée dans laquelle sa fille n’a fait encore qu’une déchirure, mais dont elle ne s’est pas encore déprise. Inconsciemment, sa mère mise sur son immaturité — son besoin de sécurité, sa fragilité — pour continuer de lui imposer sa loi. Si la méthode a changé, la fin demeure, et Marie-Jeanne se conduit envers elle comme si elle lui refusait de grandir. D’accéder enfin à la libre disposition d’elle-même. Quitte à ce que, ici ou là, elle « se plante ».

Ainsi lui a-t-elle demandé de ne pas s’installer avec son « petit ami ». Non qu’elle condamne l’union libre. Simplement, ce garçon ne lui plaît pas. Il se peut, assurément, qu’il soit « quelconque », mais elle ne réalise pas qu’il appartient à sa fille, et à elle seulement, de le juger et de décider de leur devenir : flagrant délit d’emprise.

« Elle est avec un petit jeune homme qui... Je ne veux pas juger, dit-elle en toute mauvaise foi, là aussi, j’ai beaucoup progressé, mais, à mon avis, elle n’a rien à faire avec lui... Je n’interviens pas, je ne dis rien. Non, je ne les reçois pas ensemble. Pas trop.

J’ai pris des billets, hier, pour un spectacle à l’Odéon. Estelle m’a demandé si son copain pouvait venir. “Si tu veux, bon.” Mais je n’encourage pas. Et je ne fais pas non plus la gueule. À part ça, il est très mignon. » Discours type de la mère pseudo-libérale, faussement décontractée et toujours aussi attachée à son pouvoir. Incorrigible, décidément.

Encore Marie-Jeanne fait-elle des efforts. Même si, quoi qu’elle dise — « Je n’en reviens pas de ma tolérance, je ne juge plus » —, elle est loin de considérer sa fille comme une personne. Même si, très probablement, elle n’y parviendra jamais totalement et finira, au mieux, par se résigner. « Je sais bien qu’un jour je verrai beaucoup moins mon Estelle : elle se mariera, aura des enfants... Il faudra bien, dit-elle les larmes aux yeux, que je m’y fasse. »

D’autres n’ont même pas ce désir. Leur fils, leur fille, déjà adultes, « établis » et matériellement indépendants, doivent continuer à se battre, à plus de 30 ans, et même 40, pour repousser les assauts répétés d’une mère décidée, coûte que coûte, à maintenir son emprise.

Résistance difficile : ces mères-là ne jouent pas au caporal, ce ne sont ni des mégères ni des malapprises, elles savent se tenir et elles aiment leurs enfants. Elles les aiment même tellement qu’elles ne savent pas quoi faire pour leur être agréables et leur manifester, de mille et une façons, qu’ils peuvent toujours compter sur elles.

Soucieuses de leur bien-être, elles n’attendent pas qu’ils les sollicitent : elles devancent leurs demandes, prennent des initiatives, proposent leur aide, suggèrent une démarche, un achat, ou s'en chargent. De coup de fil en visite éclair (« Je ne veux pas te déranger, je ne reste que cinq minutes »), de « petits services » en « petits coups de main » (promener le chien, garder l'enfant), on ne voit qu'elles, on n'entend qu'elles.

Elles se veulent discrètes — elles le disent, elles le répètent —, mais leur discrétion est si appuyée, leur réserve si insistante, leur bonne volonté si prompte à se manifester que très vite elles importunent. À force d'empiéter sur le territoire de leur fils ou de leur fille, elles ne tardent pas à l'occuper, pour peu que, trop « gentils » ou culpabilisés, ils n'osent pas faire barrage.

Josette, ou quand Colombo fait des émules

Mais s'opposer ne va pas de soi, quand cette mère, comme dit Bernard (27 ans, informaticien) est une « institution ».

Juriste, auteur d'ouvrages qui font autorité dans le milieu universitaire, Josette jouit du respect de ses pairs et en impose encore à ses enfants. Énergique, affable, dévouée, elle s'est toujours bien occupée d'eux, assurent-ils. « Très prise par son travail, maman ne nous a jamais négligés, dit Bernard. Au contraire : elle s'impliquait énormément dans notre éducation. Rien de notre vie ne lui était étranger. On la sentait très présente. Très proche de notre quotidien. »

Elle l'est restée. Et ses enfants, qui ont grandi

sans qu'apparemment elle s'en aperçoive, le supportent assez mal, sans oser pourtant s'opposer ouvertement à elle, par crainte de « la blesser ». Ce qui les oblige constamment à louvoyer.

« Je ne lui ai tenu tête qu'une fois, raconte Bernard, quand mon père l'a quittée. Désespérée, elle m'a suppliée de revenir habiter chez elle. Sinon, menaçait-elle, elle se suiciderait. Je venais de m'installer avec une amie : j'ai refusé. En plein examen, ma sœur m'a appelé : maman venait d'avaler un tube de Gardénal. Pendant un mois, je l'ai vue tous les jours, sans pour autant céder à ses suppliques : j'aurais eu le plus grand mal à repartir. À cause de son chagrin, bien sûr. À cause de ma faiblesse, aussi. J'ai du mal à m'affirmer. »

Il a tenu bon, pourtant — il est resté dans son studio —, mais il est constamment sur la défensive. Non pas que sa mère, qui depuis a retrouvé un compagnon, veuille le récupérer : en un sens, elle ne l'a jamais perdu. Ou n'y a jamais renoncé. Et, pour éviter tout risque d'une plus grande séparation, s'ingère constamment dans sa vie. Empiète autant qu'elle peut sur son territoire. Grignote sa liberté.

Ainsi lui téléphone-t-elle tous les jours : « À la maison, passe encore. Même si ses histoires m'ennuient. Oui, elle me raconte tout : ses démêlés avec les collègues, leurs coups bas, ses disputes avec son jules. Et comme, en racontant, elle revit la scène, elle finit par me prendre pour l'autre, et m'engueule. Soit : je pose l'écouteur et attends que ça passe. Mais elle m'appelle aussi au bureau et ne supporte pas que je n'aie pas de temps à lui consacrer. Ça finit par une dispute. C'est épuisant ! »

« Épuisants » aussi ces conseils qu'elle lui prodigue à tout moment — « As-tu téléphoné à grand mère ? » —, ces questions « oiseuses » — « As-tu réglé la facture de téléphone ? le loyer ? » —, cette assistance constamment proposée — « As-tu besoin d'argent ? » —, ces remarques incessantes sur sa tenue ou son allure :

« Je porte la barbe, elle n'aime pas. Un jour, elle a pris des ciseaux et a voulu me la couper. J'ai réagi si vivement qu'elle a renoncé. "Bon, fais comme tu veux, mais c'est affreux !" Quand je vais dîner chez elle — seul, car elle n'apprécie pas mon amie — je fais un effort de toilette. Mais ce n'est jamais bien : ma cravate ne lui plaît pas, ma chemise est "trop criarde", ma veste, mal coupée. Elle me traite comme si j'avais 5 ans. »

À 5 ans, elle l'habillait. Il en a 27 : elle continue. Régulièrement, elle lui achète caleçons, chaussettes, chemises — et le met au supplice : « Ses choix ne sont pas heureux. C'est toujours à côté de la plaque. Ma copine me houspille : "Ne mets pas ces horreurs !" Mais ma mère croit bien faire, je ne peux pas la contrer brutalement. Je mets donc ce qu'elle m'achète. Croyant m'avoir fait plaisir, elle remet ça ! Et je me retrouve avec un costume qui ne me va pas du tout ! »

Constamment mal à l'aise, ou en porte à faux, Bernard, en sa présence, contrôle jusqu'aux riens qu'il lui dit : à l'affût de la moindre faille, sa mère ne néglige aucune occasion d'intervenir.

« Elle se sert beaucoup des quelques bribes

d'information qu'elle peut choper dans une conversation. Ça rebondit toujours. C'est comme dans *Colombo* : rien n'est laissé au hasard, les propos les plus anodins deviennent autant d'indices. Par exemple, si je lui dis que j'ai eu froid à moto, je suis à peu près certain que trois jours après elle va m'offrir un pull — qui, évidemment, ne sera pas à mon goût. Ou bien, je lui dis que je n'ai pas encore trouvé de colocataire ; d'elle-même, sans m'avertir, elle téléphone tous azimuts, met des annonces dans les journaux, et je reçois, quelques jours plus tard, dix coups de fil. Oui, elle est plutôt envahissante. »

Bernard n'est pas au bout de ses peines : sa mère n'intervient pas seulement dans les « petites choses » de sa vie, elle aimerait changer le cours même de cette vie. Elle n'apprécie pas qu'il travaille dans le privé, elle le voudrait fonctionnaire : « Finances, impôts, entreprises publiques, partout on a besoin d'informaticiens, lui répète-t-elle, qu'attends-tu pour présenter ta candidature ? » Chaque semaine, elle lui envoie des offres d'emploi qu'elle a découpées dans les journaux. Pour l'instant, il fait la sourde oreille.

Peut-être s'opposerait-il plus fermement s'il trouvait un soutien près de ses amies. Mais, au bout de quelques mois, elles le quittent toutes.

Elles lui reprochent son indécision, sa « mollesse » et, par sa trop grande « gentillesse », de conforter le pouvoir de cette femme. Elles n'apprécient pas davantage la disparition assez rapide de son désir, ni qu'au bout de deux ou trois mois il voie surtout en elles des amies :

« La tendresse est plus importante pour moi que le sexe », dit-il. Et, après un moment d'hésitation, car cette lucidité, manifestement, lui pèse : « Ma mère est très dévouée, très attentive, très aimante, mais elle m'a castré ! Ou c'est à la limite. Je suis encore trop dépendant. Et pourtant, même si quelque part j'en conviens, j'ai du mal à dire que c'est une mauvaise mère. »

Edwige, ou la mère ventouse

Nadège, 42 ans, musicienne, est plus décontractée. Mais il lui a fallu du temps pour « voir autrement » sa mère — Edwige — et essayer de s'en libérer : un déménagement d'abord, puis dix ans d'analyse. C'est en s'installant à Paris, à plus de 800 km de sa famille, qu'elle a commencé à vivre par elle-même. À sortir de cette « confusion identitaire » où elle se sentait prise, comme un paquebot dans la banquise. À dire *non*, calmement, à sa mère qui ne veut toujours rien entendre.

« J'ai commencé à aller mieux après quatre ans d'analyse. J'habitais déjà à Paris, et ma mère — superinquiète, superaimante, superenvahissante — me téléphonait très souvent : elle voulait tout savoir. Un jour, j'ai décidé d'arrêter net cette intrusion. Ce fut très simple : alors qu'elle commençait à m'assaillir de questions, je lui ai dit que j'étais occupée et la rappellerai. Je l'ai appelée le lendemain : elle a compris. Elle ne m'importune plus. »

Plus exactement, elle a changé de tactique. Lorsqu'elle vient à Paris (Nadège ne la reçoit pas chez elle, mais lui loue une chambre à l'hôtel) ou lorsque sa fille, deux à trois fois l'an, lui rend visite dans le Sud, elle l'« inonde » de cadeaux :

« C'est sa façon d'exercer son pouvoir. De s'introduire dans la vie de l'autre. D'en prendre symboliquement possession. » Car ces cadeaux, loin de plaire à sa fille, lui plaisent à elle-même d'abord et montrent, à leur façon, qu'elle est toujours présente.

Ainsi, quand sa fille s'installa, elle lui offrit de la vaisselle, une table de chevet, une lampe, des couvertures, un appareil téléphonique, avec répondeur. Puis, quand elle constata qu'elle affirmait ostensiblement son identité vestimentaire, elle se mit à lui offrir des jupes, des blouses, des foulards :

« C'était toujours à côté de la plaque. Son dernier cadeau est un tee-shirt... à sa taille — un 44 — totalement immettable. Elle en était désolée, mais j'ai bien perçu l'acte manqué : c'était une façon pour elle de ne pas complètement renoncer à l'idée que malgré tout il y a indistinction entre elle et moi. Voyant que je prenais mon autonomie de ce côté-là, il lui fallait tenter de me rejoindre. De me montrer qu'elle partageait avec moi ce souci esthétique.

C'est comme pour le maquillage. Depuis que je vis seule, je me maquille. Elle, qui n'utilisait ni crèmes ni rouge à lèvres, a fait quelques tentatives. Une façon pour elle d'affirmer que, dans cet espace de féminité que je me suis conquis, elle est là quand même. Où que j'aille, quoi que je fasse, elle ne me lâche pas. »

Elle s'efforce aussi d'avoir barre sur elle par l'argent. Non qu'elle se risque à lui en proposer, elle sait bien qu'elle se heurterait à un refus. Mais, quand il leur arrive de sortir ensemble, au restaurant, au cinéma, avant même que sa fille ait pu faire un geste, elle a déjà réglé : « Je suis ta mère, voyons, c'est normal ! » Pour Nadège, ce ne l'est plus, mais elle a mis quelques années, tant sa mère insistait, se fâchait, versait quelques larmes, à se défaire de ce lien-là aussi :

« J'ai refusé la réciprocité — que chacune, à son tour, paie pour l'autre : je serais rentrée dans son jeu. Je paie ma place, ou mon repas. Parfois, je fais un geste un peu festif : je l'invite à dîner, de préférence avec une tante, ça m'évite une discussion désagréable au moment de l'addition. »

Autant sa mère apprécie peu la présence d'un tiers au restaurant — il la « sépare » de sa fille —, autant, quand sa fille projette de rencontrer d'autres membres de la famille, elle tient à les recevoir tous chez elle. Pour être là. Pour médiatiser les rapports que Nadège entretient avec eux. Pour avoir prise sur elle, symboliquement, et montrer aux oncles, aux tantes, qu'avant d'être leur nièce elle est d'abord sa fille.

Par réaction, Nadège tient donc aussi à leur rendre visite, seule. Commence alors la comédie des clés : pour qu'elle puisse rentrer à l'heure de son choix, sa mère lui en confie un jeu. Ce n'est jamais le bon : « Lors de mon dernier séjour, je reviens d'un spectacle à minuit. Impossible de rentrer : ma mère s'est trompée de trousseau. Le lendemain, avant de sortir, je vérifie : c'est la bonne clé. Mais, en revenant, je ne peux pas ouvrir : ma mère a laissé la sienne dans la serrure. Dans les deux cas, elle a fait en sorte que je la réveille pour savoir à quelle heure je rentrais. Exactement comme lorsque j'avais 15 ans. Et j'en ai 42 !

Elle n'admettra jamais mon autonomie. Et c'est épuisant. Je dois sans cesse me défendre, en évitant de la bousculer trop durement : elle veut mon bien, elle en est convaincue. Et vouloir mon bien, pour elle, c'est me garder sous sa coupe... Non, elle ne se remet jamais en question, c'est moi qui ai mauvais caractère, qui suis "bizarre". Si bien que, lorsque je dresse quelque part un barrage, elle s'efforce soit de le détruire, soit de le contourner. Je dois donc sans cesse être vigilante. C'est vraiment lassant ! »

Maria, ou la dévoreuse

Nadège, Bernard résistent et parviennent, malgré tout — malgré l'amour envahissant de leur mère — à exister. Beaucoup d'autres ne le peuvent pas. N'essaient même pas : l'amour de leur mère les a à ce point étouffés et asphyxiés, il a si totalement éradiqué toute velléité d'indépendance qu'ils n'ont jamais tenté de s'émanciper.

Castrés, psychologiquement infirmes, ils n'ont jamais pu s'affirmer. Ni la quitter.

Tels sont les frères de Dolorès. 35 ans, secrétaire de direction, celle-ci ne doit son salut qu'à son statut de fille et de « petite dernière ». « Je n'intéressais pas ma mère. Elle n'a donc pas protesté quand, à 19 ans, j'ai quitté la maison. Je crois même que mon départ l'a soulagée : il n'y avait plus personne entre elle et ses fils. Elle pouvait s'y consacrer à plein temps. »

Le plus jeune, Marcello, a... 45 ans. Ouvrier boulanger, il vit chez ses parents. Ou plutôt, chez sa mère, avec sa mère — qu'il appelle par son prénom : *Maria*. Très jaloux de son père, mécanicien, aujourd'hui à la retraite, il a pris la place, dès l'adolescence de ce passionné de voitures qui partageait son temps entre son garage et le bistrot. Délaissée, sa femme a investi toute sa tendresse dans son fils et, satisfaisant tous ses désirs, tous ses caprices, a fait en sorte qu'il n'ait jamais envie de la quitter.

« Il se peut que Marcello ait eu quelques flirts, à 20 ans, dit Dolorès. Ma mère n'avait rien contre : pour elle, c'est au programme d'une vie de garçon. L'essentiel était qu'il dorme à la maison et, surtout, qu'il ne se marie pas. » Il ne s'est donc jamais marié, a cessé très tôt d'avoir des aventures, et n'a aucune amie.

Sa mère ne s'en étonne pas. « J'ai essayé, autrefois, de soulever cette question, dit Dolorès, mais maman refusait toute discussion. “Dans beaucoup de familles, répondait-elle, il arrive très souvent qu'un enfant reste avec ses parents. Cela n'a rien d'anormal.” J'ai tenté en vain d'en parler à mon frère : “Occupe-toi de tes oignons”, m'a-t-il lancé. »

Mais pourquoi chercherait-il une femme ? Il en a une à la maison, totalement dévouée, qui le nourrit, lui achète ses vêtements, l'accompagne quelquefois au cinéma, le félicite quand, en période de chasse, il revient la gibecière pleine de lapins ou de canards, assiste aux concerts de l'orchestre municipal — son fils y tient la grosse caisse...

Oui, pourquoi Marcello tomberait-il amoureux ? Le désir se nourrit de fantasmes, il s'éveille dans l'absence ou le manque : Marcello n'en a pas. Dès le berceau, sa mère — qui lui a donné le biberon jusqu'à 2 ans, et l'a lavé jusqu'à 15 ans —, sa mère a occupé la place. Toute la place. D'où pourrait surgir un désir qui lui fût étranger et qu'elle ne contrôlerait pas ? Il n'est pas un repli de son âme qu'elle n'ait amoureusement marqué de son sceau. Scellé de sa présence. Il n'est pas un battement de son cœur qu'elle n'ait réglé, pas un souffle de vie qu'elle n'ait capté et détourné à son profit.

Marcello, sans doute, n'en demandait pas tant. Toujours est-il qu'après avoir tant reçu il ne demande plus rien : il n'en a plus la force. Mais il ne le sait pas et se croit libre : il est heureux. Et il ne comprend pas pourquoi Fulbert, son frère, a eu l'idée saugrenue, un jour, de quitter le « nid » où il fait si bon vivre « sous l'aile protectrice de maman ».

« Quitter, c'est un grand mot, corrige Dolorès. À 17 ans — il en a aujourd'hui 48 — Fulbert a fait sa crise et a disparu pendant deux mois. Folle d'angoisse, maman a prévenu la police. On l'a retrouvé dans le Midi, comme ouvrier agricole. Il est revenu à la maison entre deux gendarmes. »

Deux ans plus tard, il en est reparti. Ou a fait semblant : « Un peu moins bloqué que Marcello, il s'est marié. Mais il a pris soin de ne rien faire qui pût contrarier maman : il n'a pas d'enfant — il reste donc son enfant — et vit avec une femme pas très intelligente, plutôt sèche, qui ne s'occupe pas du tout de lui et ne le materne pas : ma mère a donc conservé et sa place et sa fonction. Ce qui ne l'empêche pas de détester sa belle-fille. »

Les conflits sont fréquents : la belle-mère ne manque pas une occasion d'en provoquer. En faisant mine, naturellement, de vouloir le bien de ses enfants. Par exemple, le samedi matin, elle se fait un devoir de leur apporter des croissants chauds — Fulbert et sa femme habitent à cinq minutes de chez elle — et ne comprend pas pourquoi elle est mal reçue. « Mais elle y va à 8 heures du matin, quand ils dorment ! dit Dolorès. C'est du sadisme. D'ailleurs, elle s'immisce constamment dans leur vie : inconsciemment, elle cherche très certainement à récupérer son fils, qui ne s'est pourtant guère émancipé ; quand sa mère et sa femme se disputent, c'est toujours à la première qu'il donne raison. Furieuse, la seconde le met à la porte et, pour deux ou trois jours, il revient chez maman. »

Mais il n'a nul besoin de ces différends pour retourner chez elle : il y passe tous les jours. Y dîne souvent. Ou vient après le dîner regarder la télévision (bien qu'il en ait une chez lui), avec ou sans sa femme. De préférence sans. Le dimanche, il s'incruste :

« Je me suis longtemps demandé pourquoi il venait, dit Dolorès. La plupart du temps, il n'a rien à demander, rien à prendre. Mais il vient, s'installe sur le divan du salon, et y reste deux à trois heures. Je crois, finalement, que c'est un réflexe : la maison l'attire comme une lampe un papillon. Il a dû se marier par conformisme et, peut-être, parce que c'est plus commode, pour faire l'amour de temps en temps, d'avoir une femme chez soi.

Mais sa vraie vie, elle est chez maman, c'est près d'elle qu'il se sent bien. Il ne l'a en fait jamais quittée. Et maman en est heureuse. Quelquefois, quand elle passe près de lui dans le salon, elle s'arrête et, entre deux petites bises, lui dit : "C'est à moi, ça, c'est à moi !" Fulbert, en retour, lui caresse les cheveux : il est aux anges. »

Bernadette, ou la mère dis-moi tout

Il est des mères plus dangereuses, peut-être, que celle de Marcello et de Fulbert : celles qui sortent très tôt de leur rôle et se veulent les complices, les confidentes, les copines de leur fils ou de leur fille. Elles se croient libérales (et libérées), « dans le vent », décontractées. Convaincues d'instituer de nouveaux rapports — d'égalité — avec leurs enfants, elles les écrasent en douceur. S'installant au cœur même de leur intimité, et les invitant à partager la leur, elles les dépossèdent totalement d'eux-mêmes et rendent très difficile, quasiment impossible, toute maturation, toute séparation.

À 46 ans, attachée de presse, Bernadette se désole que son fils, Jean-Jacques (25 ans, interprète), n'arrive pas à se fixer sentimentalement et, au bout de deux ou trois mois, se lasse de ses amies. Elle se rend bien compte qu'elle y est, comme elle dit, « pour quelque chose », mais n'en perçoit pas la raison. Que son extrême intrusivité ait peut-être empêché ce garçon de se trouver et d'exister par lui-même lui paraît « une fable de psy ». « Moi, intrusive ? Mais je ne l'ai jamais forcé à rien ! »

Elle aurait dû. Pour qu'au moins une fois il lui dise *non*. Il n'en a jamais eu la possibilité : elle devance tous ses désirs, le protège, le couve — et le traite en bébé. Deux ou trois fois par semaine, elle passe chez lui — il lui a spontanément donné un jeu de clés —, fait le ménage, lave le linge et lui prépare à manger pour quelques jours.

Une fois — car elle vient sans prévenir et entre sans sonner —, elle a trouvé l'appartement occupé : son fils était avec une amie. Effrayée, celle-ci s'est réfugiée dans la salle de bains. Lui, presque nu, était un peu confus : « Je suis repartie aussitôt, bien sûr. Non sans lui avoir glissé à l'oreille : "Elle n'a pas l'air mal. Elle est même bien tournée. Essaie de la garder." » Trois jours plus tard, elle rompait. Et, comme chaque fois, il prit sa mère à témoin de son infortune.

Chacun, en effet, se confie à l'autre. « L'osmose est telle, dit Bernadette, que nous n'avons rien à nous cacher. C'est moi, d'ailleurs, qui la première me suis confiée. » En froid avec son mari, elle s'est ouverte à son fils de ses difficultés : ils n'ont presque plus de relations sexuelles, elle ne « sent » quasiment rien, peut-être devrait-elle consulter un sexologue, qu'en pense-t-il ?

Le malheureux n'en pense rien : il a lui-même des « problèmes » et en parle volontiers à sa mère :

« Il me reproche d'avoir idéalisé la sexualité. C'est vrai : j'étais très romantique. À l'adolescence, quand j'ai commencé à lui parler de ces questions, je lui ai expliqué que l'important, c'était l'amour, que le sexe était secondaire, qu'il fallait respecter une femme, qu'on ne lui sautait pas dessus. Il prétend que ça l'a bloqué. Toujours est-il que, pour lui, "baiser" *(sic)* ne va pas de soi. Il a une trop haute idée de la femme. Peut-être que mon image s'interpose et fait obstacle, je ne sais pas. J'ai dû me planter dans l'éducation que je lui ai donnée.

Maintenant, j'essaie de réparer les dégâts. Je lui achète des préservatifs et, quand il vient me dire qu'il n'a pas eu de relations sexuelles depuis quatre mois, je le secoue : "À ton âge, ce n'est pas sain !" Après l'avoir poussé à idéaliser, je l'encourage à baiser. S'il est aussi empoté dans trois mois — c'est le délai que je lui ai accordé pour se conduire en homme —, je le montre à un sexologue. »

Si elle se fait du souci pour son fils, Bernadette n'a aucune inquiétude pour sa fille, Lydie (27 ans, monteuse de films) : elle a de nombreux petits amis, et elle « baise » joyeusement. Poussée par sa mère, qui dès 15 ans la fournissait en pilules et l'incitait à « pratiquer » beaucoup de garçons pour « en dénicher un de valable », elle n'a pas de « problèmes » avec sa sexualité. Mais, à l'inverse de son frère, qui s'attache, mais ne peut « baiser », elle « baise » sans réussir à s'attacher. Bernadette ne s'en émeut guère : « Il y a si peu d'hommes bien, et Lydie est si exigeante ! Elle finira bien par trouver. »

En attendant, sa mère compte sur elle pour guérir de sa frigidité :

« Nous avons des échanges très intimes. Chacune veut savoir comment ça se passe chez l'autre. Comment elle a du plaisir. Comment elle pourrait en avoir davantage. On se dit tout. On va dans les détails. On confronte nos expériences. J'ai une relation d'adulte avec elle. Elle me dit : "Moi, c'est comme ça..." Et moi : "Voilà comment je m'y prends..." Et elle : "Mais non, ça, ça ne donne pas grand-chose. Essaie comme ça. Tu vas voir. Je suis sûre que tu jouiras plus." Quelquefois ça marche, mais, le plus souvent, je reste sur ma faim. Elle a beaucoup à m'apprendre. »

Bernadette a tout son temps : sa fille ne songe pas à quitter la maison, son fils y a toujours sa chambre, et tous les trois (le père, riche avocat d'affaires, est rarement libre) ont en commun « une passion » : la famille. « On passe toujours les vacances ensemble. On fait du canoë, de la montagne, le soir on parle de nos amours, on a tous les trois une relation fusionnelle. » Une relation si chaude, si brûlante, que la personnalité de ces jeunes gens s'y est perdue.

Ravages

Blessures légères, blessures profondes, ravages parfois : aucun amour ne laisse indemne, l'amour maternel, encore moins. Passé une certaine limite, il grève le développement affectif de l'enfant, entrave sa maturation et quelquefois la compromet absolument. Il n'est pas d'adulte, enfant chéri de sa mère, qui ne porte les stigmates, plus ou moins accusés, de son amour.

À chacun, sans doute, ses particularités : examinées à la loupe, ou au cas par cas, elles semblent uniques. Mais considérées dans leur ensemble, elles apparaissent comme autant de traits généraux, qui se retrouvent — accentués chez l'un, à peine ébauchés chez l'autre — chez tout un chacun. Ils sont si répandus qu'ils paraissent normaux et passent inaperçus. Propres, dit-on, à la « nature » des hommes comme à celle des femmes. Quand ils résultent tous — pas exclusivement, mais pour l'essentiel — d'un amour maternel trop envahissant — envoûtant.

Des hommes immatures

S'il est un trait commun aux hommes que leur mère a trop aimés — ou qui l'ont trop aimée —, c'est l'impossibilité de se déprendre de son image. Sans doute, les choix d'objet d'un adulte se réfèrent-ils toujours à l'objet premier qu'il a aimé. Mais cet objet n'est pas nécessairement un carcan : dans le meilleur des cas, il s'estompe, ou reste comme la toile de fond d'autres choix. Il est, très précisément, ce à partir de quoi d'autres choix sont possibles et, loin d'emprisonner, il libère.

Rien de tel dans le cas inverse. Le « marquage » est si fort que l'homme est incapable de s'en défaire. Il ne peut se déprendre de l'image maternelle, son premier objet d'amour est aussi le dernier. Prisonnier à son insu de cet objet, il le cherche et n'en trouve que de pâles reproductions ou de méchantes caricatures. Innombrables, ces hommes qui dans une femme cherchent leur mère ou, plus précisément, les émotions, les jouissances, les peurs aussi qu'ils ont éprouvées avec elle, et qui, chaque fois déçus, reprennent leur quête. Pour refaire, avec la suivante, la même décevante expérience.

Psychologue, Albert en est conscient. Quand il est, en tout cas, dans un « temps mort », entre deux aventures. Mais dès qu'une femme l'attire, il oublie ce qu'il sait, se persuade qu'elle est différente et constate, peu à peu, qu'il a encore choisi la même. Une femme de tête, dure, qui lui impose sa loi. Comme sa mère.

« Ma mère était très autoritaire : tout le monde devait lui obéir au doigt et à l'œil. Mon père s'est sauvé avant qu'elle le brise. Moi, elle m'adorait et c'était réciproque. À 6 ans, quand mon père est parti, je l'ai remplacé : j'ai dormi dans son lit. J'étais très troublé quand je la regardais se déshabiller : elle avait une manière d'enlever sa combinaison noire qui me bouleversait... Je me vautrais dans l'interdit. Sa mort, quand j'avais 15 ans, m'a désespéré. Je ne m'en suis pas remis. »

Peut-être ne s'est-il surtout pas remis de son emprise : l'approche d'une femme lui est toujours difficile, il hésite, craint de se faire rabrouer. D'autant plus que l'attirent principalement des femmes qui ont « du caractère » — des intellectuelles qui lui en imposent par leur savoir et leur « poigne » :

« Si une femme joue au chef, ça me ravit. Sa violence me désarme : je redeviens petit garçon, je me laisse faire. Mais ça ne dure qu'un temps : d'abord, parce que ma faiblesse finit par la décevoir. Ensuite, parce que je ne suis pas qu'un petit garçon : assez vite, l'autoritarisme de mon dragon m'insupporte. Au bout de deux, trois mois, c'est la rupture. Puis ça recommence... »

Impossibilité de faire un « bon choix » (puisque ce choix a déjà été fait), inconstance, demande de maternage (quelle femme n'a dit à un homme : « Mais, enfin, je ne suis pas ta mère ! »), immaturité, infantilisme, multiples dysfonctionnements sexuels (éjaculation précoce, « pannes » — symptômes d'une peur de la femme et, à l'arrière-plan, de la mère, ou de l'inceste avec la mère), clivage « classique » entre la tendresse et le désir (on ne « couche » pas avec sa femme/mère ou, si l'on « couche », on en fait fantasmatiquement une putain) : ces constantes de l'affectivité et de la sexualité masculines sont autant de produits dérivés, ou d'effets pervers, d'un amour maternel qui n'a pas su être discret. Et peut-être, par « nature », ne peut l'être.

C'est là l'échec majeur de cet amour. Et son paradoxe.

Échec ? L'impossibilité, pour la quasi-totalité des hommes, de nouer une relation « normale », équilibrée, avec une femme ; leur incapacité à la comprendre ; ce dialogue de sourds à quoi se réduisent, si souvent, leurs échanges.

Paradoxe ? N'est-ce pas une femme, en principe, qui peut le mieux introduire un garçon dans le monde des femmes, le rendre sensible à la féminité (la leur, comme la sienne propre), servir de lien entre elles et lui ? Sans doute, les mères — les mères relativement normales et raisonnablement aimantes — jouent-elles en partie ce rôle.

Mais en partie seulement : tout se passe, trop souvent, comme si, au lieu de dégager l'horizon, elles le bouchaient. Comme si, au lieu de faciliter l'accès à la planète des femmes, elles le fermaient. Comme si, au lieu de permettre aux garçons de les comprendre et de les aimer, elles les leur rendaient étranges, redoutables, effrayantes, à n'approcher qu'avec précaution, à fuir ou à mater.

Elles ne le font pas exprès, bien sûr, elles n'en peuvent mais. Moins à cause de leur jalousie (fréquente, lors des premières amours de leur fils), moins à cause de cette pulsion d'emprise qui les travaille et les taraude toutes, qu'en raison de l'inégalité de la relation mère/enfant.

Par la force des choses, elles le dominent. Les premiers mois — décisifs dans la formation de sa personnalité — il est à leur merci. Assigné à résidence dans leur amour. Incapable d'y poser une limite. Et, parfois — car il a déjà sa propre activité fantasmatique —, percevant comme un débordement, ou une menace pour son intégrité, un geste normal de tendresse. Et s'efforçant d'y résister. Et provoquant en retour, par cette résistance (cris, troubles fonctionnels) qui affole sa mère, un surcroît d'amour.

Comment sortir de ce piège, surtout lorsque au moment où le garçon tente d'y échapper, sa mère s'efforce inconsciemment de le refermer ? C'est le drame de la plupart des hommes, condamnés, par cet affrontement avec leur mère, à une certaine anormalité, à une approche très ambivalente des femmes, à une relation si souvent conflictuelle.

Des femmes perturbées

Les femmes ne sont pas mieux servies. Ou traitées. Et il se peut que l'amour maternel les pénalise plus que les hommes : si ceux-là le sont dans leur rapport à l'autre sexe, les femmes le sont dans leur rapport à elles-mêmes.

Même profondément aliéné à sa mère, à sa compagne, un homme peut se réaliser dans d'autres domaines : il n'est pas atteint dans son être même. Il peut s'affirmer dans sa profession, et même donner le change sur ses capacités amoureuses, en multipliant les aventures.

Les filles ont une moins grande liberté de manœuvre. Beaucoup plus dépendantes de leur mère, qu'elles sont censées prolonger et/ou reproduire, elles s'en détachent plus difficilement, avec plus de culpabilité, et subissent souvent, dans l'enfance, une pression plus lourde, plus totalitaire qu'un garçon. Dans l'esprit de leur mère, leur destin est tracé : elles seront mères. Obéissantes, elles le sont presque toutes.

Obligées ensuite de lutter pour s'affirmer — la pulsion d'emprise des grands-mères est aussi forte que celle des mères —, culpabilisées par leur résistance puisqu'en même temps qu'elles tiennent à s'en démarquer elles s'identifient à leur mère, doutant d'elles-mêmes — seront-elles à la hauteur du modèle, ou capables d'en prendre le contre-pied ? —, elles ont plus de difficultés à devenir autonomes.

Mal à l'aise, elles retournent souvent contre elles l'agressivité que, trop « gentilles », trop dépendantes, elles n'ont jamais manifestée à leur mère : elles se punissent en se « sacrifiant ». Puis se révoltent à leur façon, s'en prennent à leur entourage, à l'enfant, au mari.

D'où ce caractère que les hommes qualifient souvent de « fantasque », ces « sautes d'humeur » qu'ils attribuent à leur physiologie — à leurs règles, entre autres ! — quand c'est leur rapport à leur mère qui est profondément déréglé.

Si les moins perturbées échappent en partie à son emprise, il en est beaucoup d'autres qui en restent prisonnières. À la différence des hommes, elles sont moins atteintes dans leur sexualité que dans la confiance qu'elles ont en elles, et qui demeure très fragile. L'amour de leur mère, l'admiration qu'elles lui portent, les empêche d'avoir accès à leur désir et d'affirmer leur indépendance.

« Maman, c'est tout pour moi ! »

Si vivre chez sa mère signe à coup sûr la dépendance affective d'une jeune femme (comme d'un homme jeune), l'éloignement géographique ne signifie pas toujours qu'elle s'en est libérée.

Lucile, 26 ans, décoratrice, a quitté Paris et sa mère pour s'installer dans l'Aveyron, avec un peintre, de vingt ans son aîné. Mais elle ne parvient toujours pas, dit-elle, à « [s']affirmer comme personne ».

« De ma mère, j'ai la même image qu'autrefois. Celle d'une femme très forte. Très vraie. Admirable pour son intelligence et ses vertus. Un modèle. Gamine, je n'ai jamais pu lui mentir, je n'en avais même pas envie, j'avais peur de la décevoir. Ses yeux, d'un bleu transparent, me fascinaient. Je n'avais qu'un désir : lui plaire. Mériter son estime. Autour de moi, je n'entendais que des louanges : "Ah, ta mère !" Comment, quand j'étais énervée (ça m'arrivait), aurais-je osé me plaindre ? Je m'en voulais, au contraire ! J'avais peur de perdre son amour. Ma mère, c'était tout pour moi ! »

Ce l'est toujours. Lucile ne l'a quittée qu'avec son accord. Après s'être assurée qu'elle ne lui en voudrait pas, que son ami lui plaisait, qu'elle ne tarderait pas à leur rendre visite, qu'elles se téléphoneraient tous les jours. « On s'appelle tous les soirs. Tantôt l'une, tantôt l'autre. On se raconte tout. Comme autrefois, je compte sur elle pour les menues corvées de la vie quotidienne : rédiger une lettre administrative, la déclaration d'impôts... C'est elle qui s'en charge. »

Tout est donc pour le mieux ? Oui, ou presque : Lucile en veut à sa mère, qui vit seule, de s'être engagée dans une nouvelle relation amoureuse. « Elle a 50 ans, elle pourrait s'arrêter, quand même ! » Jalouse ? Elle l'admet volontiers : « Je ne supporte pas qu'elle ait quelqu'un. Quand j'habitais avec elle, je lui rendais la vie impossible, elle finissait par rompre. Aujourd'hui comme autrefois, j'ai peur d'être abandonnée, j'ai été tellement habituée à l'avoir pour moi toute seule que la présence d'un tiers me panique. »

Pour l'instant, elle ne songe pas à entreprendre une analyse. Enceinte de six mois, elle s'apprête à regagner Paris car elle veut accoucher près de sa mère. Peut-être même lui laissera-t-elle le bébé quelques mois : « Ça l'occupera tant que ça la détournera de son mec, j'en suis sûre ! »

Quant à son peintre, en Aveyron, il commence à perdre patience : il croyait aimer une femme, il se retrouve avec une gamine. « Je serais triste qu'il s'en aille, dit Lucile. Mais je crois que je m'en remettrais assez vite : mon seul amour, c'est ma mère ! »

VI

DU PAREIL AU MÊME ?

> *« Quand on éduque un enfant, il apprend à éduquer. Quand on fait la morale à un enfant, il apprend à faire la morale ; quand on le met en garde, il apprend à mettre en garde ; quand on le gronde, il apprend à gronder, quand on se moque de lui, il apprend à se moquer, quand on l'humilie, il apprend à humilier, quand on tue son intériorité, il apprend à tuer. Il n'a alors plus qu'à choisir qui tuer : lui-même, les autres, ou les deux. »*
>
> Alice MILLER

1

TURBULENCES CONJUGALES

Les mères seraient peut-être moins tentées d'investir autant dans leurs enfants, leur emprise serait peut-être moins forte et moins dangereuse, si elles trouvaient dans leur couple les gratifications (narcissiques, sexuelles) qu'elles en recevaient les premiers temps.

Quand on parle d'elles, en effet, on oublie trop souvent qu'avant d'être mères elles sont femmes ; qu'en décidant de vivre avec un homme elles cherchent d'abord à s'épanouir comme femmes ; et qu'un couple, en se formant, n'a d'autre fin que lui-même. On ne se marie plus, sauf exception, par intérêt, pour associer des fortunes, des terres ou des entreprises, mais par amour, ou inclination. Et c'est de l'autre, d'abord, qu'on attend une réponse à ses aspirations.

Si avoir des enfants fait généralement partie du programme, ce n'est d'abord qu'un projet assez vague : il se réalisera un jour ou l'autre, on ne sait trop quand. À moins d'être pressés par l'âge ou quelque autre considération particulière, la plupart des couples ne décident pas, lorsqu'ils commencent à vivre ensemble, du moment où l'enfant sera conçu. Ils ont le temps, pensent-ils.

Il arrive qu'ils le prennent. Puis estiment, un jour, que le moment est venu. Comme il arrive que l'enfant s'annonce un peu plus tôt que prévu. Mais que sa conception soit planifiée ou accidentelle, elle est toujours révélatrice d'un manque ou d'une faille, dans l'unité première et fantasmatique du couple.

L'enfant, ciment du couple ?

Passé l'euphorie des premiers temps et d'une fusion imaginaire, où chacun croit trouver dans l'autre un autre lui-même, des différences se manifestent, parfois des dissonances : un instant estompée, la singularité de chacun ressort, s'affirme, avec ses besoins, ses exigences propres et, par le jeu qui disjoint légèrement les partenaires, le poids des traditions et des conditionnements redevient décisif.

Lui investit de nouveau dans son travail et ses « activités d'homme » (même quand l'épouse est une intellectuelle, le bureau, observe F. de Singly, est toujours le lieu de l'époux[22]), il marque, dans l'espace et le temps, sa différence. *Elle*, qu'elle travaille ou non, reste centrée sur le couple. Un couple qu'il importe désormais de consolider.

C'est d'autant plus nécessaire qu'au moment où s'accuse la singularité des partenaires, leurs échanges sexuels ne sont plus tout à fait ce qu'ils étaient. L'accoutumance, la désidéalisation naissante ou largement avancée, la résurgence, chez l'un ou l'autre, de craintes et de fixations infantiles, le rejet, éventuellement, de certaines pratiques (sodomie), le « décentrage » de l'autre, parfois sa marginalisation dans le champ de vie et d'intérêts de chacun — tous ces facteurs peuvent entraîner une moindre satisfaction sexuelle : on est content de faire l'amour, mais on le fait un peu moins, et ce n'est plus « l'extase » des premiers jours.

C'est alors, dans cette atmosphère de (relatif) désenchantement, que le désir d'enfant apparaît. Ou, plutôt, c'est au moment où les premiers plaisirs (être ensemble, « faire des choses ensemble ») perdent leur intensité, que ce désir, d'abord assoupi ou en veilleuse, se réveille :

« Le désir d'enfant dans un couple est toujours substitutif du désir sexuel, dit la psychanalyste Monique Bydlowski. Prenons l'exemple d'un jeune couple, jeune dans leur rencontre et très amoureux. Ils ont envie de faire l'amour, ils n'ont pas envie de faire un enfant. Désirer un enfant, ça vient peut-être quand il y a une certaine satiété ou quelque chose comme cela, un peu d'épuisement du désir sexuel [23]. »

Né d'un manque, l'enfant a pour fonction de le combler. De boucher les failles et les interstices. De rapprocher les partenaires et de consolider leur union. Il y arrive parfois, s'il s'inscrit dans une structure conjugale forte, si d'autres facteurs, conscients ou inconscients, assurent la cohésion du couple, si chacun a trouvé dans l'autre une réponse à ses attentes essentielles.

C'est assez rare : un couple sur deux, en France, divorce dans les cinq ans qui suivent sa formation.

L'enfant n'en est pas seul responsable, évidemment, mais il y contribue. Comme il contribue, dans les couples qui poursuivent une vie commune, à modifier en profondeur les relations entre conjoints. À les dissocier plus qu'à les rapprocher, à les marquer davantage dans leurs rôles spécifiques, à transformer radicalement l'image qu'ils ont l'un de l'autre, partant, leurs attitudes et leurs conduites.

L'homme, la femme se dédoublent : ils étaient amants, ils deviennent parents. Ils ne sont plus centrés l'un sur l'autre, mais sur un tiers : ils font ménage à trois. « Ce n'est plus la même histoire, constate une sage-femme, Chantal Birman. D'un seul coup, chacun s'autonomise, chacun est renvoyé à lui-même et doit réinventer un nouveau rapport à l'autre. Il appartient à la femme, qui s'engage dans un devenir-mère, de rester femme, à l'homme, de la confirmer dans ce qu'elle devient, même si cela lui échappe un peu. Presque toujours, il échoue. »

Elle attend un enfant : il la quitte

L'échec est quelquefois immédiat. L'annonce d'une grossesse, qui provoque si souvent la fuite de l'homme quand le couple ne cohabite pas, peut entraîner, quand il mène une vie commune, une rupture :

« Mon mari s'est d'abord réjoui, ou a fait semblant, je ne sais pas, quand je lui ai appris que j'attendais un enfant, dit Catherine. Mais lorsque cela a commencé à se voir, il m'en a voulu, comme si je lui avais joué un sale tour : "Avant, c'était abstrait, m'a-t-il dit, maintenant, c'est concret : tu grossis, tu deviens difforme, je ne reconnais plus celle qui m'a séduit."

Pendant des mois, il ne m'a pas adressé la parole, il ne m'a plus touchée, évidemment. Il disparaissait des jours entiers. Deux semaines avant l'accouchement, il m'a quittée. Nous habitions à la campagne, à 50 km de l'hôpital le plus proche : en partant, il a pris la voiture. Je ne l'ai revu que dix ans plus tard, quand ma fille a commencé à l'intéresser. »

Pareille réaction, aussi brutale, aussi radicale, est probablement assez rare. Beaucoup plus fréquente est la distance que la grossesse introduit dans un couple, à moins qu'elle n'accroisse celle qui existait déjà :

« C'est quand la femme est enceinte qu'elle est le moins attachée à l'homme[24] », dit le psychanalyste Jacques Hassoun. C'est à ce moment-là qu'en retour l'homme ne la reconnaît plus tout à fait et la désire beaucoup moins : « Certains hommes sont complètement réfrigérés par la maternité, dit Mme Bonal. Puisque leur compagne va être mère, puisque, dans leur inconscient, elle l'est déjà, qu'elle leur rappelle leur mère et réveille la peur de l'inceste, ils n'y touchent pas. Ils justifient leur froideur, ou leur réserve, en disant qu'ils ont peur d'abîmer l'enfant. »

Elle est enceinte : il ne la désire plus

Véronique a connu pareille situation. Content d'apprendre qu'elle attendait un enfant, son mari ne l'a pas supportée enceinte :

« Il m'a vue en mère. Il s'est imaginé qu'il y avait quelqu'un d'autre dans la chambre. Que je n'étais plus une femme. Ce qui était faux : je ne désirais pas outre mesure cet enfant, je n'étais pas une forcenée de la maternité. Mais ni mes explications ni mes avances ne l'ont rassuré. C'était épouvantable à vivre. Si vous pouviez faire savoir aux hommes qu'une femme enceinte reste une femme, et qu'une jeune mère n'est pas uniquement une maman... »

Toutes les femmes ne sont pas aussi décontractées. Mais, dans l'ensemble, leurs attitudes sont plus nuancées que celles des hommes. Certaines, qui revivent leur propre relation d'enfant à leur mère, se détournent de leur compagnon : il n'est plus leur amant, il n'est qu'un père en puissance — neutralisé, asexué.

Mais d'autres ne se replient pas sur elles-mêmes, elles restent femmes. Les unes, comme Véronique, sans fausse honte, quelques-unes, un peu gênées d'éprouver encore du désir :

« Celles-là me demandent si elles peuvent continuer d'avoir des relations sexuelles, dit Mme Bonal. Intimidées par le discours populaire sur la maternité — “une femme enceinte ne doit penser qu'à son enfant” —, elles demandent la permission de faire l'amour. C'est presque comme si on leur faisait un certificat du genre : “Je, soussignée, gynécologue, autorise Mme X. à...” »

Le mari peut attendre

Souvent bancales pendant la grossesse, les relations sexuelles ne s’améliorent pas toujours après, et continuent parfois de se dégrader ou, plus précisément, de se raréfier.

On attribue souvent cette baisse du désir, dans les semaines qui suivent l’accouchement, à l’état physique de la femme. C’est vrai, mais en partie : « Il y a assurément des facteurs anatomiques, rappelle Bertrand Cramer. Beaucoup de femmes ont des accouchements traumatiques : déchirures, épisiotomies importantes, coupures au niveau du vagin, généralement vers l’anus. Oui, elles sont nombreuses à avoir des difficultés sexuelles d’ordre mécanique. »

Elles ont aussi d’autres préoccupations : « Le plus souvent, elles s’investissent tellement dans leur rôle de mère, poursuit Bertrand Cramer, qu’elles délaissent leur mari. » Accaparées par les soins du bébé — « Si je ne m’en occupe pas assez, il va mourir » —, réveillées deux ou trois fois par nuit (ce sont elles, généralement, qui se lèvent, consolent, donnent un biberon), partant fatiguées et inquiètes au travail, en revenant exténuées, où, quand, comment trouveraient-elles le temps, et la possibilité, de désirer ?

« On n’a plus les mêmes relations, dit Isabelle. Le désir baisse. On est tellement fatigués qu’en se couchant on s'endort. On n'a plus la tête à ça. Mon mari a pris sur lui, mais quand même, ça pose des problèmes dans le couple. »

La fatigue n'explique pas tout, et il est une autre raison, plus fondamentale, qui provoque le déclin du désir : orienté jusque-là vers l'homme, il se déplace et se fixe, en se transformant, sur l'enfant. Qui n'est pas seulement pour la mère un objet de soucis et de soins, mais un objet érotique.

Érotique, déjà, pendant la grossesse, quand elle éprouve du plaisir à percevoir ses mouvements, à se toucher le ventre et le caresser, à se montrer. Érotique après, quand elle l'allaite, lui caresse la peau, l'embrasse de la tête aux pieds, le presse contre elle, quand, par les mains, la bouche, les yeux, elle éprouve une double jouissance : sensuelle et narcissique.

« L'origine de l'effritement du désir se situe... dans l'importance accordée par la mère à l'enfant comme objet érotique », rappelle la psychanalyste Danielle Bastien[25]. Et Monique Bydlowski : « Le maintien de l'érotisation de l'enfant à la naissance contribue à nombre de ruptures conjugales[26]. »

« Elles se dévouent. »

Trouvant leur plaisir dans l'enfant, bien des femmes supportent, plus qu'elles ne les désirent, des relations sexuelles qui ne les satisfont plus autant : « Prendre plaisir du corps à corps avec le bébé ou avec l'enfant est une chose, maintenir un équilibre conjugal avec une sexualité déficiente en est une autre, écrit Danielle Bastien. La sexualité devient alors, pour la femme, contrainte ou dévouement[27]. »

Gynécologue, Catherine Roux le constate quotidiennement : « Pour les mères, la sexualité n'est plus un problème majeur. Après l'accouchement, elles disent souvent que ça ne les intéresse plus. Elles se sentent plus mères que femmes et les rapports ne sont pas toujours confortables. »

Fabienne, qui eut un accouchement difficile, appréhendait « terriblement » le premier rapport : « Je suis douillette, je n'avais pas très envie. Mais, un jour, mon mari m'a dit : "Bon, ça fait un mois, ça suffit. Maintenant, tu peux recommencer." Ça faisait un peu mal, mais je ne voulais pas le décevoir. »

Si le mari n'est pas trop pressé, elles obtiennent un sursis :

« Beaucoup attendent quatre mois pour reprendre, dit le Dr Claire Niaudet. Elles ont autre chose à penser. Elles ont vécu quelque chose d'important : le ventre qui gonfle, se dégonfle brutalement, l'arrivée du bébé, la pression sociale, qui les cloue à leur rôle de mères. Elles n'ont plus envie, c'est inévitable. »

Les hommes le vivent plus ou moins bien. J'entends beaucoup de souffrances à cause de ce manque de désir, elles voient bien que ça perturbe le couple. Mais peut-être que cela les contente quelque part. Au niveau de leur masochisme : "Tu vois, je m'en occupe bien, du bébé. Et toi, tu veux faire l'amour ?" Leur sadisme aussi y trouve son compte. »

Sans doute, commente Michèle Detoeuf, gynécologue. « Mais ce n'est pas facile de se retrouver mère et nana à la fois : elles n'ont vraiment pas envie, mais tellement d'hommes sont impatients ! Autant par jalousie — ils se sentent mis à l'écart — que par besoin. Je conseille à mes patientes de répondre de temps en temps à leur attente. Par gentillesse. Pour faire plaisir. Et puis, avoir des rapports leur évite de n'être que dans la fusion et l'amour maternel. Ça leur permet de redevenir femmes. »

Les hommes aussi désirent moins

Souvent décevante pour elles, la sexualité conjugale n'est pas toujours gratifiante pour leurs compagnons et leur pose problème, car il leur faut intégrer la maternité dans la représentation qu'ils ont de leur femme.

« Le fait que sa femme devienne mère — et donc mère phallique — provoque une chute de l'idéalisation, écrit Danielle Bastien. Tout va donc dépendre de la capacité de l'homme à jongler avec l'idée *la mère de mes enfants est encore une femme* et, du côté de la nouvelle mère, de sa capacité à reconnaître la non-complétude avec son enfant[28]. »

Exercice difficile, pour l'un comme pour l'autre, et que beaucoup d'hommes ne réussissent pas, ou à demi : ils n'idéalisent plus, ne fantasment plus, ne désirent plus, ou beaucoup moins.

Quelques-uns sont totalement inhibés. N'ont

plus envie. Ou ne peuvent pas. Complètement infantilisés, ils se retrouvent petits garçons devant leur mère.

Longtemps, le mari de Véronique, qui déjà ne l'approchait plus quand elle était enceinte, n'éprouva aucun désir : « J'ai été très déçue par son attitude. Je croyais que tout allait reprendre comme avant. Or je n'ai senti que de la méfiance. Même une caresse lui coûtait. Il devait projeter sur moi la haine qu'il a pour sa mère... Il a tout mélangé : sa mère, sa femme, la mère de son enfant. Il a mis tout le monde dans le même panier. »

Pour éviter ce genre de confusions, certaines se dédoublent et distinguent nettement leurs rôles : mères le jour, quand elles ne travaillent pas ou travaillent chez elles, femmes le soir.

Toute la journée « en chaussons et robe de maison », Fabienne se changeait avant le retour de son mari : « Je me maquillais, je mettais une robe du soir, des chaussures fines. C'était sa femme, élégante, séduisante, qui lui ouvrait la porte. Il aimait bien ses enfants, les deux premiers en tout cas, mais il ne désirait pas leur mère. C'était sa femme qu'il voulait. Ce stratagème a pu fonctionner quelques années. »

Bien des hommes tentent également de dissocier femme et mère, et s'ingénient à créer des situations où ils retrouvent celle qui les a séduits :

« Je ne rentrais qu'après le coucher des enfants, dit Pierre. J'allais les embrasser, bien sûr, mais ensuite Suzanne n'était qu'à moi. Souvent, nous sortions tous les deux, au cinéma et au restaurant.

Une fois, comme je la désirais très fort, je lui ai proposé d'aller à l'hôtel. Elle a refusé : "C'est absurde, nous avons un bel appartement." C'est vrai, mais s'il n'y a pas de surprises ni d'imprévus qui brisent la routine du quotidien, on s'assoupit, on ne se voit même plus, et le désir baisse très vite. On a besoin de le stimuler.

Quoi de plus triste, par exemple, qu'un lit conjugal ? Un lit où l'on se couche épuisé, où elle a dormi enceinte, où l'on a dû, pendant des mois, faire attention à ne pas la brusquer ? Un lit d'hôtel, un fourré dans un bois, un coin de plage entre deux rochers, ça, c'est un nid d'amants ! »

Parents et amants ?

Ces artifices n'ont qu'un temps. La vie quotidienne soumet peu à peu le couple à son ordre implacable. Travail, soins des enfants, sorties familiales : les parents, peu à peu, chassent les amants.

Corinne l'explique très bien :

« Tu rencontres un mec. Au début, c'est ton amant. Tu vis une histoire d'amour. Il y a de la passion. Du sexe. Puis arrivent les enfants. Et tu vois cet homme, que tu admirais, se transformer en père. Comme il te voit se métamorphoser en mère.

C'est impossible de tenir les deux rôles. Peut-on rester à la fois parents et amants ? C'est le sujet favori des quadras. Moi, je pense que, globalement, ce n'est pas possible. Mais il n'y a pas de quoi en faire un drame ! C'est dans l'ordre des choses. Il faut faire son deuil de ce qu'on était auparavant. Évidemment, ce n'est pas "correct" de le dire. Tout le monde, y compris la presse féminine, voudrait nous faire avaler qu'on peut être à la fois parents et amants. Ce n'est pas vrai. On n'a pas le temps. Beaucoup d'enfants ne sont pas couchés à 20 h 30. Ils vous bouffent la soirée. La nuit, ils ont des cauchemars, veulent un verre d'eau, un câlin, ils ont mal au ventre ou se rappellent qu'ils n'ont pas fait leurs devoirs.

Et si vous êtes absente toute la journée, vous avez envie de passer du temps avec eux, de leur parler. Après, vous êtes crevée. Et hop, d'un seul coup, Messaline va apparaître ? Non, ça ne se passe pas comme ça. Mais ce n'est pas une tragédie ! Ça fait partie des métamorphoses de la vie, c'est la condition humaine. »

Résignation ? Pas tout à fait, puisque, estime Corinne, « beaucoup cherchent des compensations ailleurs. La majorité de mes copines trompent leur mari. Ou ne pensent qu'à ça. Et la plupart des mecs que je connais font pareil : "bons" maris, "bons" pères, ils se ménagent des moments de liberté, où, dégagés de leurs charges familiales, ils se donnent l'illusion d'être des hommes neufs, seuls, prêts à toutes les aventures ».

La plupart trompent ? C'est vite dit. Mais beaucoup cherchent à compenser l'effacement de leur femme par une activité qui leur soit propre (travail, sport, militantisme). Encore ne s'y résignent-ils qu'après coup. Assez souvent, ils sont, au début, de bonne volonté. Prêts, comme ils disent, à « aider ». Volontaires pour donner le biberon, laver, langer. S'identifiant au bébé, c'est le petit enfant, en eux, qu'ils soignent et protègent.

Il arrive que leur femme l'accepte et se décharge sur eux d'une partie de ses obligations (se lever la nuit, par exemple, plutôt que donner le biberon). Mais il arrive encore plus souvent qu'elle s'y oppose ou n'y consente qu'à contrecœur. En principe, parce qu'il lui paraît évident qu'elle est beaucoup plus qualifiée, et qu'un homme ne sait pas faire, ou fait moins bien. Mais, surtout, parce qu'elle se sent dépossédée de son rôle de mère, et d'abord de son enfant. Disqualifiée. Et frustrée des jouissances que les soins du bébé lui procurent. Elle s'efforce donc de reprendre l'initiative ou de conserver l'exclusivité. Quitte à reprocher à son compagnon de ne pas « participer ».

« J'ai tout fait pour l'aider, dit Jean-Jacques. Mais elle était tout le temps derrière moi, à m'observer, me critiquer : l'eau du bain était trop chaude, ou trop froide, le biberon, brûlant, trop tiède ou mal stérilisé, l'épingle de nourrice risquait de s'ouvrir et de le blesser... J'ai fini par abandonner. » Et il s'est senti abandonné...

Les hommes sont jaloux

Qu'ils aident leur compagne, ou s'abstiennent, beaucoup d'hommes s'estiment délaissés par des femmes qui privilégient leur rôle de mère : « On ne se voit plus, on ne sort plus ensemble, il n'y a que lui qui compte », disent-ils.

« Mon mari est jaloux de l'attention que je porte à nos enfants, dit Catherine. "Je ne compte plus pour toi", me répète-t-il. » « C'est vrai, reconnaît Christine, les quatre ou cinq premières années après la naissance de Judith, j'ai eu peu de temps à donner à mon mari. Ces journées coupées par les biberons, les couches, la sieste, il les a très mal vécues. On a pris une baby-sitter. Mais il ne comprenait pas que je sois angoissée de les laisser ; que je culpabilise quand j'allais avec lui au cinéma ; qu'à mi-repas, quand nous étions au restaurant, j'éprouve le besoin de téléphoner, de m'assurer que tout allait bien. Finalement, il est parti. »

Comme est parti le mari de Béatrice :

« Un récidiviste, dit-elle. Il a quitté sa première femme parce qu'il ne supportait pas sa petite fille de neuf mois. Mais il a eu très envie d'avoir un enfant avec moi, et il a été ravi que ce soit un fils. Pourtant, dès la première semaine, il a été jaloux. Et même avant : quinze jours avant mon accouchement, il a vendu la voiture et s'est acheté une moto... Il ne s'est jamais occupé de ses enfants. Une ou deux fois l'an, il les invite au restaurant.

Beaucoup d'hommes, poursuit Béatrice, régressent à l'état infantile quand ils ont un enfant. Ils ne se sentent plus aimés par leur "maman" et, jaloux, perçoivent l'enfant comme un rival. Exactement comme un gamin de cinq ans peut être jaloux du petit frère qui vient de naître. »

Jalousie féroce, quelquefois, qui peut aller jusqu'aux coups. Dès que les enfants de Lucienne entendaient dans l'escalier les pas de leur père, ils étaient terrorisés :

« En entrant, c'était tout juste s'il prenait le temps de me faire une bise. D'un œil mauvais, il inspectait les lieux : si des jouets traînaient dans le salon, il se mettait à hurler, appelait ses fils, les brutalisait. À table, il leur imposait le silence : “Votre mère est avec vous toute la journée, ça ne vous suffit pas, non ?” criait-il.

J'imagine qu'à ces moments-là il se libérait des fureurs rentrées de son enfance, quand son beau-père, à qui il n'osait rien dire, lui “volait” sa mère. Mais ce n'était quand même pas une raison pour s'acharner sur les gosses ! Ces moments-là étaient atroces : comme j'essayais de protéger mes fils, il m'accusait de faire bloc avec eux. Et redoublait de méchanceté. Nous avons fini par divorcer. »

Rivalité tous azimuts

Cercle infernal, où chacun — le père, l'enfant — tire à hue et à dia et déploie toute sa fureur, ou tous ses charmes, pour accaparer celle qui en donne toujours trop à l'autre. À l'homme qui, plus mari que père, privilégie la femme, s'oppose l'enfant, qui veut sa mère toute à lui. Et, par là même, accroît la jalousie du père.

« Avocate, maman rentrait très tard de son cabinet, dit Julien. En l'attendant, mon père et moi, nous étions copains. J'avais dix ans à l'époque, il m'aidait à faire mes devoirs, on plaisantait. Mais, dès que maman arrivait, nos relations se gâtaient : j'avais envie de lui raconter ma journée, je m'asseyais sur ses genoux, pendant qu'elle se détendait sur le fauteuil, pour l'avoir à moi et faire obstacle à mon père. Lui, il n'avait qu'une idée : m'expédier dans ma chambre. Selon les jours, ma mère privilégiait l'un ou l'autre. Ni lui ni moi n'étions jamais satisfaits. Nos accrochages étaient parfois très violents. »

Il arrive aussi que les cartes se distribuent autrement, et que le père devienne l'enjeu d'une rivalité entre sa femme et sa fille.

Marie-José, 9 ans, est amoureuse de son père : dès qu'il rentre, « elle lui saute au cou, se blottit contre lui, chasse » sa mère et, le dimanche matin, le(s) rejoint dans leur lit :

« Qu'est-ce qu'elle m'embête ! dit Martine. Elle me pique mon mari. Elle essaie de me chasser du lit. Elle est déjà une petite femme, elle utilise au mieux son pouvoir de séduction, et ça réussit : son père est sous le charme. Je ne croyais pas qu'une gamine de cet âge pouvait être aussi femelle que ça ! Nos rapports sont essentiellement des rapports de force. Heureusement que j'ai mon fils pour me rattraper ! »

Un schéma très discutable

Père arbitre, père séparateur ? C'est son rôle, dit-on. Et l'on dit juste, en théorie : en offrant à l'enfant un autre modèle d'identification et d'amour, il lui permet de se détacher de sa mère, l'extrait d'une relation trop souvent fusionnelle, l'ouvre sur le monde extérieur et, porteur de la Loi, l'aide à se structurer.

Schéma parfaitement cohérent, qui conceptualise la réalité familiale telle qu'elle pouvait exister dans les milieux aisés au début de ce siècle, mais qui correspond beaucoup moins à la situation actuelle. À supposer, d'ailleurs, qu'il n'ait pas singulièrement simplifié et idéalisé celle d'hier.

Il prend comme base de réflexion, en effet, la famille bourgeoise et magnifie le rôle et la personne du père : à la mère — qui ne travaille pas, est « l'âme du foyer », source de chaleur et d'intimité, qui aime et chérit ses enfants — s'oppose le père, ferme ou rigide dans ses principes, source d'autorité, chargé, par l'exemple qu'il donne (il travaille, apporte l'argent, participe à la vie sociale), de faire de ses enfants des êtres responsables. Autrement dit, et en clair : la femme est matière — matière visqueuse, pure subjectivité, affectivité incontrôlée —, l'homme est esprit, raison, vertu et principe d'ordre.

Pareilles divagations ont-elles jamais correspondu à la réalité ? Le père traditionnel, sans doute, est le représentant du pouvoir dans la famille, c'est lui qui exerce l'autorité. Celle qui se voit. Celle qui gère la destinée de chacun. Celle, aussi, qui fait peur, terrorise, écrase, et dont l'enfant se protège en cherchant refuge près de sa mère.

Ce père-là sépare, assurément, puisqu'il existe, s'interpose, dit le vrai et le juste. Mais il le dit d'une manière telle qu'indirectement il rapproche : que de garçons et de filles ont trouvé près de leur mère, qu'ils n'en aimaient que plus, la tendresse que leur père leur refusait. Et que de mères, comme cela se constate dans bien des pays du tiers-monde, ont déployé, face à l'autoritarisme du maître de maison, un véritable contre-pouvoir, clandestin, certes, mais souvent plus efficace, plus en prise sur les réalités de la vie de leurs enfants que le pouvoir de l'homme.

Les pères séparent de moins en moins

Ce père-là, dans les pays développés, n'existe plus. Ou de moins en moins. À titre de vestige et, pour certains, de nostalgie.

Dans un nombre croissant de familles, il n'y a plus de père du tout : 12 % des mères élèvent leurs enfants seules. 7,5 % d'entre elles vivent dans une famille recomposée. 20 % des familles ne sont donc pas conformes au schéma classique. Ou, si l'on veut un autre chiffre : 1 enfant sur 10 ne vit plus avec ses deux parents, et plus de 1 sur 2 n'a aucun contact avec l'absent [29].

La majorité des enfants — 9 sur 10 — vivent bien dans une famille « classique », mais qui, le plus souvent, n'a de classique que sa structure : père, mère, enfants habitent sous le même toit. Ce qui ne signifie pas qu'ils soient unis, que chaque adulte joue son rôle, et que le père, en particulier, soit à la hauteur — assez présent pour contrebalancer le pouvoir, toujours à la limite de l'excès, de la mère.

Question de « caractère » ? Question de société, d'abord : s'il y a eu changement, ces dernières décennies, c'est du côté des femmes : elles travaillent, elles sont de plus en plus présentes dans la vie sociale et politique. Mais cette vie-là, organisée par les hommes, l'est toujours, principalement, pour eux : elle les absorbe et ne laisse aucune place, sinon réduite, à la vie familiale. Aux responsabilités paternelles de l'homme. Une femme peut s'absenter de son travail parce que son enfant est malade, ou quitter un instant une réunion pour téléphoner et s'informer de sa santé. Imagine-t-on un homme priant ses collègues de l'excuser parce qu'il doit donner le biberon à son fils, ou le conduire chez le dentiste ?

Il peut, certes, prendre un congé parental : en Suède, où les hommes ont une mentalité beaucoup moins archaïque qu'en France, très peu de pères utilisent cette possibilité que la loi leur reconnaît. Ici, encore moins, à supposer qu'il y en ait.

Dans les premiers mois de la vie — qui sont décisifs pour la structuration du psychisme de l'enfant —, les pères ne « séparent » pas, ou ne jettent pas les bases, en pointillé, d'une séparation : ils ne sont pas là. Certes, ils peuvent être dans la parole de la mère, mais qui — excepté les lacaniens, qui tiennent à tout prix à sauver la prééminence de l'homme comme l'Église celle de Dieu —, qui peut soutenir qu'il suffit de mentionner le nom du père pour le rendre présent ?

Christiane Olivier a fait justice de ces balivernes :

« Quel être sensé, psychanalyste ou pas, peut nier que le bébé s'attache à la personne qui s'occupe de lui corporellement ?... Comment pouvoir dire ou écrire qu'un père ne se fera pas aimer par le contact physique, alors que c'est le seul moyen d'entrer dans la bulle du très jeune enfant qui, dans ses premiers mois, n'a comme repères que l'odeur du corps de l'Autre, la peau spécifique et particulière de l'Autre, le *holding* (façon de tenir l'enfant) de l'Autre, le bruit des pas de l'Autre, et enfin la chanson que fait sa parole quand il parle, qu'il soit content ou en colère[30] ? »

Faute de « nouer avec le nouveau-né des liens prégénitaux et corporels », le père — qui n'est pas une « métaphore » — n'est déjà pas, au départ, l'égal de la mère, il ne contrebalance pas son pouvoir et laisse le champ libre à son emprise.

Le père a perdu son aura

Même de bonne volonté, même s'il s'intéresse à ses enfants — plus tard, généralement : peu d'hommes ont la passion des nourrissons —, il abandonne à la mère de larges secteurs du champ éducatif. C'est elle qui s'occupe de l'intendance (soins, achat de vêtements), accompagne l'enfant chez le médecin (quand elle n'en charge pas la baby-sitter), rend visite aux enseignants, dirige (éventuellement) les loisirs de son « petit », s'informe et s'inquiète, plus tard, de ses fréquentations, lui sert parfois de confidente. Elle est omniprésente.

Le père est beaucoup moins disponible. Comme l'observe François de Singly, un homme qui devient père travaille davantage : « Son engagement dans la paternité exige un engagement accru dans la carrière, l'homme doit s'absenter davantage de chez lui pour marquer son identité de père[31]. »

Même si sa femme travaille — à un poste, ou dans une fonction, en général moins bien rémunéré —, il se sent obligé d'investir davantage dans sa profession et d'améliorer sa position. Par raison économique d'abord : élever un enfant coûte cher. Par raison symbolique ensuite : même si l'expression n'a plus cours légalement, il se perçoit comme le « chef de famille », il y va donc de son prestige — familial, social — d'assurer aux siens les meilleures conditions de vie.

Cadre supérieur, employé, chômeur (tout occupé, alors, à retrouver un emploi), il n'a donc guère de temps à consacrer à ses enfants : un peu plus de quinze minutes par jour — les mères : cinquante-cinq minutes. Et bien plus, si l'on compte le temps qu'elles investissent dans des tâches qui, d'une façon ou d'une autre, concernent les enfants (repas, entretien...).

Bien moins, à l'inverse, pour les pères, qui peuvent rester quelques jours sans avoir le moindre contact avec eux et préfèrent en général leur consacrer un temps déterminé : l'un les emmène à la piscine le samedi matin, l'autre les initie à l'informatique un ou deux soirs par semaine, un troisième leur apprend à démonter et remonter un moteur... Il s'agit, comme dit François de Singly, d'un temps « ritualisé » : d'un commun accord, père et fils (fille) se rencontrent au jour dit, à l'heure dite, et pour une activité déterminée. Finalement, on a rendez-vous avec son père comme avec le dentiste.

Et, comme avec lui, on parle moins de soi que de ce qui, pour soi, est le plus impersonnel — le plus « objectif ». Selon l'âge, et les intérêts des partenaires : sport, technique, orientation scolaire ou professionnelle, politique (rarement)...

Les sujets plus intimes sont en général exclus. Chez l'enfant, ou l'adolescent, la résistance — la méfiance — est plus grande qu'à l'égard de la mère : même « copain » — mais il ne l'est jamais vraiment —, le père reste le dépositaire de l'autorité. À n'importe quel moment, et sous n'importe quel prétexte, il peut en faire usage et changer de rôle. C'est toujours, au moins potentiellement, un faux frère.

Surtout, il a perdu son aura. Il n'est plus, comme autrefois, quand la société était relativement stable, ou évoluait plus lentement, celui qui sait. Les rôles sont inversés. Initié à un langage et des techniques qu'il ignore, c'est l'enfant qui le forme : bien des jeunes sont beaucoup plus à l'aise que leur père devant un ordinateur. Souvent, celui-ci s'égare dans les nouvelles sections et les nouveaux sigles qui balisent le cursus universitaire — « Qu'est-ce qu'un magistère ? » demandait l'un d'eux — et, par ses ignorances, ses références (« de mon temps »), sa tenue, ses habitudes (il pratique moins la moto que la voiture, le vélo ou le métro), il paraît décidément vieux jeu.

Il paraît faible aussi. Même si ses enfants ne connaissent pas en détail sa situation, ils savent, pour peu qu'il ne soit pas fonctionnaire, qu'il peut d'un jour à l'autre perdre sa place, s'inscrire à l'ANPE, lire chaque matin les petites annonces.

Petits, ils le croyaient fort, plus grands, ils s'aperçoivent, ou pressentent, qu'il n'a pas de prise, ou très peu, sur sa vie. Comme ils se rendent compte que sa vie sentimentale, souvent, est chaotique. Comment l'admirer ? Le prendre pour modèle et — le pas est vite franchi — le respecter ?

Copain ? Gendarme ?

Lui-même ne sait pas trop comment se conduire : il a perdu ses repères. Si quelques-uns, renonçant à s'affirmer comme pères, bêtifient et jouent au gamin (ce qui ne séduit pas du tout l'enfant, l'insécurise et lui paraît grotesque), si d'autres tentent de jouer les pères modèles ou les pères fouettards, la plupart oscillent entre le copain et le gendarme. Tantôt proches, tantôt distants, ils « accommodent » mal et s'installent dans un entre-deux inconfortable, peu propice au développement de liens plus personnels.

Au demeurant, ils n'y tiennent pas. Autant les mères sont avides de confidences et prêtes à s'épancher, autant les pères restent sur la réserve. Peu habitués, dans l'enfance, à s'analyser, éduqués pour agir, ils sont peu portés à « psychologiser ». Et pas plus qu'ils ne se livrent à leur compagne (la plupart d'entre elles déplorent leur mutisme), ils ne se découvrent à leurs enfants, ni ne cherchent à pénétrer dans leur intimité.

La relation père/enfants reste donc assez extérieure, assez impersonnelle, et les pères, souvent, ne le sont que par la bande, ou secondairement.

Ils « décrochent » plus vite que les mères et, dès que leurs enfants deviennent autonomes, ils cessent, sans grand déchirement, d'exercer leurs fonctions. Peu de pères téléphonent chaque jour à leur fils (à leur fille), peu se sentent « amputés », « mutilés », à leur départ. Au mieux, pour se déculpabiliser de leur indifférence, acceptent-ils, quelque temps, de servir de tiroirs-caisses.

Ils ne paternent pas, ils s'investissent assez peu dans leur rôle — parfois, ils désinvestissent très vite, quand une passion les embrase et qu'ils « plaquent » femme et enfants —, ils sont peu intrusifs, ils ne servent guère d'exemples et se conduisent parfois de façon irresponsable (30 % des pères divorcés ne paient pas, ou pas régulièrement, leur pension) : s'ils « séparent », par la force des choses — parce qu'ils sont là —, ils font rarement le poids et, dans le meilleur des cas, ne limitent que partiellement l'emprise de la mère sur les enfants : juste ce qu'il faut pour qu'ils ne deviennent pas psychotiques. Trop contents qu'elle se charge, pour l'essentiel, de leur éducation, ils la regardent faire plus qu'ils ne collaborent et ne contribuent que très relativement à l'individuation de leurs enfants. C'est pourquoi tant d'hommes restent affectivement des petits garçons, tant de femmes, le double, à peine retouché, de leur mère.

2

PERMANENCES

Peu aidées par leur compagnon à se déprendre de leur rôle de mères pour s'assumer pleinement comme femmes, souvent déçues dans leur vie conjugale, pas toujours satisfaites de leur vie professionnelle, où elles se heurtent fréquemment à des discriminations encore très fortes, bien des femmes cherchent leur gratification dans l'accomplissement de leurs fonctions maternelles. Par là même, elles sont portées à les surinvestir et, à leur insu, exercent sur leurs enfants une emprise d'autant plus forte qu'aucun contre-pouvoir ne la limite réellement.

Peut-être tient-on ici, dans cette prééminence des mères, l'une des causes de la stagnation des mentalités — de la permanence des profils psychiques et des caractères —, l'une des raisons de ce décalage entre le progrès des savoirs et des techniques, et la persistance, à travers les générations, d'une « personnalité de base » qui semble échapper à tout changement en profondeur.

Produits de leur époque, sans doute, hommes et femmes le sont d'abord de la formation — de la *mise en forme* psychique, largement inconsciente — qu'ils ont reçue dans leur famille. Une « formation » que les mères assurent, pour l'essentiel. Moins en innovant qu'en reproduisant et en transmettant malgré elles des manières d'être, de sentir et de réagir qu'elles ont reçues de leur mère, qui elle-même les a héritées de la sienne, et qu'elles communiquent à leur fille.

Conséquence de l'emprise qu'elles exercent les unes sur les autres : entravées (partiellement) dans leur devenir-adulte, incapables (plus ou moins) de se déprendre du modèle maternel, elles forment leurs enfants comme elles ont été formées. En se reproduisant, elles reproduisent. De mère en fille, de grand-mère en petite-fille, les mêmes traits dominants se répètent. Fabriqués dans un moule — une matrice — qui, pour l'essentiel, demeure identique, hommes et femmes d'une même culture (d'une même famille) varient très peu, dans leurs structures psychiques les plus profondes, d'une génération à l'autre.

Une imprégnation massive

Sans doute la répétition n'est-elle pas absolue : ici et là surgissent des différences. Comme le souligne la psychanalyste Monette Vaquin, « l'identification (d'une fille à sa mère) ne se fait pas en bloc. Elle se fait par l'incorporation de certains traits, le refus d'autres, par l'incorporation également de traits qui appartiennent à des femmes de la génération de la mère, mais qui ne sont pas la mère. »

Il est vrai qu'« aucun être humain n'est le produit mécanique d'une histoire ». Si « le psychisme d'un nouveau-né est plastique », s'il « épouse en creux les attitudes et les discours de sa mère », il réagit et, par ses réactions, modifie celles de sa mère. « Il y a une certaine autonomie du nourrisson, dit en ce sens la psychanalyste Françoise Jardin, il peut agir sur sa mère et faire en sorte que sa formation ne soit pas si stéréotypée que cela. »

Tel ce bébé, qui se lovait dans le sein de sa mère. En vain essaya-t-elle d'abord de se dégager : elle ne l'allaitait pas et ne l'appréciait pas outre mesure. Elle l'aurait voulu déjà plus grand. Lui l'entendait autrement : dès qu'il était dans ses bras, il « se collait » à elle, il « s'enfouissait ». Comme le dit la psychologue qui observait ce couple, « il était dans un fouissement ».

« Ce bébé, commente Françoise Jardin, va à l'encontre de ce que sa mère voudrait spontanément. Il y a des ajustements permanents entre eux pour trouver une position médiane. Au début, la mère a voulu maintenir une certaine distance : il l'a obligée à se rapprocher... Le bébé fait aussi sa mère. »

Sans doute. Mais le rapport est tellement inégal que le bébé est aussi *refait*. Françoise Jardin le reconnaît volontiers : « La répétition marque les rapports parents enfants, mais de façon plus ou moins rigide. » Et Monette Vaquin, qui insiste sur la participation active de l'enfant à l'écriture de sa propre histoire, ne nie pas son imprégnation massive par sa mère : « Dans le lien que ma fille a avec mon petit-fils, j'entends des échos de notre tendresse première que j'avais complètement oubliés, qu'elle-même ne peut qu'avoir oubliés, puisqu'elle était bébé. Cela en dit long sur la répétition... »

Cela dit qu'elle est fondamentale — incontournable — et que, si elle n'empêche pas d'innover, ces innovations se produisent à l'intérieur d'un schéma global qu'elles ne détruisent pas. De sa mère (de ses parents), l'enfant ne reçoit pas seulement des soins, mais des représentations, une sensibilité — une mémoire.

« Les observations que permettent les cures analytiques d'adultes, écrit Monique Bydlowski, montrent souvent la transmission transgénérationnelle de ces représentations... L'enfant à venir est dans son corps et son psychisme le lieu de projection du capital représentatif de chacun de ses parents... Transmettre la vie, c'est aussi transmettre des représentations qui ne se feront peut-être connaître qu'à distance [32]. »

À moins d'avoir fait sur soi un long travail qui permet, ici ou là, de modifier certaines attitudes et de ne pas subir intégralement son passé — ce que rend possible, et dans certaines limites, l'analyse —, la répétition est la règle. « Le plus grand nombre a tendance à répéter », dit Monique Bydlowski, « la majorité répète », dit le psychologue André Hagard, « on répète plus qu'on n'innove », constate Michèle Rouyer.

« Faire l'inverse, c'est faire pareil. »

On répète d'autant plus qu'on ne le sait pas, qu'on s'imagine libre et créatif — libre, entre autres, de se démarquer de la formation qu'on a reçue, éventuellement d'en prendre le contre-pied.

Ainsi bien des mères décident-elles de ne pas

reproduire les erreurs de leur mère et d'adopter envers leurs enfants une attitude radicalement différente. Elles n'étaient pas aimées, elles cajolent. Elles souffraient d'un autoritarisme aveugle, elles laissent faire. Elles n'étaient pas écoutées, elles « comprennent ». Mais agir contre le modèle parental, c'est encore se déterminer par rapport à lui et c'est manifester, par là même, sa dépendance. C'est donc se condamner à reproduire.

Comme l'explique le Dr Rebillaud, « c'est une façon de faire pareil que de faire l'inverse. *Je ne veux pas faire comme ma mère* : c'est une formation réactionnelle qui amène au même résultat que celle qui consisterait à reproduire. L'important n'est pas ce qu'on fait, mais pourquoi on le fait. »

Élevée à la dure, une mère peut décider d'être très tendre avec son enfant et de lui laisser une grande liberté. Mais cet enfant aura peut-être plus tard une crainte terrible d'être touché, caressé, accaparé. Comme il aura en même temps, et contradictoirement, besoin d'être sécurisé, car trop libre et sans repères fixes dans son enfance. Élevé autrement, il ne sera pas mieux élevé. Sa mère avait des « problèmes », il en aura aussi. Inversée, l'éducation qu'elle lui aura donnée ne l'aura pas protégé : à sa façon, lui aussi sera perturbé.

« L'essentiel, dit le Dr Rebillaud, n'est pas fonction de l'image qu'on a de soi, ou qu'on veut donner, l'essentiel est fonction de ce qu'on est. Si une mère éprouve le besoin de dorloter son enfant, très bien. Mais si elle le fait contre sa mère, l'enfant en saura quelque chose et le dénoncera, d'une façon ou d'une autre. Dès qu'on a affaire à des gens qui font quelque chose non parce qu'ils le sentent, mais parce qu'ils le jugent nécessaire, il y a quelque chose de l'insincérité de leur position qui va se transmettre. »

Telle mère, telle fille

Qu'« on se traite soi-même (et les autres), sa vie durant, de la même façon que l'on a été traité dans la petite enfance » (Alice Miller[33]), Fabienne l'illustre parfaitement.

Aînée d'une famille nombreuse — mariée à 17 ans, sa mère eut quatre enfants puis, pour raisons de santé, s'arrêta —, elle décida, dès l'adolescence, qu'elle n'en aurait pas : « Quand je voyais ce qu'ils font d'une mère, comment ils l'accaparent et l'empêchent de vivre, je n'avais vraiment pas envie. » Son désir ? « Vivre au milieu des livres, écrire. » Mais, à 15 ans, elle tombe amoureuse et, à 19, pour fuir sa famille, se marie.

À la différence de sa mère, qui fut enceinte aussitôt après son mariage, elle put attendre cinq ans avant d'accéder au désir de son mari. Mais, comme sa mère, elle mit au monde quatre enfants et, comme elle, attendit trois ou quatre ans pour avoir le dernier : son mari n'en voulait plus. Sa mère, elle, dut se rétablir avant d'enfanter de nouveau : se heurtant à des obstacles différents, elles n'en parvinrent pas moins au même résultat.

Comme sa mère, qui, dans ses rares moments de liberté, peignait des tableaux — dont certains, aujourd'hui, décorent l'appartement de sa fille —,

Fabienne, retenue à la maison par ses tâches éducatives, décida de ne pas s'y engloutir : travail d'édition, lecture de manuscrits, projets d'écriture — elle réussit, elle aussi, à s'extraire partiellement d'une maternité qui la ravissait et lui pesait à la fois, à être femme autant qu'éducatrice.

Tout en menant de front cette double vie, elle participa aussi aux luttes des femmes. À la différence de sa mère, certes, qui ne milita pas, mais, tout comme elle, féministe :

« Maman me disait qu'elle ne l'était pas, mais elle faisait comme si elle l'était. Elle nous racontait que sa mère trouvait injuste que Marie Curie n'eût pas le droit de voter. Ou que le concierge du lycée, un "imbécile, doublé d'un réac", ait plus de poids politique que de brillantes enseignantes.

Militante féministe, chercheuse, écrivain, Fabienne ne négligea pas l'éducation de ses enfants. Elle aima ses trois filles, elle adora son garçon. Avec le recul, elle a l'impression de leur avoir accordé beaucoup de liberté : ils lui reprochent son dirigisme. Comme elle a reproché le sien à sa mère.

« Pourtant, dit-elle, quand ils partaient à l'école en ayant oublié leur goûter, je ne faisais pas comme elle, qui nous rappelait du haut de l'escalier. Je comptais autant sur l'expérience que sur mes interventions pour les former. Mais il est vrai que, comme ma mère, je parle beaucoup, je suis très expansive, trop pleine, trop riche, j'ai envie de partager, de transmettre. Je parle trop et n'écoute pas assez. »

Comme sa mère, qui donnait souvent la sienne en exemple, elle parla beaucoup de leur grand-mère à ses enfants, qui bénéficièrent ainsi de deux modèles — ou du même, en deux exemplaires... Modèles qu'à leur tour ils reproduisent, en y ajoutant leur marque propre :

« Ma fille aînée a réussi tout ce que je n'ai pas réussi : j'ai renoncé à faire khâgne et ne me suis pas présentée à l'agreg — le stage m'effrayait. Elle, elle a fait Normale sup, a eu l'agreg du premier coup et termine une thèse. La deuxième a été beaucoup plus marquée par son père polytechnicien : admissible à l'X, elle a réussi à Centrale. On verra bien ce que feront les deux derniers, qui sont encore lycéens. »

Dans l'immédiat, ils lui donnent des soucis, le garçon surtout, que suit un psychologue : leur père les a maltraités. Il est, certes, parti il y a six ans, mais ils s'en remettent difficilement.

Pourtant, Fabienne était sûre de ne pas connaître les malheurs conjugaux de sa mère et d'épouser un homme qui ne ressemblait en rien à son père :

« Je ne m'entendais pas bien avec lui. Il détestait les femmes et ne manquait jamais une occasion d'en dire pis que pendre. Très sûr de lui — il était sorti de Polytechnique —, il n'appréciait que les valeurs d'excellence. Fier de moi quand je faisais le singe savant et tenais des discours pédants, il ne supportait pas ma féminité. La première fois qu'il m'a vue embrasser mon futur mari, il a déclaré que j'étais une pute. Lui-même ne m'embrassait jamais, même le jour de mon anniversaire. Et il ne m'a jamais dit qu'il m'aimait. »

Il n'était pas plus tendre avec sa femme, à laquelle il reprochait, entre autres, de ne pas savoir peindre : « Tes barbouillages », disait-il. Ils finirent par divorcer.

Fabienne a refait la même expérience. Marquée aussi par ce père, aliénée à son modèle, elle a épousé un homme plus âgé qu'elle et, comme lui, polytechnicien :

« Ils se ressemblent en tout ! dit Fabienne. Mon père est de droite, mon mari vote Chirac. Le premier est misogyne, le second également. L'un accusait sa femme de peindre comme un pied, mon mari prétendait que j'écrivais mal et que ma littérature ne valait pas tripette. Tous les deux étaient cassants, durs, exigeants. Dès que mon mari rentrait, je devais abandonner mes travaux, l'écouter, l'admirer, le servir. Ma mère ne pouvait peindre qu'en l'absence de mon père. En sa présence, elle devait jouer les servantes au grand cœur. Elle ne s'est réellement épanouie qu'après son divorce.

Peut-être ai-je commencé à me libérer avant de me séparer de mon mari, puisque, très tôt, j'ai milité dans le mouvement féministe ? Mais, depuis que je suis seule avec mes deux derniers, je peux vraiment être moi-même et vivre — écrire, avoir une vie sociale — comme je l'entends. »

La chance de Fabienne ? Avoir eu une mère qui soit restée femme. Ou qui ait, d'abord, été femme. Attentive à ses enfants, sans doute, les aimant, mais sans oublier qu'elle avait à vivre sa propre vie. À faire fructifier au mieux ses capacités. À ne rien sacrifier d'essentiel à l'éducation de ses enfants.

Si, comme toute mère, elle les a marqués, elle

ne les a pas écrasés, précisément parce qu'elle ne s'oubliait pas. Et si, comme toute mère, elle a dessiné les grandes lignes de leur avenir — le barrant ici, l'ouvrant ailleurs —, elle ne leur a pas imposé un destin. Sur ce canevas qu'elle leur a transmis, elle leur a laissé toute liberté d'innover.

Dans sa forme générale — dans la structure globale de sa personnalité —, Fabienne est à l'image de sa mère. Dans l'organisation particulière de sa vie, dans sa façon de *faire* avec ce qu'elle a reçu et de le mettre en valeur, elle est pleinement elle-même. À la fois reliée à l'histoire d'un groupe, la reproduisant et la prolongeant, et écrivant la sienne propre, dans un style et avec un ton qui sont les siens.

Oublier l'enfant

Une exception, la mère de Fabienne ? Une mère, en tout cas, qui se distingue du plus grand nombre. Non que la plupart soient franchement mauvaises, mais elles sont loin d'être bonnes. Parce que trop mères — trop présentes, trop intrusives, trop dans l'emprise, trop peu disposées à traiter leur enfant comme une personne et à s'effacer. Parce que, s'identifiant presque totalement à leur rôle de mères, elles oublient qu'elles sont femmes.

Misant tout, ou presque tout, sur l'enfant pour être heureuses, elles se condamnent à ne pas l'être, puisqu'en grandissant il s'éloigne chaque jour un peu plus, comme elles le condamnent, par la pression qu'elles exercent sur lui et l'amour dévastateur qu'elles lui portent, à demeurer affectivement plus ou moins infantile.

Elles pourraient peut-être prendre du champ à l'égard de leur fonction si, autour d'elles, on ne leur serinait pas qu'elle fait partie de leur « nature », si on ne les suspectait pas de ne jamais s'occuper assez de leurs enfants, si on ne les accablait pas de recettes, conseils et autres avis « éclairés » pour être de meilleures mères. Si, en un mot, on ne faisait pas des mères une catégorie particulière, et de la maternité, un passage obligé pour toute « vraie » femme.

On en est loin. Et la complicité des femmes avec l'ordre qui les opprime est telle qu'on ne voit pas pourquoi il changerait. Mystifiées, elles s'obligent donc à être pleinement mères — donc mauvaises mères. Et à ne pas comprendre qu'elles pourraient être bien meilleures, si elles s'investissaient beaucoup moins dans leur enfant. Si, en un sens, elles s'en désintéressaient. Ou lui montraient qu'après tout il n'est pas le centre unique, ni permanent, de leurs préoccupations.

« Un jour, raconte la psychanalyste Béatrice Marbeau-Cleirens, j'ai emmené mon petit-fils de 6 ans à la campagne. Nous avons déjeuné au restaurant, visité un zoo, des fermes — il était enchanté.

À notre retour, sa mère lui demande ce qu'il a fait : “J'ai mangé du pain et fait caca.” Devant cette fin de non-recevoir, elle aurait pu se fâcher, ou insister, et se montrer plus intrusive : “Dis-moi quand même...” Elle a simplement répondu : “Très bien” et est retournée à ses occupations. Elle a parfaitement compris qu'il avait envie de garder pour lui cette journée, que c'était son affaire. Et comme son équilibre ne dépendait pas des humeurs de son garçon, elle l'a laissé tranquille. Elle s'est conduite en bonne mère. »

Bonne, une mère peut l'être, en effet, par moments. Mais à longueur de temps ? S'il est vrai, comme dit André Hagard, qu'« une vraie bonne mère, c'est une femme qui pourrait être heureuse sans enfants », pareilles mères sont probablement très rares. À supposer qu'elles existent.

NOTES

1. I. Yhuel, *Aimer enfin sa mère*, J.-C. Lattès, 1987.

2. D.W. Winnicott, *De la pédiatrie à la psychanalyse*, Payot, 1992.

3. Rapport d'activité 96 du Service national d'accueil téléphonique pour l'enfance maltraitée, Paris.

4. Cité par *Le Monde*, oct. 1997.

5. M.T. Maschino, *Ils ne pensent donc qu'à ça ?*, Calmann-Lévy, 1998.

6. B. Marbeau-Cleirens, *Le Sexe de la mère*, PUF, 1987.

7. C. Bergeret-Amselek, *Le Mystère des mères*, Desclée de Brouwer, Paris, 1997.

8. Ch. Thomas, *Comment supporter sa liberté*, 1997.

9. G. Groddeck, *Le Livre du ça*, coll. Tel Quel, Gallimard.

10. M. Bydlowski, *La Dette de vie*, PUF, 1997.

11. M. Benhaïm, *La Folie des mères*, Imago, 1992.

12. D.W. Winnicott, *Le Bébé et sa mère*, Payot, 1992.

13. Ch. Olivier, *Les Enfants de Jocaste*, Denoël, 1980.

14. P.C. Racamier, *L'Inceste et l'incestuel*, Les Éditions du Collège, 1995.

15. M. Rouyer et M. Drouet, *L'Enfant violenté*, Bayard, 1994.

16. J. Swigart, *Le Mythe de la mauvaise mère*, Pocket, 1994.

17. É. Badinter, *L'Amour en plus*, Flammarion, 1981.

18. M. Rouyer et M. Drouet, *op. cit.*

19. A. Miller, *C'est pour ton bien*, Aubier, 1984.

20. *Ibid.*

21. V. Jankélévitch, *Le Paradoxe de la morale*, Le Seuil, 1981.

22. F. de Singly, *Le Soi, le couple et la famille*, Nathan, 1996.

23. M. Bydlowski, *in Désir d'enfant*, ouvr. coll., Centurion, 1990.

24. J. Hassoun, *in La Mère*, Autrement, mai 1987.

25. D. Bastien, *Le Plaisir des mères*, Imago, 1997.

26. M. Bydlowski, *La Dette de vie.*

27. D. Bastien, *op. cit.*

28. *Ibid.*

29. *Recomposer une famille*, sous la direction d'Irène Théry, Textuel, 1995.

30. Ch. Olivier, *Les Fils d'Oreste*, Flammarion, 1994.

31. F. de Singly, *op. cit.*

32. M. Bydlowski, *op. cit.*

33. A. Miller, *op. cit.*

BIBLIOGRAPHIE

BADINTER É., *L'Amour en plus*, Flammarion, 1981.

BASTIEN D., *Le Plaisir et les mères*, Imago, 1997.

BENHAÏM M., *La Folie des mères*, Imago, 1992.

BYDLOWSKI M., *La Dette de vie*, PUF, 1997.

COUCHARD F., *Emprise et violence maternelles*, Dunod, 1991.

CRAMER B., *Secrets de femmes*, Calmann-Lévy, 1996.

MARBEAU-CLEIRENS B., *Le Sexe de la mère*, PUF, 1987.

Les Mères célibataires et l'inconscient, J.-P. Delarge, 1980.

MILLER A., *Le Drame de l'enfant doué*, PUF, 1983.

C'est pour ton bien, Aubier, 1984.

RACAMIER P.C., *L'Inceste et l'incestuel*, Les Éditions du Collège, 1995.

De psychanalyse en psychiatrie, Payot, 1998.

SERRURIER C., *Éloge des mauvaises mères*, Desclée de Brouwer, 1997.

SINGLY F. de, *Le Soi, le couple et la famille*, Nathan, 1996.

WINNICOTT D.W., *De la pédiatrie à la psychanalyse*, Payot, 1992.
Le Bébé et sa mère, Payot, 1992.
YHUEL I., *Aimer enfin sa mère*, J.-C. Lattès, 1997.

TABLE

IV

« C'EST POUR MIEUX TE MANGER, MON ENFANT ! »

V

D'UNE MÈRE L'AUTRE

VI

DU PAREIL AU MÊME ?

Achevé d'imprimer sur les presses de

BUSSIÈRE

GROUPE CPI

à Saint-Amand-Montrond (Cher)
en juin 2003

POCKET - 12, avenue d'Italie - 75627 Paris Cedex 13
Tél. : 01-44-16-05-00

— N° d'imp. : 33323. —
Dépôt légal : juin 2003.

Imprimé en France